青少年のための
統計学入門

菱田博俊　著

現代図書

はじめに

■ 本書の目的

統計学は数学の一種である、著者は学生の頃そう教えられた。今でも、統計学の担当教師は、大体が数学の先生の様である。そして、講義をちらっと拝見すると、確かに数学である。そう言えば、著者が大学生だった時に履修した統計学概論も、延々と数式を扱ってきた。

幾つかの公式と各分布の適用例を覚えれば統計学を道具として使う事は可能であるが、著者などは記憶力が無い為に公式もその適用例も覚えられず、結局式を自分でいじり回し意味や特性を求めてあがいていた。するとある時ふっと、それぞれの分布を表す式同士がつながり始めた。数学ができればもっと簡単にこのつながりが見えただろうな、などと感心したりもした。

確かに、統計学の本当の面白さに出会う為には、数学は必要である。しかし、最初から数学が全面に出てしまうと抵抗感が先に来てしまう事もある。統計学の面白さの一つは、統計学という道具を用いていろいろな事を推定できる事だと思う。使ってみれば、その面白さは見えてくるだろう。すると、数学の抵抗感もかなり解消されてくるのではないか。

本書では、主要な分布のみに話を絞り、それらの分布の特徴を数式だけでなくグラフや例題を通して感覚的に理解できる様に工夫した。一方で、難しい数学の知識が必要な場合を除き、式の導出過程を極力明記した。数式で埋め尽くされた所謂普通の統計学の教科書をいきなり読む前に、本書で一通りの感触を得て貰えれば良いと思う。それだけでなく、統計学をある程度実際のデータに適用できるだけの技量も培えると期待している。もしかすると、高校生に読んで理解して貰える教科書でもあるので、大学講義に限らず活用して頂けると幸甚である。

■ 本書の構成

この後に、目次、本文、章末問題の解答例、参考文献、及び索引と続く。本文は全 12 章としており、第 4 章の前と第 11 章の後ろに小章を挿入している。

文科省が定める大学の半期 1 コマの講義日数は 15 日であり、試験をここに含めるかどう

かは担当教官に一任される。著者は、試験のやりっ放しではなく、答案を返却し誤答箇所を自覚させた上で試験の解説をする事で、学生の理解度とより一層の内容定着を図れるのではないかと考えた。即ち、15日の講義日の内終わりの2日を試験実施日と試験解説日に当て、2日程度の予備日を設け、1日1章ずつ、但し第9章と第10章と第11章は2日でこなして11日で12章という構成である。第1章についてはオリエンテーション気味に編集した。各章の頁数はなるべく揃える様にしたが、第5章は本書の山であるので、もしかすると2時限必要かも知れない。

■ 本書で取り扱う内容

心得、基礎知識、主要な分布、そして統計データ収集に関する具体的な知識を取り扱う。

第1章は序章である。統計学の本質について触れ、それを道具として使う全体感を述べる。先ずは読んで貰いたい。もしかすると、統計学への見方が変わるかも知れない。

第2章は実際にデータを取扱いながら、平均、変動、分散等の基本的な統計量を知って貰う。そして第3章ではその延長として、複数のデータ群の比較をする。基礎知識を満載したので、特に初心者には飛ばさずに読んで貰いたい。

ここから先、いよいよ母集団と標本集団の話になり、様々な分布が登場する。第4章は二項分布、第5章は正規分布、第6章はt分布、第7章はカイ二乗分布、第8章はF分布である。正規分布からF分布まではひとまとまりだが、もしどうしても大変なら二項分布と正規分布に焦点を当てて、その後は理解できるところまで学習すれば良いだろう。第9章は指数分布、第10章はポアソン分布、第11章はワイブル分布であり、それぞれ関連性はあるものの、単独で学習しても良い。

最後に第12章で、データ収集に関わる具体的な説明をする。自分で獲ったデータの統計処理には力も入るというものである。良いデータを獲れる様になって貰いたい。

■ 本書の使い方

断片的にはどの章から読み始めても解る様に努めたが、系統的な学習をするには1章から順番に読んで貰いたい。また、第5章以降で頭が混乱してきたら、第5章に立ち戻って貰いたい。何と言っても第5章が統計学の中心にある。

本書では課題、節の確認問題、章末問題の3種類の問題を用意した。課題は、この章或いは節において、この課題を解ける様になって貰いたいという学習目標である。本文中等で解説をする。また、各節末には、節の確認問題を用意した。本文の内容を単純に反復する様な

はじめに

問題であり、解答も問題の直ぐ下に付けたので、是非それをやってから次に進んで貰いたい。章末問題は、特に難しい問題にしたつもりはないが、やや現実問題に近い内容となっている。章が終わったら挑戦して貰いたい。尚、各問題ともできるだけ詳細に解説した。問題を解き、解答を読みながら一層理解を深められると期待する。

最後に、本書を企画出版する機会を頂戴し、また編集から出版まで様々なご協力、ご尽力を頂戴した株式会社現代図書に謝意を表する。

平成 27 年 1 月 31 日

菱田　博俊

目　次

はじめに iii
　本書の目的 iii
　本書の構成 iii
　本書で取り扱う内容 iv
　本書の使い方 iv
記号の意味 xi

第1章　統計学とは何か 1
　1.1節　知るは楽しみなり 1
　1.2節　全数調査はできない 2
　1.3節　直接情報と間接情報 3
　1.4節　予定情報と隔靴情報と遭遇情報 4
　1.5節　情報は世の中に氾濫している 6
　1.6節　ビッグデータ 8
　1.7節　情報に対する倫理 11

第2章　情報処理の基礎 17
　2.1節　データ群に関する呼称と記号 18
　2.2節　度数分布表に関する呼称と記号 18
　2.3節　平均 20
　2.4節　偏差と変動と分散と標準偏差 24
　2.5節　代表値 26
　2.6節　線形変換 29

第3章　相関分析の基礎 32
　3.1節　正の相関と負の相関と無相関 33
　3.2節　共変動と共分散と相関係数 34
　3.3節　同時度数分布表における相関の考え方 37
　3.4節　変動係数 39
　3.5節　回帰 41

母集団を目指して！ 44
　母集団 44

標本集団 44
　　不偏分散 45
　　自由度 45
　　確率分布 45
　　人は確定する物である 46

第4章　二項分布 47
4.1節　基本と確率分布 47
4.2節　累積分布 49
4.3節　推定の考え方 51
4.4節　平均と分散 55
4.5節　事象の平等性 56

第5章　正規分布 59
5.1節　正規分布の要点 59
　　1) ネイピア数 59
　　2) 正規分布の定義 60
　　3) 歴史 61
　　4) 数学的特徴 61
5.2節　標準正規分布への標準化 62
　　1) 標準正規分布 62
　　2) 標準化 62
5.3節　累積分布関数 63
　　1) 標準正規分布の積分形 63
　　2) 累積分布関数と確率 64
5.4節　母集団の正規分布を探る 67
　　1) 抽出の意味 67
　　2) 標本平均のズレ 67
　　3) 標本平均のブレ 67
　　4) 標本平均が示す確率密度分布 68
　　5) 標準正規分布を用いた区間推定 68
　　6) 正規分布に従う母集団の平均値の区間推定 69
5.5節　二項分布との関係 70

第6章　t分布 74
6.1節　本質 74
　　1) 抽出数は充分か？ 74
　　2) t分布の生い立ち 74
6.2節　定義と特徴 75
　　1) 定義 75
　　2) 特徴 76

- 6.3節　t分布の使い方 77
  - 1）データ数とt分布の形 77
  - 2）正規分布に従う母集団の平均値の推定 77
- 6.4節　母平均の推定 79
- 6.5節　二組の独立な標本の母平均差の推定 80

第7章　カイ二乗分布 84
- 7.1節　生い立ち 84
  - 1）考え方 84
  - 2）一般化 84
- 7.2節　定義と特性 85
  - 1）定義 85
  - 2）視覚的理解 86
  - 3）正規分布との関係 86
  - 4）特徴 87
- 7.3節　累積分布関数 88
- 7.4節　母集団の推定 88
  - 1）検定の利用法 88
  - 2）分散の推定 90
- 7.5節　適合度の検定 91
- 7.6節　その他のカイ二乗分布の適用 92
  - 1）独立性の検定 92
  - 2）比較検定 93

第8章　F分布 95
- 8.1節　裏の意味 95
- 8.2節　定義 96
  - 1）カイ二乗分布の比 96
  - 2）定義 96
  - 3）母数の採り方 97
- 8.3節　F分布の本質 98
  - 1）カイ二乗分布との関係 98
  - 2）分散の比の検定 99
  - 3）データ数無限大の場合 99
- 8.4節　累積分布関数 100
- 8.5節　母集団の分散分析 102
  - 1）方針 102
  - 2）組内分散 102
  - 3）組間分散 103
  - 4）分析 104

目 次

第9章　指数分布 ... 106
9.1節　減少を表す関数 ... 106
1) 逆指数関数 ... 106
2) 半減関数 ... 107
9.2節　定義と特性 ... 109
9.3節　生起期間推定 ... 110
1) ベンチ問題 ... 110
2) 減少関数の解釈 ... 111
9.4節　故障の考え方 ... 112
1) 信頼度と信頼性 ... 112
2) 故障率 ... 112

第10章　ポアソン分布 ... 115
10.1節　定義 ... 115
10.2節　ポアソンの思惑 ... 117
10.3節　生起確率問題への適用 ... 118
10.4節　その他の適用 ... 119
1) 戦争と分布 ... 119
2) 交通事故 ... 119
3) 自然現象 ... 120
4) 明確な意志が存在しない人為現象 ... 120

第11章　ワイブル分布 ... 123
11.1節　最弱リンク理論 ... 123
11.2節　導出 ... 124
1) 累積分布関数の定義 ... 124
2) 確率密度関数の導出 ... 125
11.3節　故障係数 ... 126
11.4節　S字減衰関数 ... 126
11.5節　ワイブル分布の適用 ... 128
1) 確率密度関数曲線の変化 ... 128
2) 歴史 ... 128
3) ワイブルプロット ... 131
4) 累積分布関数の適用 ... 131

分布のまとめ ... 133
分布の種類 ... 133
母数の取扱い ... 134
数学の公式 ... 134

第 12 章　データ取得 136
- 12.1 節　データの品質 136
- 12.2 節　手で勘定する方法 137
- 12.3 節　概数暗算 139
- 12.4 節　直接プロット 140
- 12.5 節　DA 変換 142
  - 1) 面積の測定 142
  - 2) 個数の勘定 142
- 12.6 節　目盛と有効数字 143
- 12.7 節　侵襲調査 145
- 12.8 節　アンケート調査の注意点 146
  - 1) 主観調査の長所と短所 146
  - 2) 短所への対策 147
  - 3) 実行方法 148

引用文献 149
章末問題の答え 154
索引 165

記号の意味

以下の通り、重要な概念には決まった記号を割り当てる。一方、本書では様々な分野の話をしているので、場合に依っては同じ記号を全く異なる概念に用いる事もある。また、集団や特性等の細かい意味を添加する為に、添字を付す事がある。

時間　t
係数　a や b や c 等
係数の未知数　k 等
二項係数(組合せ数)　${}_nC_k$
積分定数　C

確率変数
　　連続変数　x 等
　　不連続変数　x_i や X 等
確率
　　p：確率
確率分布/関数
　　$f(x)$：確率密度分布/関数
　　$P(X)$：確率質量分布/関数
累積分布関数　$F(x)$ や $P(<X)$
期待値　E、$E(x)$
乖離量　V、$V(x)$
標本数＝抽出数や個数 n

総和　T
平均　μ
　　$\tilde{\mu}$：母平均
　　μ_i：標本 i の標本平均
　　$\bar{\mu}$：一般化基準値
　　l：一般化平均パラメータ
相関係数　r_{xy}
偏差
　　連続変数の偏差　$\hat{x}$ 等
　　不連続変数の偏差　$\hat{x}_i$ や $\hat{X}$ 等
変動　S
共変動　S_{xy}

分散　σ^2
　　$\bar{\sigma}^2$：一般化分散
　　$\tilde{\sigma}^2$：母分散
　　σ^2_i：標本 i の標本分散
　　$\tilde{\sigma}^2_i$：標本 i の不偏分散
共分散　σ^2_{xy}
標準偏差　σ
　　$\tilde{\sigma}$：母標準偏差
　　σ_i：標本 i の標本標準偏差
　　$\tilde{\sigma}_i$：標本 i の不偏標準偏差

分布や分布部分や分布に用いる値
　　$B(n, p)$：二項分布
　　$N(\mu, \sigma^2)$：正規分布
　　$f(t:v)$：t 分布
　　$t(\mu, \tilde{\sigma}^2, n)$：t 値
　　$f(Z:k)$：カイ二乗分布
　　$Z(\tilde{\sigma}^2, \tilde{\sigma}^2, n)$：カイ二乗値
　　$f(F:k_1, k_2)$：F 分布
　　$F(Z_1, k_1, Z_2, k_2)$：F 値
　　U：ワイブル分布の故障係数
　　Q：ワイブル分布の S 字減衰関数
自由度及び母数
　　v：t 分布の自由度
　　k：カイ二乗分布の自由度
　　k_1 及び k_2：F 分布(カイ二乗分布)の自由度
　　m：ワイブル分布におけるワイブル係数
　　η：ワイブル分布における尺度パラメータ

故障率　λ
信頼性　$1-R$（事象が起こってしまっている確率 R）

第1章

統計学とは何か

1.1 節　知るは楽しみなり

　なぜ林檎は下に落ちるのか？　こんな事は知らなくても生きていけるが、知れば人生を様々な側面から豊かにできる。行き当たりばったりの人生は楽ではあるが、思い通りにはいかない。未来を勝ち取りに行くのは苦労するが、人生を作り出せて達成感もある。その為には、様々な**情報 information** に基づき頭を働かせる必要がある。

　知らない事を知るという行為は、人間の大脳が本来したい行為の一つではないだろうか。

　知らない事は、教えて貰うのが最も簡単で正確である。しかし、誰も知らない事を知りたくなったらどうするか？　きっと、人間だったらこんな事をするのではないか？

予測・予見 estimation, calculation：推論により未来を論じる行為。
予想・予期 expectation：ある基準に基づき期待して未来を論じる行為。
予報 forecasting：科学モデルに則り合理的に未来を論じる行為。
予言（預言）prophecy：ある物事を実現前に言明する行為。主として神秘的現象を対象とし、呪術や宗教に用いられる。
予知・予感 presentiment：前もって認識する行為。
予断 prediction：不完全な証拠に基づく未来への見解（判断）。
予定 plan：意志を伴う未来の行為。

　日常生活で、予感、予断、予定は頻繁にしている。天気予報[49]は過去の情報に基づく確率論的な預言であり、科学的でもあるが当たり外れのある行為とも言える。研究する時や重

要な情報を扱う際には、科学的に予想、予測してみたいものである。

尚、**データ data** とは、推論に基づき結論を出すための情報である。従って、統計学で用いる情報は、全てデータである。但し、データと思っていなかった情報が実はデータだった、という事は有り得る。

● 節の確認問題 ●

次の行為を、より理論的な順番に並べなさい。

　　予断　　予報　　予測　　予言　　予想

　　解答：予測＞予報＞予想＞予断＞予言

> **コラム▶天気予報と降水確率**
>
> 　最近の天気予報（気象予報）[49)]は、気象衛星からの画像データや、各所から送られる天気観測結果の時々刻々の変化等の膨大な情報に基づき為される。嘗ては当たるも八卦当たらぬも八卦だった天気予報は、現在では五分五分以上の出来になってきた（ちょっと厳しいかな？）。何せ自然と言う人間とは比べてはいけない大きな存在の挙動である。五分五分でも上出来だろう。
>
> 　天気予報では、降水確率なる数値が解り易い数値である。降水確率とは、ある地域のある時間帯に1mm以上の雨または雪が降る確率で、1980年に登場した指標値である。この降水確率は、天気図の様相が似た過去の100日の内何日雨や雪が降ったかという、過去の経験から決定される。つまり、これは予報というよりは予想に近い。

1.2 節　全数調査はできない

　知らない事を知る行為は、知的行為の一つと考えて良いだろう。**調査 investigation** はここにはない既存の情報を別の場所から入手する事、**開発 development** は既存の情報を利用して実際に新しい物や仕組みを作る事、**研究 research** は誰も知らない情報を明らかにする事、等と言っても良いのだろう。

　我が国の子供達は、ちゃんと栄養[3)]を摂れているだろうか？　食事の栄養を計算するのはとてつもなく大変そうである。それよりも、身長や体重を測りちゃんと発育していれば、それなりの栄養を摂れているだろうと推察する事が現実的ではないか？

第 1 章　統計学とは何か

　それでは、日本人の平均身長[24]は？‥‥1 億人以上の調査、集計はコストが掛かる。予算は自ずと存在するし、逆に考えると、金と時間を無限に掛けて良いのであれば世の中に出来ない事は無いだろうから、それはそれで何か空しい気がする。全数調査をできない場合には一部を調査して全体を**推論**する。この時、**推論の道具**として統計学を用いる。

　統計学 science of statistics とは、全体をその一部のデータから予測する為の学問と考えたい。見えている部分から見えない部分を推測する為に論理展開をする、手段なる学問とも言える。つまり、統計学を学ぶ目的は、統計学を道具として使いこなせる様になる事だろう。道具というのは、良い道具である事に越した事はないが、例えその道具がそこそこでも、それを使いこなせた時は恐らく良い道具を適当に使った時よりは効果を得られると期待している。統計学はとかく難しい数学として嫌われる事が

統計学＝全体をその一部から予測する為の学問で、それを道具として駆使できて初めて価値が見いだせます。

多いが、その要素の一つでも二つでも理解してそれを使う事が重要だと言いたい。

1.3 節　直接情報と間接情報

　例えば、ある集団に対して身長、体重、主観健康度を知りたいとする。身長、体重は実際に個人が測定できる値であり、主観健康度は正に個人の主観で自らの健康度を判定した値なので、知りたい身長、体重、主観健康度は情報としてそのまま収集できる。こういった情報を**直接情報(直接データ)**と称する。直接情報は、収集しようと計画を立ててその計画を実行する事により、確実に収集できる。

　一方、複数の情報から得られる新しい情報(例えば BMI 指数は身長と体重から計算される肥満度の基準)や、情報間の相関性(例えば身長が低い程自分を健康でないと思っている)等、調査の結果得られた情報を処理して初めて明らかになる情報もある。こういった情報を**間接情報(間接データ)**と称する。

　間接情報の精度は、それを導く為に処理した情報の精度を上回る事は有り得ない。即ち、間接情報より直接情報の方が確実に高精度なので、先ず直接情報を得られるかどうかを検討すべきである。しかし世の中はそうは甘くは無く、得てして直接情報を得られない事が多いので、その場合にはやむを得ず間接情報を収集する。

● **節の確認問題** ●

次のそれぞれにおいて、知りたい情報が直接情報か間接情報か、述べなさい。
① A市の小学生の平均身長を知りたくて、A市立のある小学校の児童100名の身長を情報として収集した。
② B大学の学生の睡眠時間を知りたくて、B大学1年生全員の就寝時刻と起床時刻を情報として収集した。
③ 材料Cの密度を知りたくて、様々な形の材料Cの体積と質量を情報として収集した。

　　解答：①直接情報　②間接情報　③間接情報

1.4節　予定情報と隔靴情報と遭遇情報

　間接情報は、普通は予定している。即ち、調査には目的があり、その目的を達成する為の計画は当然立てられる。手間暇を掛けて情報を収集したは良いが目的の情報を得られない等という事態は、何とも褒められない結末である。予定した情報を**予定情報**と称する。

　予定情報をしっかり獲る為には情報収集の計画を熟考し、万が一にも情報不足に陥らない様にしなければならない。一方で、情報の収集、処理、分析に手間暇が掛かる事を考えると、或いは情報を収集する際に迷惑を掛ける事も有り得るので、やみくもに情報を収集すれば良いなどという計画にしてはいけないと言える。入念な計画が望まれる。

　他方、予定できない、或いは予定していなかった間接情報も存在する。**予定外情報**とでも呼んでおこう。大発見や大発明は、得てして予定外情報に端を発する事が多い様だ。

　予定できない間接情報とは、目的とする情報が何かは明確でありながらそれをどういった情報から導けるかが判らない場合等に発生する。例えば、人が生まれてからどの程度の放射線を浴びてきたかを知りたいとしても、その人がこれまでいつどこにいたかを全て把握した上で、それらの場所でどの程度の放射線が存在していたかを明らかにしなければ、それは計算できない。こんな場合に良く採用される現実的な妥協策は、近似である。例えばその人の自宅と職場だけを調査し、それぞれで浴びるであろうと考えられる放射線の量から簡易的に計算する。こんな大雑把な計算しか人間にはできないと、ある意味居直る訳である。この場合、得られた情報は絶対的な説得力を持つかどうかは別としても、少なくとも目安として活用する事はできるだろう。こういう予定できない間接情報を、**隔靴情報**とでも称する事とし

第 1 章　統計学とは何か

たい。因みに、隔靴掻痒(かっかそうよう)とは、足が痒いのだが靴の中なので掻けずに歯痒くもどかしいという意味の四字熟語である。

また、予定していなかった間接情報とは、得ようとしている情報を処理している内に想定外の情報を得られてしまった情報等である。最初はある図形を様々な方向から見せてどちらの方向から見せるのが人はそもそも心地良いかを調べていたが、その方向が思いも寄らずに性格に依存している事が判った等という例もある[1]。予定していなかった情報を、**遭遇情報**と称する事にしよう。

予定していない間接情報を得たい場合には、本当に必要かどうか判らない情報までも、適度に余分に収集する必要がある。前向きに言い換えると、情報収集に際してはこんな情報も有意義だろうと想像力を駆使する工夫と努力を惜しまず、どの情報をどう処理するとどんな意味のある情報を得られるかを思案し様々に試行錯誤する姿勢＝意気込みが重要である。これには、経験やセンス等も多分に問われるだろう。同じ情報からは誰でも同様に得られる予定情報とは異なり、隔靴情報や遭遇情報は情報処理分析者によって得られ方が違ってくる。情報処理分析者の腕の見せ所でもある。

ところで、情報処理分析の成功の鍵は情報収集である。情報収集が終了した時点で勝負の半分は決まっていると言っても過言ではないだろう。

● 節の確認問題 ●

次のそれぞれの場面において、どの情報が間接情報で、その間接情報は予定情報、隔靴情報、遭遇情報のいずれかを述べなさい。
① D 事件の犯人を特定したいが、これまでの捜査では皆目見当もつかず、次にどんな情報を収集すべきか警察が悩んでいる。
② 緑色発光ダイオードを作るべく材料 E と F の配合比を試行錯誤で変えていたが、ある配合の時に青色発光ダイオードが出来てしまった。
③ 音程 f、音量 A、発音時間 t を変動させて人間の鼓膜がどの程度の音エネルギーまで耐えられるかを調査した所、どうやら限界エネルギーが $f^2 A^2 t$ に比例する[2] 事が判った。

　　解答：①犯人＝隔靴情報
　　　　　②青色発光ダイオードを作る材料及びその混合比＝遭遇情報
　　　　　③人間の鼓膜が耐えられる限界の音エネルギー＝予定情報

1.5 節　情報は世の中に氾濫している

　朝、目覚まし時計で目を覚ます。時刻を見てはっと飛び起きる。時刻も情報の一つである。朝食を摂りながら新聞を読むかも知れない。新聞には情報が満載されている。家を出ると電車が来る。ダイヤグラム（時刻表）も情報である。事故が発生して電車が遅れると、駅の構内放送が流れる。身近に情報は氾濫している。他方、防犯カメラがあちこちから我々を映し出している。アメリカの人工衛星は、標的と決めた人間を追尾する事が可能だそうだ。近い将来、日本国民は全員番号を割り当てられ、生年月日や本籍住所は元より、年収、学歴、賞罰等が情報として一括管理されるそうである。こうなると、我々自体が情報になってしまっている。そもそも生物はDNA上の遺伝子という情報により作成されているので、我々人間は情報から離れてはどうも生きられないらしい。人間が他の生物より知的な生活を始めたのは意思伝達手段の為の声や文字を得ての事である。意志も情報である。

　膨大に溢れかえる情報に何があるかを改めて考えてみると、例えば次の様な情報がある。

- **工業情報**：引張強度、疲労寿命、クリープ破断時間等、設計や開発に欠かせない材料特性値[3]は、実験から求める。製造現場では、不良品発生率や装置のズレやブレ等、多くの管理値がある。自動車や構造物等の出来合いの物も、部品が壊れていないかを定期検査する。商品企画においては、市場動向調査は重要だ。
- **社会情報**：海外旅行の直前には、為替相場に一喜一憂する。投資を始めると株価指数や物価指数等を毎日確認し始める。テレビ局では視聴率が、弁護士は裁判における勝率が価値を示す指標値となる。友達が交通事故に遭うと交通事故死者数[45,46]が気になる。国民電力消費量[72]、大学進学率[73]等、市民生活に関わる社会情報は多い。
- **個人情報**：住所、氏名、生年月日等を書類に書く事は多い。入学や就職の面接では、学歴、クラブ活動での実績、趣味、特技等を聞かれる。最近は指紋[75]や声紋[74]認証の機械もある。市街地や駅構内等にある監視カメラは、顔認識技術[76]により年齢や性別を高精度に判別できる様になった。個人の動きを追跡できるのである。
- **国家情報**：世界の国家は、裏では互いに情報収集に努め、有事に備えている。軍事予算、国家戦略は勿論、兵器開発に関わる研究員、テロを起こす危険人物等もマークされる。スパイは古来からの情報収集手段だったが、近年では人工衛星や監視カメラも活躍している。インターネット回線も常に見張られている。

第 1 章　統計学とは何か

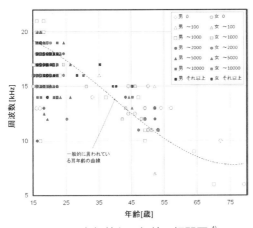

図1-1：実年齢と耳年齢の相関図 [4]

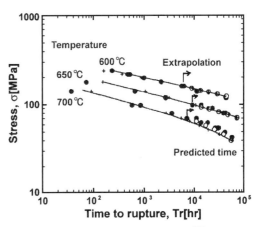

図1-2：クリープ破断線図 [5,7]

・**人間工学情報**：イヤフォン使用に因る聞こえの低下 [4,6,8]、椅子の座り心地や姿勢に因る疲労、音や音楽の心地良さ [9,10,11]、眩しさとその危険性 [12]、視覚の三次元認識能力 [13,14] 等の、人間感性に関する情報が増えつつある。医療画像 [15,16]、人体構造解析 [17,18] 等の医療情報も重要である。油井掘削 [19]、自動車部材断面 [20]、原子力プラント [21,22] 等の安全設計に関する情報も広義には人間工学情報だろう。

　人間は情報の中で情報を用いて生きているので、情報を制する者は勝利に近づく。例えば、上司に資料を提出するのだが、上司の機嫌や忙しさは今どうか？　好きな人ができたが、その人は一体何をプレゼントしたら喜びそうか？　人は無意識に情報を参考に行動を決めてきたものである。第二次世界大戦で日本は負けたが、英語を排斥した日本が情報戦争で負けたとも言えようか。日本人が情報に価値があると気付いたのは、西洋人より遅かった様だ。
　情報に価値が出てくると、情報が商品として売られ始める。著者を初めとする工学関係者に言わせると、無形の情報に有形の物より大きな価値が付く、妙な世の中になった。

● 節の確認問題 ●
身の回りの情報と、それを伝える手段(媒体)を幾つか列挙してみなさい。

　　　解答例：本に記載される事実や空想／文字(言語)、音楽に込められた感情／音、映像で記録された事実や空想／色彩分布、過去の怖い体験／五感と印象、身長、体重、気温、湿度等／数。

> **コラム ▶ 情報を飲むか情報に飲まれるか**
>
> 　情報に振り回されると、何だか誰かに操られている様にも感じられる。逆に情報操作して主導権を握ると、痛快である。戦国時代に活躍し江戸時代末期までいたとされる忍者[51]は、いわゆるスパイである。時代劇では夜戦等に黒装束の忍者が出現する事も多いが、むしろ忍者は素性を隠して情報収集や情報操作をしていた。「処世術」とは、今に活きる忍者の心得と言えよう[47]。
>
> 　儲けを優先させる資本主義の結末は、貧富格差である[48]。高度経済成長期には、物を持つ意味を考える間も無く物を買い、そして捨て去っていたと聞く。どこで安く売っているかには興味があっても、その物がどれだけ自分に必要かを熟考しない事もある。定年するや証券会社の人間が訪れて、老後の為にと退職金等を元手にした投資を勧める。支払には当然対価を得なければならない金融原理においては、金は発生する物ではなく巡回する物であり量が決まっている。株や証券が変化しなければ金の全量も変わらないので、誰かが得をしたら誰かが絶対に損をする。株や証券を扱う専門家が大企業にはいるので、そんな玄人に素人がいきなり敵う筈はない。情報も都合の悪い部分が除去されて都合の良い部分だけが広まる事が多いので、情報の取捨選択や解釈が重要である。
>
> 　入学試験や大学の定期試験の直前に、過去問が出回る。同じ大学や教員が出題するならば、きっと指向性が大きく変わらないだろうと想像（期待？）し、情報により効率的な対策を講じようとする人間の欲望が根源にありそうだ。偶々張った山が当たり合格して得た学歴よりは、地道な努力で得られる実力が本当にその人の力となるのだと思う。情報に立ち向かう勇気も必要だろう。最近の多くの試験は、どうも大量の情報を公式や方式に則って短時間で処理する能力を問うている様にも感じる。それは後述の通り電算機が人間に代わってしてくれる[52]。電算機にできない事、即ち無から何かを創造（想像でも良い）する能力こそが、人間に求められる能力だと思う。

1.6節　ビッグデータ

　家計簿を付けると、沢山のレシートが必要になる。銀行員は、当行に全てお任せ下されば預金通帳が家計簿になる等と言うが、ある意味これは確かにありがたい。

　我が家では家族の体重を毎日風呂上りに記録している。溜りに溜まって、今ではノート1冊分を越える情報が記録された。数値で見ると良く解らない事は、グラフにしてみると良い[13]。たかが体重と笑えない。変化がよく見えるので、ダイエットにも身が入ってくる。

　この程度ならば手作業で何とかなる。職場が大学だと教員は、学生の成績集計作業を強いられる。唯一回の試験でも情報量は膨大となる。一方、最初に記した通り統計学は道具なので、学生諸君には頭で理解させるよりは、実際に手で計算して貰いたい。しからば演習もさせようと3回程レポートを別途用意すると、教員が処理すべき情報は4倍に膨れ上る。

第 1 章　統計学とは何か

こうなってくると、集計作業はどうやらパソコンに頼るのが賢明だろう。

　教員一個人でもこの有様なので、これが地方公共団体、或いは企業となると、取り扱う情報量が爆発的に増える。SE（情報工学士）system engineer を抱え、大容量のサーバ（中央電算機）server を用意し、情報を**管理 manage**、**処理 process** しようとする。

　こうして情報は、取り扱う内容や範囲に依っては、普通の管理や処理をする仕組み（プログラムや電算機）では手に負えなくなってしまう。この様な巨大で複雑な情報集合の集積物を、**ビッグデータ big data** と称する。ビッグデータ全体を一度に分析する事は不可能なので、一部ずつを小分けにして分析し、それぞれの分析結果を比較する。10 〜 10000 台の電算機 computer で並列計算する場合も多い。ビッグデータに関する課題を表 1-3 に纏める。

表 1-1：ビッグデータの例

IBM の Wikipedia	：可視化イメージは TB（テラバイト）級で、本文と併せると巨大な量となる。
スポーツデータ	：テニスのチャレンジ判定の為の高速度カメラによる球の弾道データ等膨大になる。
生物、環境、ゲノミクス、気象学データ	：自然は大きく、その測定結果もやはり膨大になる。
物理シミュレーション等の計算データ	：電算機で自然をシミュレーションし始めている。

表 1-2：ビッグデータを可能とした技術の例

ハードウェア	：電算機、無線機器、AV 機器、情報収集モバイル装置、空間（遠隔）センサー技術、他。
インフラ	：広域ネットワーク、人工衛星電波網、他。
ソフトウェア	：ソフトウェアログ管理、統計処理ツール、他。

表 1-3：ビッグデータに関する今後の課題

技術的課題	：収集、取捨選択、保管、検索、共有、転送、解析、可視化、他。
戦略的課題	：組織間、国家間等で、ビッグデータの主導権を誰が握るかは重大問題である。

　日本人の半数が携帯電話を持っているとして、彼らが毎日電話、メール、ライン等をしたとする。恐ろしい量の情報が日々増えている事が想像できる。有線（電波）や無線（光ケーブル）を経由して、この情報が走り回る。これらはどこかできっと記録されているだろうし、盗聴されているかも知れない。本当にそんな大量のデータが必要なのか、人間が情報に振り回されていないか、再確認が必要な時期になった様な気もしている。

‥‥ 本当にそんなにデータが必要ですか？
‥‥ 人間は情報に振り回された生活をしていませんか？

コラム▶大きな数値の表し方

　全世界の1人当たり情報量は1980年代以降40ヶ月毎に倍増し、2012年には250京（2.5×10^{18}）Bに達し、今も増え続けている。現実的に処理可能な情報量 data size は EB（10^{18}）とも言われるが、最後は人が関るだけに上限があるかも知れない。科学研究、金融、俗なインターネット等でビッグデータを用いているが、過剰な情報量でシステムがパンクする事もある。ここで、Bはバイト byte という単位で、元々は欧文字1文字分のコードを意味していたが、今では一般的には2進数8桁＝8bit（ビット）と定義される事が多い。即ち、1Bの情報で 00000000(8) = 0 〜 11111111(8) = 255 の数値を表現できる。電算機の電子媒体は1Bを一単位として番地が振られる。

　一般生活では、億や兆という文言は聞いた事があるだろうが、京は珍しい。この先数値を情報として扱うので、少し単位接頭語について確認しておこう。

　SI単位系では、他の単位では絶対に表せない7単位を基本単位と称する。Bは単に数のまとまりを示すので、基本単位ではない。一方、mol も数のまとまりを示すのだが、国際会議の場で化学者が利便性を考えて基本単位にする事を提案した為、基本単位に含まれた。また、角度 θ [rad] は半径 [m] と円周率 π（≒ 3.14159）で表せるので、基本単位ではない。

表1-4：SI単位系における基本単位

物理量	長さ	質量	時間	電流	光度	温度	化学量
単位	m	kg	sec	A	cd	K	mol
	メートル	キログラム	秒	アンペア	カンデラ	ケルビン	モル

　地球の赤道直径は 1.2756×10^7 m、地球の公転軌道半径は $1.49597870 \times 10^{11}$ m、銀河系の直径は約 $0.94607304725858 \times 10^{21}$ m、可視宇宙の半径は約 4.3×10^{26} m である。数値が巨大になり

第1章 統計学とは何か

表1-5：単位の接頭語と桁の対応

大きさ	10^1	10^2	10^3	10^4	10^6	10^8	10^9
和式	十	百	千	万		億	
洋式	da (デカ)	h (ヘクト)	k (キロ)		M (メガ)		G (ギガ)

	10^{12}	10^{15}	10^{16}	10^{18}	10^{20}	10^{21}	10^{24}
	兆		京 (けい or きょう)		垓 (がい)		秭 or 秭 (し) or (じょ)
	T (テラ)	P (ペタ)		E (エクサ)		Z (ゼタ)	Y (ヨタ)

10^{28}	10^{32}	10^{36}	10^{40}	10^{44}	10^{48}	10^{52}
穣 (じょう)	溝 (こう)	澗 (かん)	正 (せい)	載 (さい)	極 (ごく)	恒河沙 (ごうがしゃ)

10^{56}	10^{60}	10^{64}	10^{68}
阿僧祇 (あそうぎ)	那由他 (なゆた)	不可思議 (ふかしぎ)	無量大数

但し、恒河沙以降の位の対応付けは様々な説がある。

判り難いので桁移動の為の単位接頭語を表1-5の様に便宜的に設ける。日本は4桁毎、西洋は3桁毎に次の接頭語が設定されている。宇宙の大きさはY（ヨタ）オーダーを超えているが、穣（じょう）オーダー未満である。日本のスケールは宇宙より大きいのだ！ 因みに、陽子の荷電半径は 0.877551×10^{-15} m、最小の人体細胞＝精子の大きさは約 2.5×10^{-6} m、最大の人体細胞＝卵子の大きさや太めの毛髪の直径は約 0.1×10^{-3} m である。ミクロの世界については別の機会に‥‥。

1.7節　情報に対する倫理

情報が商品になると、資本主義社会では得てして情報を収集する為に周囲の迷惑を顧みなくなる傾向がある。情報とは、獲る者だけでなく、獲られる者にも相当の負担が掛かる場合がある。即ち、血液検査等身体に苦痛を伴う場合や、或いは苦痛が伴わなくても過去の病歴

等を打ち明けるのは相当の抵抗があるだろう。金儲けの為等と気易く考えてはいけない。

獲った情報は原則、情報提供者のプライバシー（他人に知られたり侵害されたくない私生活）に触れていると思うべきである。取扱いにも厳重な注意が必要である。どのみち情報処理には労力が掛かるので、無計画、無造作な情報収集は百害あって一利ない。

道端でアンケート等と言われると思わず何も考えずに回答してしまう事もあるだろうが、獲られる者にある程度以上の抵抗がある様な情報を収集する際には、同意書と言う書類を回答者に書いて貰う必要がある。図1-3に説明書、図1-4に同意書の例を示す。説明書には、回答して貰う目的とその意義が説明されており、いつでも回答を中止する権利が回答者にある事も書かれている。同意したら同意書に署名する。

例えば、工学は人間社会に有意義な（これが最も重要）物や仕組みを創出する学問なので、工学情報というものは最小限の量で、且つその有意義性に最大限繋がらなければならない。良薬口に苦しではないが、本当に必要、或いは重要なデータは重みを感じられる筈であり、収集も確実に行うべきである。統計学の基本は、情報を取り扱う者の人間性である。情報の収集、管理、処理、分析の一連の取り扱いを任せても大丈夫な人間になり、頂戴した情報を徹底的に有効活用する誠意を持って貰えれば嬉しい限りである。

● 節の確認問題 ●

1. 情報提供者に負担が掛かる情報の例を挙げ、負担が掛かる理由を簡単に説明しなさい。
2. 情報収集の際に重要な事を簡単に纏めなさい。

> 解答例：1. 本籍地や現住所等／本人の居場所を特定されるので。氏名や顔写真／本人である事を特定されるので。学歴や離婚歴や過去の男女交際歴／昔の知られたくない事なので。血液成分／摂取時に痛く、量によっては体調にも負担が掛かるので。レントゲンやCTやMRIの画像／放射線や磁場に晒され、体の輪郭線や内部を見られてしまうので。脈波や発汗状態／その時の精神状態を知られてしまうので。（一般的に、体に傷を付けない非浸食検査であっても、医療情報収集の際には少なからぬ負担が掛かり易い。）
> 2. 情報の大切さや情報提供者の負担を理解し、必要最小限の情報から最大限の効果を得られる様に入念な情報収集検討を実施し、情報を適切に管理しつつそれらを多角的に処理分析する努力をする事。

第1章　統計学とは何か

視聴覚感性工学研究アンケート書類

平成23年度研究生・卒論生・セミナー生諸君

工学院大学　工学部機械工学科
人間工学研究室　准教授
菱田博俊

視聴覚感性工学研究アンケートのご説明
人間工学研究（研究題目：視聴覚感性認識に関する基礎研究）のご説明とご協力のお願い

　貴殿に表記の研究へのご協力をお願いするに当たり、当該研究の内容およびアンケートへの参加に同意して頂く為の手続き等について、説明します。ご理解頂いた項目毎に別紙の「参加同意書」中の□内に直筆で✔を入れて頂き、全項目をご理解頂いた上でアンケートに参加しても良いとお考えになられた場合には、署名または押印をして下さる様お願いします。

1．研究の意義と目的
　　過酷になってきた現代社会において、少しでも心身のリラックスを図れる様に身近にある視聴覚情報を有効活用する手法を開発する手掛りを得る事が、当該研究の本質的な目的です。研究成果として、音楽療法手法の確立、耳に優しいイヤフォンの開発、誤解を与え難い作図方法の確立、落ち着く病院照明の実現等、薬に頼らず心身のリラックスを図れる手法を期待しています。

2．アンケートへの参加をお願いする理由
　　その為に、如何なる視聴覚情報がより心地良いかを確認し、データベースとして構築したいと考えます。個人差を考慮し、できるだけ大勢の方の意見を伺う事が重要と考えます。

3．アンケートの内容
　　A4紙上に記載した設問に答えて頂く形式です。特別にご用意頂く物や、ご提示頂く事はありません。金銭的負担もありません。
　　視覚認識アンケートの場合は別の映像を見て頂く事もありますが、危険な映像では全くありません。聴覚認識アンケートの場合は音を聞いて頂く事もありますが、危険な音では全くありません。いずれのアンケートも、途中で自由に中止して頂いて結構です。

4．アンケート参加への同意
　　このアンケートに参加するかどうかは任意です。貴殿の自由意思でお決め下さい。参加に同意されなくても、いかなる不利益を被る事は一切ありません。

5．同意後の同意撤回
　　このアンケートへの参加に一度同意された後でも、不利益を被る事なく、いつでも同意を撤回し、参加を辞退する事ができます。既に頂戴しているアンケートの回答は、それ以降は当該研究の為に用いられることはありません。但し、同意を撤回された時に既に研究結果が論文等で公表されていた場合や、データが誰のものか完全に判らない様に連結不可能署名化されていた場合等には、データを破棄できない事があります。

人間工学研究室　菱田博俊

図1-3：説明書（1頁目）

視聴覚感性工学研究アンケート書類

6．研究の方法
　　主として、大勢のアンケート回答結果を集計し、年齢、性別、地域、あるいはその他のある特性を有する集団がどの様な傾向を示すかを調査します。即ち、個々のデータに着眼する事は本質的にはありません。その傾向を、当該研究の参考にさせて頂きます。また、その傾向自体が重要な場合には、それ自体が当該研究の結果となります。

7．研究の期間
　　当該研究は、社会環境が苛酷になる方向に進む限り継続する予定です。

8．研究計画の閲覧
　　ご希望があれば、個人情報の保護や研究の独創性の確保に支障がない範囲内で、当該研究計画の資料を閲覧または入手する事ができますので、お申し出下さい。

9．個人情報の保護
　　当該研究を実施するに当たり、プライバシーへの配慮や、個人情報の管理については、厳重にさせて頂きます。データ処理に際しては、個人名等の代わりに符号等付し取り扱います。この符号等は研究責任者が厳重に管理します。これを連結不可能匿名化と言います。これにより、貴殿の個人情報が外部に漏えいする事はありません。

10．知的財産権の帰属
　　研究成果として特許権等の知的財産権が生じた場合、その権利は大学や研究者に帰属し、貴殿には帰属しません。その権利により経済的利益が生じた場合、貴殿にはその権利はありません。

11．研究結果の公表
　　当該研究の結果は、この研究に関連する学会で報告、または関連する分野の学術雑誌に論文として公表する予定です。また、データベース上で公表する場合があります。いずれの場合も、個々のデータでなく、集団全体の傾向として公表しますので、貴殿の個人情報が公表される事は全くありません。

12．研究者の氏名・所属・職名および当該研究に関する問合先等
　　この研究を行う研究者は次の通りです。
　　研究責任者：工学院大学　工学部機械工学科　准教授　菱田博俊
　　所在地：東京都新宿区西新宿 1-24-2
　　電話番号：03-3340-2624
　　この研究に関するお問い合わせは、上記の研究責任者までご連絡下さい。苦情がある場合は、工学院大学研究推進課(042-628-4940)でも受け付けます。

　　　　　　　　　　　　　　　　　　　　　　　　　　　　＜初版＞平成 23 年 7 月 23 日

人間工学研究室　菱田博俊

図 1-3：説明書（2 頁目）

第 1 章　統計学とは何か

視聴覚感性工学研究アンケート書類

工学院大学　工学部機械工学科
人間工学研究室　准教授
菱田博俊　殿

視聴覚感性工学研究アンケートの参加同意書

　私は、「研究題目：視聴覚感性認識に関する基礎研究」について、研究者菱田准教授より資料「視聴覚感性工学研究アンケートのご説明」を用いて次の事項について説明を受けました。そして、下記の✔を付けた項目について理解しました。

　　　□研究の意義と目的
　　　□アンケートへの参加をお願いする理由
　　　□アンケートの内容
　　　□アンケート参加への同意
　　　□同意後の同意撤回
　　　□研究の方法
　　　□研究の期間
　　　□研究計画の閲覧
　　　□個人情報の保護
　　　□知的財産権の帰属
　　　□研究結果の公表
　　　□研究者の氏名・所属・職名および当該研究に関する問合先等

　以上の説明を充分に理解しましたので、ご依頼のあった視聴覚感性工学研究アンケートに回答、提出し、その内容を当該研究に活用して頂く事に同意致します。
　　なお、私の健康状態は現在{健全者・　　　　　　　　　　　　　　　}です。

　　　　　　　　　　　　　　　　　　　　　　　　　　　　　　　　　年　　　　月　　　　日

住所　　　　　　　　　　　　　　　　　　　　　　　　　　　　　　　　　　　　

氏名　　　　　　　　　　　　　　印　　保護者氏名　　　　　　　　　　　　　　
※氏名は自署または記名の上押印。

　　　　　　　　　　　　　　　　　　　　　　　　　　　　　　人間工学研究室　菱田博俊

図 1-4：同意書

章末問題

1. 次の幾つかの語句同士の関係について、簡単に説明しなさい。

   1）情報とデータ。

   2）予測、予報、予言、予定。

   3）直接情報、間接情報、予定情報、隔靴情報、遭遇情報。

2. 統計学とは、本質的にどの様な学問（と著者は考えている）か、簡潔に述べなさい。

3. 統計学でデータをどの様に取り扱っていくかについて、次の各問に簡潔に答えなさい。

   1）注意点を考えつつ、データ収集計画を作成する時の基本理念を簡単に述べなさい。

   2）収集したデータの管理の際に厳守すべき事を挙げなさい。

   3）収集したデータの処理や分析に関する基本理念を述べなさい。

第2章

情報処理の基礎

【課題1】 次の男女それぞれ6名ずつ合計12名の集団について、データの特徴を簡潔に述べよ。

表 2-1(a)：女子集団のデータ [24,25]

平成26年女子		年齢	身長	体重
個人値	優美子	26	169.5	60.0
	智 美	25	170.3	60.7
	蓮 香	23	164.5	55.7
	亜弥夏	22	155.3	53.0
	実 絆	22	163.4	56.3
	霞	21	158.0	51.0
全国平均値	平成 6年	25	157.5	51.2
	平成16年	25	158.3	50.9

表 2-1(b)：男子集団のデータ [24,25]

平成26年男子		年齢	身長	体重
個人値	敬	25	178.0	74.0
	隆太郎	24	172.0	66.2
	大 地	22	171.0	70.0
	沙次郎	22	172.2	66.4
	周 夫	21	166.6	74.6
	譲	20	171.0	56.0
全国平均値	平成 6年	25	170.8	64.4
	平成16年	25	171.8	66.5

【課題2】 次の男女それぞれの集団について、データの特徴を簡潔に述べよ。

表 2-2：男女給与所得者の平成18年と平成22年の年収 [23] 別人数度数分布表

人数 N[千人] 年収[万円]	男性					女性			
	H18			H22		H18		H22	
0 ～ 100 (50)	723	0.026	723	0.026	715	2876		2896	
100 ～ 200 (150)	1902	0.069	2625	0.096	1962	4721		4879	
200 ～ 300 (250)	3287	0.120	5912	0.215	3718	3893		4287	
300 ～ 400 (350)	4846	0.177	10758	0.392	5322	2761		2904	
400 ～ 500 (450)	4721	0.172	15479	0.564	4917	1529		1607	
500 ～ 600 (550)	3551	0.129	19030	0.693	3478	762		797	
600 ～ 700 (650)	2492	0.091	21522	0.784	2230	367		364	
700 ～ 800 (750)	1815	0.066	23337	0.850	1605	187		188	
800 ～ 900 (850)	1227	0.045	24564	0.895	1045	102		116	
900 ～ 1000 (950)	806	0.029	25370	0.924	689	75		51	
1000 ～ 1500 (1250)	1545	0.056	26915	0.981	1193	109		101	
1500 ～ 2000 (1750)	329	0.012	27244	0.993	253	35		23	
2000 ～ 2500 (2250)	100	0.004	27344	0.996	73	12		9	
2500 ～ (－)	102	0.004	27446	1.000	88	9		10	
合計	27446		累積		27288	累積	17438	累積	18232	累積

2.1 節　データ群に関する呼称と記号

今後様々なデータの集合やデータ処理値を取り扱うので、便宜上必要な概念の呼称や記号を、課題に即して定義しておこう。

表 2-1 に示す男女の氏名、年齢、身体測定データの集合がある。偶々男女に分けて表にしたが、今後男女別にデータ処理して比較をするのであれば、課題のデータ群は 2 つあると見做すのが簡明である。このデータ群を、**集団**、**事象**または**空間**と称する。女性に関する集団を X_f、男性に関する集団を X_m 等と書く事にしよう。今、集団は 2 つある。

それぞれの集団は、6 人のデータ提供者が 3 種類のデータを提供して成る。データの種類は、氏名を合わせると 1 + 3 = 4 種類となる。このデータの種類、即ち氏名、年齢、身長、体重を**特性** j と称する。特性の数が 1 の場合**一重分類**のデータ、2 以上の場合**多重分類**のデータと称する。今、各集団は多重(4 重)分類のデータとなっている。

4 種類の特性が 6 人分あるので、集団は $4 \times 6 = 24$ のデータから構成される。各特性の 6 人分のデータを**要素**または**個体** i と称し、要素の個数を**要素の大きさ size**、要素の大きさと特性数の積 $i \times j$ を集団の**大きさ**と称する。X_f については「4 個の特性を有する 6 個の要素 f_{ij}（$i = 1, \cdots, 6$、$j = 1, \cdots, 4$）から成る集団 $X_f \ni f_{ij}$ がある。この集団の大きさは 24 である。」と表現できる。要素の大きさが有限の集団を**有限集団**、**有限事象**または**有限空間**と称し、無限の集団を**無限集団**、**無限事象**または**無限空間**と称する。X_f も X_m も有限集団である。

● 節の確認問題 ●

本章の課題において、女性集団と同様に男性集団 X_m の特性 j の数、要素の大きさ i を示し、要素 m_{ij} と男性集団 X_m を関係付けた明解な説明をしなさい。

> **解答**：4 個の特性を有する 6 個の要素 m_{ij}（$i = 1, \cdots, 6$、$j = 1, \cdots, 4$）から成る集団 $X_m \ni m_{ij}$ がある。この集団の大きさは 24 である。

2.2 節　度数分布表に関する呼称と記号

表 2-2 に示す男女それぞれの、平成 18 年と平成 22 年の年収に関するデータの集合がある。男女ともデータの提供者は同一ではなく、平成 18 年と平成 22 年でも同一のデータ提供者

第 2 章 情報処理の基礎

ばかりとは限らない。即ち、データの横のつながりはない。しかし一方で、年収を氏名の様なものだと認識すると、性別と年号を特性と捉えられる。この場合、誰がどの程度の年収かまでは考えない事になる。そこで、このデータ群を 4 個の特性のある 1 個の集団と見做す事にしよう。表 2-2 は大きく、年収を記す左部分と、その人数等を記す右部分から成る。

各年収範囲を**階級**と称する。括弧内には各階級の年収範囲の中央値を記しており、これを**階級値**と称する。表 2-2 は 14 階級ある。年収範囲をどう定めなければならないと決まっている訳ではないので、階級分けした際に全体の特徴が良く表れる様な分け方を見つけ出すと良い。但し、各階級の範囲は同一にするのが一般的である。

男性 H18 の欄は 4 列ある。一番左の列はその階級に該当する人数であり、一般的には**度数**と称する。表 2-2 を**度数分布表**と称する所以はここにある。またその右隣の列は、全体 (27446 人) 中の度数の割合を示しており、これを**相対度数**と称する。また、その右隣の列は上からの度数の累積値を示し、これを**累積度数**と称する。そして一番右の列は全体中の累積度数の割合を示しており、これを**累積相対度数**と称する。

横軸を階級、縦軸を度数として度数分布表をグラフ化すると、**ヒストグラム histogram** と称する図 2-1 の棒グラフができる。折れ線グラフにしても良いが、階級間にはデータが無いので、必ず階級値の位置にマークを入れて断続的なグラフである事を提示すべきである。ヒストグラムを見ると、全体的な特徴が形として見えてくる[13]。ここで、階級数が多過ぎると細かい凸凹が目立ち全体の形を認識し難くなり、逆に少な過ぎると全体的にはまろやかだが形がぼやけてしまう。階級数は 5 から 10 は必要だが、度数も 5 から 10 程度は欲しいところである。即ち、度数分布表を作りたければ、表 2-1 の様なデータ数 6 では無理である。最低 25 程度、理想的には 50 から 100 のデータが必要である。

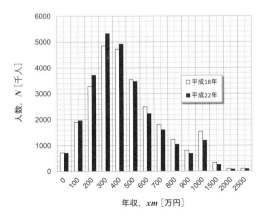

図 2-1(a)：男性の年収[23]分布

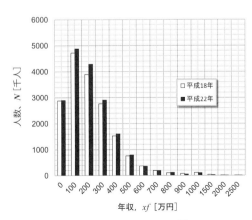

図 2-1(b)：女性の年収[23]分布

● 節の確認問題 ●

表 2-2 の空欄を埋めなさい。

解答：次の表 2-2′ の通り。今は、Excel 等の表計算ソフトウェアがあるので、それを活用されたい。

表 2-2′：男女給与所得者の平成 18 年と平成 22 年の年収[23]別人数度数分布表完全版

年収[万円]	人数 N[千人]	男性 H18				男性 H22				女性 H18				女性 H22			
0 ～ 100	(50)	723	0.026	723	0.026	715	0.026	715	0.026	2876	0.165	2876	0.165	2896	0.159	2896	0.159
100 ～ 200	(150)	1902	0.069	2625	0.096	1962	0.072	2677	0.098	4721	0.271	7597	0.436	4879	0.268	7775	0.426
200 ～ 300	(250)	3287	0.120	5912	0.215	3718	0.136	6395	0.234	3893	0.223	11490	0.659	4287	0.235	12062	0.662
300 ～ 400	(350)	4846	0.177	10758	0.392	5322	0.195	11717	0.429	2761	0.158	14251	0.817	2904	0.159	14966	0.821
400 ～ 500	(450)	4721	0.172	15479	0.564	4917	0.180	16634	0.610	1529	0.088	15780	0.905	1607	0.088	16573	0.909
500 ～ 600	(550)	3551	0.129	19030	0.693	3478	0.127	20112	0.737	762	0.044	16542	0.949	797	0.044	17370	0.953
600 ～ 700	(650)	2492	0.091	21522	0.784	2230	0.082	22342	0.819	367	0.021	16909	0.970	364	0.020	17734	0.973
700 ～ 800	(750)	1815	0.066	23337	0.850	1605	0.059	23947	0.878	187	0.011	17096	0.980	188	0.010	17922	0.983
800 ～ 900	(850)	1227	0.045	24564	0.895	1045	0.038	24992	0.916	102	0.006	17198	0.986	116	0.006	18038	0.989
900 ～ 1000	(950)	806	0.029	25370	0.924	689	0.025	25681	0.941	75	0.004	17273	0.991	51	0.003	18089	0.992
1000 ～ 1500	(1250)	1545	0.056	26915	0.981	1193	0.044	26874	0.985	109	0.006	17382	0.997	101	0.006	18190	0.998
1500 ～ 2000	(1750)	329	0.012	27244	0.993	253	0.009	27127	0.994	35	0.002	17417	0.999	23	0.001	18213	0.999
2000 ～ 2500	(2250)	100	0.004	27344	0.996	73	0.003	27200	0.997	12	0.001	17429	0.999	9	0.000	18222	0.999
2500 ～	(－)	102	0.004	27446	1.000	88	0.003	27288	1.000	9	0.001	17438	1.000	10	0.001	18232	1.000
合計		27446		累積		27288		累積		17438		累積		18232		累積	

2.3 節 平均

多重分類のデータ処理は、それぞれの特性に注目する事から始める。今、表 2-1 (a) に示す女子集団の年齢に注目し、6 個の要素 {26、25、23、22、22、21} を考える事になる。

先ず気になるのは**平均 mean** ではないか。小学校の算数以来、平均または**平均値 mean value**（平均の値）と言う概念を頻繁に用いてきたと思う。平均とはデータが全体としてどんな位置にあるかを示す概念である。平均には様々ある。

各データの重要性が同じと仮定した場合の平均を**相加平均**（算術平均 arithmetic mean）と称し、要素の大きさ n で各要素値が x_i である集団の相加平均値 μ_x は、式(2-1)で定義される。

$$\mu_x \equiv \frac{1}{n} \sum_{i=1}^{n} x_i \tag{2-1}$$

相加平均は最も基本的な平均で、単に平均と言った場合は概してこれを意味する。相加平

第2章　情報処理の基礎

均は、任意の実数或るいは複素数に対し定義できる。x_i の相加平均 μ_x を $\bar{x}$ と書く事もある。

加える平均があるのであれば、乗ずる平均も定義し得る。式（2-2）で定義される平均 μ_{Gx} を、**相乗平均（幾何平均 geometric mean）** と称する。相乗平均は、全てのデータが非負の時のみ定義できる。データに1つ以上の0があるときは、相乗平均は0となる。データに偶数個の負数がある場合、定義式は正の値を相乗平均として返すが、この値に意味はない。

$$\mu_{Gx} \equiv \sqrt[n]{\prod_{i=1}^{n} x_i} = \sqrt[n]{x_1 x_2 \cdots x_n} \tag{2-2}$$

相乗平均の定義より、式（2-2'）も導かれる。即ち、相乗平均は対数の算術平均の指数関数（相乗平均の対数は対数の算術平均）である。

$$n \ln \mu_{Gx} = \sum_{i=1}^{n} \ln x_i \text{、 或いは } \mu_{Gx} = \exp\left(\frac{1}{n} \sum_{i=1}^{n} \ln x_i\right)\text{。} \tag{2-2'}$$

$$\because \ln \mu_{Gx} = \ln \sqrt[n]{x_1 x_2 \cdots x_n} = \frac{1}{n} \ln(x_1 x_2 \cdots x_n) = \frac{1}{n}\{\ln x_1 + \ln x_2 + \cdots \ln x_n\} = \frac{1}{n} \sum_{i=1}^{n} \ln x_i$$

相乗平均は比率の平均や対数正規分布の中心を求める時、人口の増加率の平均を求める時、或いは細菌増殖時の平均算出等に用いられる。例えば、78年の経済成長率が20％、79年の成長率が80％の場合、この2年間の平均成長率は $\sqrt{1.2 \times 1.8} \fallingdotseq 1.47$ より47％である。

逆数を用いた平均も有り得る。式（2-3）で定義される平均 μ_{Hx} を、**調和平均 harmonic mean** と称する。調和平均は、逆数の算術平均の逆数である。あるいは、逆数の算術平均は調和平均の逆数である。

$$\mu_{Hx} \equiv \frac{n}{\sum_{i=1}^{n} \frac{1}{x_i}} = \frac{n}{\frac{1}{x_1} + \frac{1}{x_2} + \cdots + \frac{1}{x_n}}\text{、 即ち } \frac{n}{\mu_{Hx}} = \frac{1}{x_1} + \frac{1}{x_2} + \cdots + \frac{1}{x_n}\text{。} \tag{2-3}$$

調和平均は逆数に意味のある変数の平均値を出したい時、例えば並列接続回路の電気抵抗値や、所要時間から平均速度を求める場合等に用いられる。データに0がある時、調和平均の定義式はそのままでは使えないが、0への極限を取ると調和平均は0となる（$x_i \to 0$ の時 $\mu_{Hx} \to 0$）。データに負数があっても調和平均は計算できるが、正負が混在している場合に逆数の和が0になる事があり、その場合の極限は発散する。例えば、往路は60km/hr、復路は90km/hr で移動した場合の往復の平均速度は、2/(1/60 ＋ 1/90) ＝ 72km/hr である。

度数分布表には、原則として個々のデータの値が掲載されないので、正確に平均を求める事はできない。度数分布表から平均を求める方法は、階級値×度数÷度数合計である。階級

値のデータが度数個あると解釈するのである。度数を重みと考えると、コラムに後述する加重平均の考え方となる。尚、表2-2における2500以上と言う上限値を決めていない階級に対しては、階級値を設ける事ができない。即ち、平均値を求めようと思ったらここに何か近似的に階級値を仮定する必要がある。

● 節の確認問題 ●

1. 表2-1の女子6人と男子6人の年齢の、それぞれの相加平均を求めなさい。
2. 本文中に記載した通り、78年の経済成長率が20%、79年の成長率が80%の場合、この2年間の平均成長率は、相加平均 $\sqrt{1.2 \times 1.8} ≒ 1.47$ より47%である。77年の経済力を基準の1として78年と79年の経済力を計算し、これを実際に確認してみよう。
3. 本文中に記載した通り、往路は60km/hr、復路は90km/hrで移動した場合の往復の平均速度は、調和平均 $2/(1/60 + 1/90) = 72$ km/hrである。270kmの距離を往復する事を考えて、これを実際に確認してみよう。

　　解答：1. 女子の平均年齢は、$(26 + 25 + 23 + 22 + 22 + 21) ÷ 6 = 23.17$。男子の平均年齢は、$(25 + 24 + 22 + 22 + 21 + 20) ÷ 6 = 22.33$。（有効数字の考え方では小数点以下第2桁目は不要だが、この値は実測値ではないので有効数字の概念がそもそも存在しない。この平均値を用いて何をするか判らないので、取りあえず第2桁目まで出しておくといったイメージである。）
　　2. 77年を基準の1とする。78年は $1 × 1.2 = 1.2$、79年は $1.2 × 1.8 = 2.16$ の経済状態である。つまり、2年間同じ経済成長率で2.16になる為には、その平方根の1.47倍が2回訪れれば良い。即ち、$1 × 1.47 × 1.47 = 2.16$。
　　3. 往路に要する時間は 270km ÷ 60km/hr = 4.5hr、復路は 270km ÷ 90km/hr = 3kr。合計で7.5hrを要したので、平均速度は $(270km × 2) ÷ 7.5hr = 72$ km/hrである。往復なので距離が倍になる事をお忘れなく！

> **コラム▶平均の一般化と応用**
> 上記3種類の平均を実数 ℓ を用いて式(2-4)で一般化し、これを**一般化平均**と呼ぶ。
>
> $$\mu_{mx} \equiv \sqrt[\ell]{\frac{1}{n}\sum_{i=1}^{n} x_i^\ell}, \quad 即ち \quad n\mu_{mx}^\ell = \sum_{i=1}^{n} x_i^\ell。 \tag{2-4}$$

$\ell=1$ の時は算術平均、$\ell=-1$ の時は調和平均、$\ell \to 0$ の時は相乗平均となる。また、$\ell=2$ の時は二乗平均平方根（RMS）と呼ばれ、後述の分散や標準偏差等を始め物理学や工学で適用される。$\ell \to \infty$ の極限は最大値、$\ell \to -\infty$ の極限は最小値となる。一般化平均は、ベクトル $\bar{X}=X(x_1,x_2,\cdots,x_n)$ の ℓ - ノルム（距離）を $\sqrt{n}$ で割った結果に一致する。数学的に、算術平均≧幾何平均≧調和平均の関係が成立し、x_i が全て同一の場合に限り3種類の平均値は一致する。

本章の課題で扱っている様な要素に連続性が無く飛び飛びのデータとなる**離散分布**の相加平均に対して、要素の大きさを無限にした場合の平均を極限計算する事ができる。この結果得られる平均は言わば**連続分布**（連続変数）の相加平均であり、式(2-5)の如く定義できる。

$$\mu_x \equiv \frac{1}{b-a}\int_a^b x(t)dt \tag{2-5}$$

次々とデータが新たに出現し続ける事象の平均は、次の瞬間に平均で無くなる。斯様なデータに対しては通常、ある期間を定めておき（最新の要素の大きさで規定する場合が多い）、その平均を参照する。こう言った限定されたデータのみの平均を**移動平均**と称する。

データに重みを付して**加重平均**を求める事もある。例えば相加平均に関しては、式(2-6)の如く重み w_i を設定した加重平均を計算できる。重み w_i が全て1の時に、式(2-6)は式(2-1)と一致する。加重平均値は、確率論における**期待値 expectation** と同じ概念になる。

$$\mu_x \equiv \frac{\sum_{i=1}^n w_i x_i}{\sum_{i=1}^n w_i} \tag{2-6}$$

平均値は全体集団の存在する位置に関する代表値として、しばしば使われる。しかし一方で、平均値の選択法も様々であり、特に分布が左右対称から大きく逸脱するようなデータについては、選択した平均が調査目的に対して有効か（適切か）どうか都度検討されるべきである。例えば、表2-2や図2-1の様に左に偏った分布を示す場合には、平均値より2.4節で説明する中位数や最頻値により意味があると考えられる。因みに、日本の給与所得者の平均年収は、男性が433.5万円、女性が234.9万円（これらの平均値は度数分布以前の元データから求められた[23]）であるが、分布のピークは男性が400万円未満、女性が200万円未満とややズレる。消費税が10％になると果たしてどうなる事やら…。

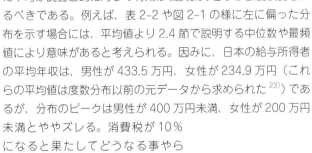

私の野球チームの成績は、
●●●●●○●●○●○○●○●●●○○●
で、勝率は5割です。
でも、最近10試合の移動平均は8割です。
このところ試合内容が良くなってきました。

2.4 節　偏差と変動と分散と標準偏差

集団において、要素 x_i の平均 μ_x との差 $\hat{x}_i$ を**偏差 deviation** と称する。偏差はその定義上、総和或いは平均すると 0 になる。n 個の要素 x_i ($i = 1,\cdots,n$) から成る集団 $X \ni x_i$ に関して、式(2-7)が偏差 $\hat{x}_i$ の定義式である。度数分布表においては、偏差は階級値で考える。

$$\hat{x}_i = x_i - \mu_x \tag{2-7}$$

偏差は、集団全体の平均値からそれぞれの要素の値がどれだけ離れているかを示す概念で、要素の散らばり方と密接に関係する。偏差の絶対値が大きい要素が沢山ある様な集団は、きっとばらついているに違いない。総和を採りたいが 0 になってしまうので、然らば代わりに絶対値か二乗を総和すれば良い。数学的には絶対値は不便な事が多いので、前節のコラムで**二乗平均平方根 root mean square, RMS** という単語が出てきたが、例えば二乗を総和してみよう。偏差の二乗の総和を**変動 S** と称し、式(2-8)の通り定義する。

$$S \equiv \sum_{i=1}^{n}(x_i - \mu_x)^2 = \sum_{i=1}^{n}\hat{x}_i^{\,2} \tag{2-8}$$

度数分布表においては式(2-8a)の通り、偏差は階級値の偏差で考える。即ち、要素を階級値 x_i に置き換え、そこに度数 w_i と言う名の重み（本質的には、度数分だけその階級偏差が存在している。）を付す。平均値 μ_i の求め方は前述の通り。

$$S \equiv \sum_{i=1}^{n}(x_i - \mu_x)^2 w_i = \sum_{i=1}^{n}\hat{x}_i^{\,2} w_i \tag{2-8a}$$

二乗を総和したのだから、変動は当然大きな値を示す。「変動が大きい程集団は大きくばらついている」と言い切りたいところだが、一方で要素の大きさが大きくても変動は大きくなる。塵も積もれば山となっているかも知れない。従って、ばらつきを議論する上で変動を要素の大きさで割っておきたい。変動を要素の大きさで割った値を**分散 variance σ_x^2** と称し、式(2-9)の通り定義する。度数分布表においては、式(2-9a)の通りである。尚、後述の不偏分散 unbiased estimate of population variance と混同しない様に注意する事。

$$\sigma_x^{\,2} \equiv \frac{S}{n} = \frac{1}{n}\sum_{i=1}^{n}(x_i - \mu_x)^2 = \frac{1}{n}\sum_{i=1}^{n}\hat{x}_i^{\,2} \tag{2-9}$$

$$\sigma_x^{\,2} \equiv \frac{S}{n} = \frac{1}{n}\sum_{i=1}^{n}(x_i - \mu_x)^2 w_i = \frac{1}{n}\sum_{i=1}^{n}\hat{x}_i^{\,2} w_i \tag{2-9a}$$

第 2 章　情報処理の基礎

分散もまた、大き目の値を示す。二乗したのだから仕方がない。では平方根を求めて元通りに小さくしてやれば良いのではないか。式（2-10）で定義される分散の平方根を、**標準偏差 standard deviation** σ_x と称する。度数分布表においては、式(2-10a)の通りである。

$$\sigma_x \equiv \sqrt{\frac{S}{n}} = \sqrt{\frac{1}{n}\sum_{i=1}^{n}(x_i - \mu_x)^2} = \sqrt{\frac{1}{n}\sum_{i=1}^{n}\hat{x}_i^2} \tag{2-10}$$

$$\sigma_x \equiv \sqrt{\frac{S}{n}} = \sqrt{\frac{1}{n}\sum_{i=1}^{n}(x_i - \mu_x)^2 w_i} = \sqrt{\frac{1}{n}\sum_{i=1}^{n}\hat{x}_i^2 w_i} \tag{2-10a}$$

● 節の確認問題 ●

1. 集団 $X \ni x_i\{1, 2, 3\}$ と集団 $Y \ni y_i\{2, 3, 4\}$ の平均と標準偏差を比較しなさい。
2. 平均が 0 である 3 個の要素から成る同じ型の分布をした集団を考えた時、最大値が 1 の集団と 2 の集団の標準偏差を求めて比較し、標準偏差が集団のばらつき度合いを示している事を確認しなさい。

　　解答：1. これらの集団は、値が 1 つだけずれた、同じばらつきの集団である。
　　　　集団 X：平均は 2、標準偏差は $(1-2)^2 + (2-2)^2 + (3-2)^2$ の平均平方根で $0.8165\cdots$。
　　　　集団 Y：平均は 3、標準偏差は $(2-3)^2 + (3-3)^2 + (4-3)^2$ の平均平方根で $0.8165\cdots$。
　　　　平均値は全体的な位置を、標準偏差はばらつきを示している事が判る。
　　2. 偏差は要素の値と同じになる。例えば集団として以下の 2 個を考えてみる。
　　　　-1、0、1 の場合は、分散は $(1 + 0 + 1) \div 3 = 0.666\cdots$、標準偏差は $0.8165\cdots$。
　　　　-2、0、2 の場合は、分散は $(4 + 0 + 4) \div 3 = 2.666\cdots$、標準偏差は $1.6330\cdots$。
　　　　確かに 2 倍のばらつきがあると、標準偏差も 2 倍になっている。

　コラム▶
　　上記の通り、偏差と言えば普通は平均を基準に置くが、例えば平均以外の別の値 $\hat{\mu}_x$ を基準においても、偏差は求められる。偏差の意味は基準からの乖離量、つまり一般的に用いる分散や標準偏差は平均周りのばらつき度合いを示すので、もし平均以外の基準を採った場合には、それで求めた分散や標

準偏差はその基準周りのばらつき度合いを意味する事になる。

基準を一般化すると、式(2-9)は式(2-9b)となり、一般化分散 $\hat{\sigma}_x^2$ を求められる。

$$\hat{\sigma}_x^2 \equiv \frac{1}{n}\sum_{i=1}^{n}(x_i - \hat{\mu}_x)^2 \tag{2-9b}$$

この式を展開して、式(2-9c)が導かれる。

$$\begin{aligned}
\hat{\sigma}_x^2 &\equiv \frac{1}{n}\sum_{i=1}^{n}(x_i - \hat{\mu}_x)^2 = \frac{1}{n}\sum_{i=1}^{n}\{(x_i - \mu_x) - (\mu_x - \hat{\mu}_x)\}^2 \\
&= \frac{1}{n}\sum_{i=1}^{n}\{(x_i - \mu_x)^2 - 2(x_i - \mu_x)(\mu_x - \hat{\mu}_x) + (\mu_x - \hat{\mu}_x)^2\} \\
&= \frac{1}{n}\sum_{i=1}^{n}(x_i - \mu_x)^2 - \frac{2}{n}\sum_{i=1}^{n}(x_i - \mu_x)(\mu_x - \hat{\mu}_x) + \frac{1}{n}\sum_{i=1}^{n}(\mu_x - \hat{\mu}_x)^2 \\
&= \sigma^2 - \frac{2(\mu_x - \hat{\mu}_x)}{n}\sum_{i=1}^{n}(x_i - \mu_x) + (\mu_x - \hat{\mu}_x)^2 \quad (\because \text{第一項は定義、}\mu_x - \hat{\mu}_x \text{は定数。}) \\
&= \sigma^2 + (\mu_x - \hat{\mu}_x)^2 \quad (\because \sum_{i=1}^{n}(x_i - \mu_x) \text{は定義より} = 0\text{。})
\end{aligned} \tag{2-9c}$$

ここで、基準を 0 とする($\hat{\mu}_x = 0$)と、有名な式(2-9d)が得られる。この式はつまり、「分散はデータの二乗和から平均の二乗を引いても得られる」という事を意味している。Excel 等の表計算ソフトウェアが充実した今はこの公式の登場機会は余りないが、データを手作業で処理していた頃は分散を求める重要な公式としてしばしば用いられていた。

$$\frac{1}{n}\sum_{i=1}^{n}x_i^2 = \sigma^2 + \mu_x^2, \quad \sigma^2 = \frac{1}{n}\sum_{i=1}^{n}x_i^2 - \mu_x^2 \text{。} \tag{2-9d}$$

2.5 節　代表値

上述の平均や分散(標準偏差)等は、集団の特徴を示す**代表値 average** の一種である。参考まで、後に母数と言う単語が出てくるが、これは分布の特徴を示すパラメータの事であり、代表値とは区別して使いたいと思う。

平均値は、前述の通り全体の位置を示す代表値であるが、図 2-1 の様に要素の大半が左端に寄っている様な分布を示すデータにおいては、2.3 節のコラムに記した様に、全体の位置を示す代表値として平均値より**ピーク値(最頻値、並み数) mode** 等の他の値の方がイメージを的確に捉えている事もある。

ピーク値は、多数決の様な考え方で求めた代表値である。他の要素の値がどうであろうが、

第2章　情報処理の基礎

とにかく最も大きい値を示す要素が、その全体の位置にあるという割り切りである。度数分布又は後述の確率分布が判っている場合にのみ定義できる。

要素を値の大きい順に並べた時の中央の値を、**中位数** median と称する。値の大きさに関わらず、中央の要素の位置が全体の位置にあるという割り切りである。要素が偶数個の場合には、中央の2つの要素の値の平均を中位数とする。

表 2-2 から平均値、最頻値、中位数を計算し、表 2-3（a）に纏めた。左に分布が偏ったデータらしく、概して平均値より最頻値と中位数は小さくなっている。

表 2-3(a)：男女給与所得者の年収[23]に関する代表値の推移

男性の年収[万円]			性	女性の年収[万円]		
平成18年	増減	平成22年	年	平成18年	増減	平成22年
465.3	↘	433.5	平均値	236.7	(↘)	234.9
399.3	(↘)	398.0	最頻値	195.2	(↗)	196.8
412.8	↘	389.2	中位数	178.8	(↗)	181.3

他から大きく乖離した少数のデータがある場合、平均や中位数はそれに引きずられる事もある。そこで、中位数だけでなく、更に**四分位数**も調べる事で簡明且つ効果的に、ばらつきまで含めて全体像を議論できる事もある。但し、中位数同様に、度数分布又は後述の確率分布が判っている場合にのみ定義できる。要素を値の大きい順に並べた時、先頭要素の値を**最大値**、上位25％目の位置にある要素の値を**第一四分位数** $Q_1(x)$、上位50％目の位置にある要素の値を中位数（＝二分位数＝第二四分位数）、上位75％目（即ち下位25％目）の位置にある要素の値を**第三四分位数** $Q_3(x)$、末尾要素の値を**最小値**と称する。表 2-2 より計算した四分位数を表 2-3（b）に一覧し、それを図 2-2 にグラフ表示する。数学的には、このグラフにおいては、勾配が緩やかな程そこに似た値が多く存在し、緩やかである程そこが全体の代表をし得る。グラフを詳細に作るには、四分位数より五分位数、六分位数等の方が良いが、もっと詳細に見たいのであればヒストグラムを見る方が明解かも知れない。

また、式(2-11)で定義される**四分偏差** $Q(x)$ を代表値とする事もある。

$$Q(x) \equiv \frac{1}{2}\{Q_1(x) - Q_3(x)\} \tag{2-11}$$

四分偏差 $Q(x)$ は、図 2-2 における全体の平均的な（基準の）勾配と見做し得る。四分偏差 $Q(x)$ ＋第三四分位数と中位数を比較し、中位数が大きければ中位数より大きな値側により多くのデータが、中位数が小さければ（図 2-2 の場合・・・特に男性：171.4 ＋ 269.6 ＞ 412.8、153.9 ＋ 258.0 ＞ 389.2）中位数より小さな値側により多くのデータが存在する事を意味する。

表 2-3(b)：男女給与所得者の年収[23]に関する代表値（四分位数）の推移

男性の年収[万円]			性	女性の年収[万円]		
平成 18 年	増減	平成 22 年	年	平成 18 年	増減	平成 22 年
612.4	↘	565.9	第一四分位数	307.5	(↘)	305.5
412.8	↘	389.2	第二四分位数	178.8	(↗)	181.3
269.6	↘	258.0	第三四分位数	81.4	(↗)	84.1
171.4	↘	153.9	四分偏差	113.1	(↘)	110.7

即ち、特に男性の年収データに関しては、集団全体の位置は中位値よりは値が小さい側にある事が判る。

なお、分散は前述の通りばらつきの度合いを示す代表値であるが、大きい値の分散は小さい値の分散より当然相対的に大きくなるので、データの値に応じて比率を求めるべきとも言える。次章で扱う**変動係数 coefficient of variation** は、標準偏差を（分散ではなく、平均と次元が同じ標準偏差を用いる。）平均で割った値として定義され、集団間でばらつきを比較する際には有効な代表値となる。

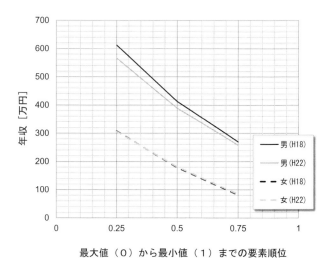

図 2-2：男女給与所得者の年収に関する代表値（四分位数）の年収値

第 2 章　情報処理の基礎

● 節の確認問題 ●

1. 表 2-1(a) に示す平成 26 年女子集団の身長について、幾つかの代表値を計算しなさい。
2. 表 2-2 から実際に、表 2-3 の代表値を求めてみなさい。

　　　解答： 1. 章末問題の解答で完全な計算表を提示するが、取りあえず数値のみ示す。平均＝ 163.5、分散＝ 30.12、標準偏差＝ 5.49。また、要素の大きさが 6 と小さいのでピーク値や四分位数等は計算できないが、中位数＝（164.5 ＋ 163.4）÷ 2 ＝ 164.0。
　　　　　　2. 省略。

> **コラム▶平均と代表と散布度**
>
> 日本では平均と言うと、通常は average と言う英語を当てる傾向がある。例えば、数値計算ソフトウェアの Excel でも、平均関数は「average (***)」である。しかしこの average と言う単語は数値概念だけではなく、広く文学的な概念まで含む、代表値を意味する。数学や統計学における平均は、mean である。つまり、mean は average の一種である。
>
> 広く世界的に、代表値と言えば平均値だろうと言うイメージがあるのかも知れない。
>
> なお、一般的には代表値に分散や標準偏差等のばらつきの概念を持つ値（散布度と称する）を含めない事が多い。しかし、上記の通り代表と言う概念をもっと広く考えると、何も全体的な位置だけがその集団を代表している訳ではない。また、ばらつきの概念につながる最大値や最小値を代表値とする場合もある。そこで本書では、散布度も敢えて代表値の一種として取り扱った。散布度として通常考えられるのは、変動、分散並びに標準偏差、最大値、最小値並びに範囲 range（最大値と最小値の差）、変動係数、四分偏差、平均偏差等である。

2.6 節　線形変換

個数 n の集団 $\{x_i\}$（2.1 節で述べた通り厳密に言えば、「1 つの特性を有する n 個の要素 x_i （$i=1,\cdots,n$）から成る集団 $X \ni x_i$」となるが、まあ普通はこの程度の表記で解るだろう。）を、$y_i = ax_i + y_0$ で線形変換し個数 n の集団 $\{y_i\}$ を得た場合を考える。変換前後で、各集団の総和 T、平均 μ、偏差 $\hat{X}_i$、変動 S、分散 σ^2、標準偏差 σ は、表 2-4 の通りとなる。線形変換では、これらの代表値に簡単な関係が見出せる。

線形変換は、後述の正規分布を活用する際に重要な役割を担う。慣れておくと良い。

表 2-4：線形変換前後の各代表値

集団 $\{x_i\}$	代表値	集団 $\{y_i\}$
$T_x \equiv \sum_{i=1}^{n} x_i$	総和 T	$T_y \equiv \sum_{i=1}^{n} y_i = \sum_{i=1}^{n}(ax_i + y_0) = \sum_{i=1}^{n}(ax_i) + \sum_{i=1}^{n} y_0 = a\sum_{i=1}^{n} x_i + ny_0 = aT_x + ny_0$
$\mu_x \equiv \dfrac{T_x}{n}$	平均 μ	$\mu_y \equiv \dfrac{T_y}{n} = \dfrac{1}{n}(aT_x + ny_0) = \dfrac{aT_x}{n} + y_0 = a\mu_x + y_0$
$\hat{x}_i \equiv x_i - \mu_x$	偏差 $\hat{X}_i$	$\hat{y}_i \equiv y_i - \mu_y = (ax_i + y_0) - (a\mu_x + y_0) = a(x_i - \mu_x) = ax_i$
$S_x \equiv \sum_{i=1}^{n} \hat{x}_i^2$	変動 S	$S_y \equiv \sum_{i=1}^{n} \hat{y}_i^2 = \sum_{i=1}^{n}(a^2 x_i^2) = a^2 \sum_{i=1}^{n} x_i^2 = a^2 S_x$
$\sigma_x^2 \equiv \dfrac{1}{n}\sum_{i=1}^{n} \hat{x}_i^2$	分散 σ^2	$\sigma_y^2 \equiv \dfrac{1}{n}\sum_{i=1}^{n} \hat{y}_i^2 = \dfrac{1}{n}\sum_{i=1}^{n}(a^2 x_i^2) = a^2 \dfrac{1}{n}\sum_{i=1}^{n} x_i = a^2 \sigma_x^2$
$\sigma_x \equiv \sqrt{\sum_{i=1}^{n} \hat{x}_i}$	標準偏差 σ	$\sigma_y \equiv \sqrt{\sum_{i=1}^{n} \hat{y}_i^2} = a\sigma_x$

章末問題

1. 章の課題で示した表 2-1 のデータについて、以下の各問に答えなさい。
   1）次の表を完成させなさい。但し、空欄で良い欄もあるので注意する事。
   2）男女の年齢、身長、体重の平均と分散と標準偏差を記しなさい。
   3）全国平均と比較し、この男女集団の体格について考えられる事を列挙しなさい。

2. 章の課題で示した表 2-2 のデータについて、以下の各問に答えなさい。
   1）表 2-5 に示す 7 階級の度数分布表を新たに作成しなさい。
   2）表 2-5 に基づき、ヒストグラムを作成しなさい。
   3）14 階級の元の度数分布表と、新たに作成した 7 階級の度数分布表を比較し、解る事を列挙しなさい。

第 2 章　情報処理の基礎

表 2-1(a)′：女子集団のデータ [24,25] 処理表（処理前）

平成 26 年女子		年齢			身長			体重		
		実値	偏差	偏差^2	実値	偏差	偏差^2	実値	偏差	偏差^2
個人値	優美子	26			169.5			60.0		
	智　美	25			170.3			60.7		
	蓮　香	23			164.5			55.7		
	亜弥夏	22			155.3			53.0		
	実　絆	22			163.4			56.3		
	霞	21			158.0			51.0		
	相加平均				163.5					
	平方根									
全国平均値	平成 6 年	25			157.5			51.2		
	平成 16 年	25			158.3			50.9		

表 2-1(b)′：男子集団のデータ [24,25] 処理表（処理前）

平成 26 年男子		年齢			身長			体重		
		実値	偏差	偏差^2	実値	偏差	偏差^2	実値	偏差	偏差^2
個人値	敬	25			178.0			74.0		
	隆太郎	24			172.0			66.2		
	大　地	22			171.0			70.0		
	沙次郎	22			172.2			66.4		
	周　夫	21			166.6			74.6		
	譲	20			171.0			56.0		
	相加平均				171.8					
	平方根									
全国平均値	平成 6 年	25			170.8			64.4		
	平成 16 年	25			171.8			66.5		

表 2-5：男女給与所得者の平成 18 年と平成 22 年の年収 [23] 別人数度数分布表（7 階級処理前）

人数 N[千人]　年収[万円]	男性				女性			
	H18		H22		H18		H22	
0 ～ 200 （100）								
200 ～ 400 （300）								
400 ～ 600 （500）								
600 ～ 800 （700）								
800 ～ 1000 （900）								
1000 ～ 2000 （1500）								
2500 ～ （－）								
合計	27446	累積	27288	累積	17438	累積	18232	累積

第3章

相関分析の基礎

【課題3】 次の男女それぞれ6名ずつ合計12名の集団について、身長と体重の相関性を議論せよ。（身長と体重の値は表2-1と同じである。）

表 3-1(a)：女性集団のデータ [24,25]

平成26年女子		身長			体重		
		実値	偏差	偏差^2	実値	偏差	偏差^2
個人値	優美子	169.5	6.00	36.00	60.0	3.92	15.33
	智 美	170.3	6.80	46.24	60.7	4.61	21.23
	蓮 香	164.5	1.00	1.00	55.7	-0.40	0.16
	亜弥夏	155.3	-8.20	67.24	53.0	-3.13	9.81
	実 絆	163.4	-0.10	0.01	56.3	0.15	0.02
	霞	158.0	-5.50	30.25	51.0	-5.13	26.34
	相加平均	163.5		30.12	56.1		12.15
	平方根			5.49			3.49
全国平均値	平成 6年	157.5			51.2		
	平成16年	158.3			50.9		

表 3-1(b)：男性集団のデータ [24,25]

平成26年男子		身長			体重		
		実値	偏差	偏差^2	実値	偏差	偏差^2
個人値	敬	178.0	6.20	38.44	74.0	6.13	37.62
	隆太郎	172.0	0.20	0.04	66.2	-1.67	2.78
	大 地	171.0	-0.80	0.64	70.0	2.13	4.55
	沙次郎	172.2	0.40	0.16	66.4	-1.47	2.15
	周 夫	166.6	-5.20	27.04	74.6	6.73	45.34
	譲	171.0	-0.80	0.64	56.0	-11.87	140.82
	相加平均	171.8		11.16	67.9		38.88
	平方根			3.34			6.24
全国平均値	平成 6年	170.8			64.4		
	平成16年	171.8			66.5		

第3章 相関分析の基礎

【課題4】 次の集団について、英語能力と関心の相関性を議論せよ。

表3-2：大学生の英語能力と関心に関する度数分布表[26]

階級範囲	関心	-20〜-15	-15〜-10	-10〜-5	-5〜0	0〜5	5〜10	階級和
英語能力	階級値	-17.5..-14.2	-12.5..-9.2	-7.5..-4.2	-2.5..0.8	2.5..5.8	7.5..10.8	
25〜30（28： ）		0	0	0	1	3	2	6
20〜25（23： ）		1	0	4	11	11	2	29
15〜20（18： ）		1	2	19	22	19	1	64
10〜15（13： ）		1	9	18	28	11	0	67
5〜10（8： ）		3	0	7	4	2	0	16
0〜5（3： ）		0	0	0	1	2	0	3
階級和		6	11	48	67	48	5	185

3.1節　正の相関と負の相関と無相関

女性集団 X_f と男性集団 X_m の氏名及び身体測定データを、表2-1に示す。2.1節の復習をすると、各集団は、特性 j 数3（即ち3重分類）で要素 i の大きさ6であり、総じて大きさは

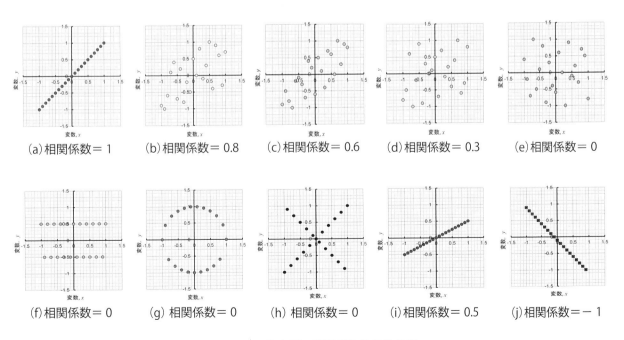

(a) 相関係数＝1　(b) 相関係数＝0.8　(c) 相関係数＝0.6　(d) 相関係数＝0.3　(e) 相関係数＝0

(f) 相関係数＝0　(g) 相関係数＝0　(h) 相関係数＝0　(i) 相関係数＝0.5　(j) 相関係数＝－1

図3-1：散布図の相関係数依存性の例

$3 \times 6 = 18$ である。以降、特性の内身長と体重について、相関性を議論していく。

相関 correlation は大きく**正の相関**と**負の相関**と**無相関**に分けられる。正の相関とは、片方の特性の値 x が上がると、他方の特性の値 y も上がる様な相関性である。逆に負の相関とは、x が上がると y が下がる様な相関性である。これらの相関性が弱くなっていくと、両者が全く相関しない無相関に近づいていく。

x と y を縦軸と横軸に採ったグラフを、**散布図**または**相関図 scatter plot** と称する。散布図の例を図 3-1 に挙げると、(a) は完全なる正の相関（後述の相関係数 = 1）、(c) は半分程度の正の相関（相関係数 = 0.6）、(i) は半分の正の相関（相関係数 = 0.5）の例、(e)、(f)、(g) 及び (h) は無相関（相関係数 = 0）、(j) は完全なる負の相関（相関係数 = -1）の例である。

● **節の確認問題** ●

本章の課題 3 において、女性集団 X_f と男性集団 X_m の散布図を作りなさい。

解答：以下の通り。2 つの集団なので、2 つの散布図を描くのも良いが、2 つの集団を比較する為に敢えて 1 つの散布図とした。

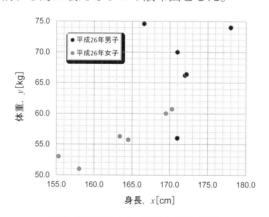

図 3-2：表 3-1 に対応する散布図

3.2 節　共変動と共分散と相関係数

表 2-1 に示す女性集団 X_f と男性集団 X_m について、相関性を示す数値をどう導くかを考えてみる。偏差とは平均からどの程度大きいか、或いは小さいかを示しているので、身長と体重で大小の方向性が一致していたら正の相関を、逆であれば負の相関を示すと考えて良い。

第3章 相関分析の基礎

即ち、各データに関する相関性は、身長偏差×体重偏差で論じれば良いと言える。

相関を論じるデータ x と y について、式(3-1)に定義する偏差 $\hat{x}$ と $\hat{y}$ の積の総和を、**共変動** S_{xy} と称する(コラム参照)。変動 S_x 及び S_y と対応する値であり、次元(単位)は元のデータの二乗になる。

$$S_{xy} \equiv \sum_{i=1}^{n} \hat{x}_i \hat{y}_i = \sum_{i=1}^{n} (x_i - \mu_x)(y_i - \mu_y) \tag{3-1}$$

また、式(3-2)に定義する偏差 $\hat{x}$ と $\hat{y}$ の積の平均を、**共分散** σ^2_{xy} と称する。分散と対応する。(不偏分散と対応するのは不偏共分散という別の値である。)

$$\sigma^2_{xy} \equiv \frac{S_{xy}}{n} \equiv \frac{1}{n} \sum_{i=1}^{n} \hat{x}_i \hat{y}_i = \frac{1}{n} \sum_{i=1}^{n} (x_i - \mu_x)(y_i - \mu_y) \tag{3-2}$$

更に、標準偏差の様に平方根を計算して次元を元に戻す代わりに、式(3-3)に示す無次元の**相関係数 correlation coefficient** r_{xy} を定義する。異なる偏差を掛けたのだから、それぞれの標準偏差で割り無次元数にする訳である。相関係数は、完全に正の相関がある場合には1、無相関の場合には0、完全に負の相関がある場合には−1になる(コラム参照)。

$$r_{xy} \equiv \frac{\sigma^2_{xy}}{\sigma_x \sigma_y} \tag{3-3}$$

表3-1(a)'に、女性集団の身長と体重の共分散と相関係数を示す。共分散=18.05であり、相関係数=0.94と極めて強い正の相関が認められる。確かに、図3-2を見ても、ほぼ一直線上にデータが並んでいる。

表3-1(a)':女性集団のデータ[24,25]の相関分析

平成26年女子		身長			体重			相関
		実値	偏差	偏差^2	実値	偏差	偏差^2	偏差^2
個人値	優美子	169.5	6.00	36.00	60.0	3.92	15.33	23.50
	智 美	170.3	6.80	46.24	60.7	4.61	21.23	31.33
	蓮 香	164.5	1.00	1.00	55.7	-0.40	0.16	-0.40
	亜弥夏	155.3	-8.20	67.24	53.0	-3.13	9.81	25.68
	実 絆	163.4	-0.10	0.01	56.3	0.15	0.02	-0.01
	霞	158.0	-5.50	30.25	51.0	-5.13	26.34	28.23
	相加平均	163.5		30.12	56.1		12.15	18.05
	平方根			5.49			3.49	0.94
全国平均値	平成 6年	157.5			51.2			
	平成16年	158.3			50.9			

● 節の確認問題 ●

本章の課題3において、男性集団 X_m について共分散と相関係数を計算しなさい。

解答：以下の通り。共分散＝1.65、相関係数＝0.08。相関性は殆ど無い。図3-2を見ると、肥満と痩せ過ぎが1名ずついて、彼らが相関性を下げている事が判る。

表3-1(b)'：男性集団のデータ [24,25] の相関分析

平成26年男子		身長			体重			相関
		実値	偏差	偏差^2	実値	偏差	偏差^2	偏差^2
個人値	敬	178.0	6.20	38.44	74.0	6.13	37.62	38.03
	隆太郎	172.0	0.20	0.04	66.2	-1.67	2.78	-0.33
	大　地	171.0	-0.80	0.64	70.0	2.13	4.55	-1.71
	沙次郎	172.2	0.40	0.16	66.4	-1.47	2.15	-0.59
	周　夫	166.6	-5.20	27.04	74.6	6.73	45.34	-35.01
	譲	171.0	-0.80	0.64	56.0	-11.87	140.82	9.49
	相加平均	171.8		11.16	67.9		38.88	1.65
	平方根			3.34			6.24	0.08
全国平均値	平成 6年	170.8			64.4			
	平成16年	171.8			66.5			

> **コラム ▶ 共変動と相関係数の数学**
>
> 式(3-1)に示す共変動 S_{xy} について、式(3-1a)が成立する。T_x 及び T_y は、x 及び y の総和である。
>
> $$S_{xy} = \sum_{i=1}^{n}(x_i - \mu_x)(y_i - \mu_y) = \sum_{i=1}^{n}(x_i y_i - \mu_x y_i - x_i \mu_y + \mu_x \mu_y)$$
>
> $$= \sum_{i=1}^{n} x_i y_i - \sum_{i=1}^{n} \mu_x y_i - \sum_{i=1}^{n} x_i \mu_y + \sum_{i=1}^{n} \mu_x \mu_y = \sum_{i=1}^{n} x_i y_i - \mu_x \sum_{i=1}^{n} y_i - \mu_y \sum_{i=1}^{n} x_i + n\mu_x \mu_y$$
>
> $$= \sum_{i=1}^{n} x_i y_i - \mu_x n \mu_y - \mu_y n \mu_x + n \mu_x \mu_y = \sum_{i=1}^{n} x_i y_i - n \mu_x \mu_y = \sum_{i=1}^{n} x_i y_i - \frac{T_x T_y}{n} \quad (3\text{-}1a)$$
>
> 以前はこの公式を用いて手計算で共変動を求めていたが、現在は余り登場機会はない。
>
> また、式(3-3)に示す相関係数 r_{xy} について、式(3-3a)が成立する。
>
> $$S_x S_y - S_{xy}^2 = \left(\sum_{i=1}^{n}(x_i - \mu_x)^2\right)\left(\sum_{i=1}^{n}(y_i - \mu_y)^2\right) - \left(\sum_{i=1}^{n}(x_i - \mu_x)(y_i - \mu_y)\right)^2 \geq 0$$

第 3 章　相関分析の基礎

$$(\because 公式: \left(\sum_i a_i^2\right)\left(\sum_i b_i^2\right) - \left(\sum_i a_i b_i\right)^2 \geq 0)$$

$$(\sigma_x \sigma_y)^2 = \frac{S_x S_y}{n^2} \geq \frac{S_{xy}^2}{n^2} = (\sigma_{xy}^2)^2 \text{ より、} 1 \geq \left(\frac{\sigma_{xy}^2}{\sigma_x \sigma_y}\right)^2 = r_{xy}^2, \quad \therefore -1 \leq r_{xy} \leq 1 \text{。} \tag{3-3a}$$

即ち、相関係数 r_{xy} の最大値は 1 で、最小値は –1 となる。

3.3 節　同時度数分布表における相関の考え方

　これから専門教育を受けつつ就職活動を始める大学 3 年生に対して、大学における英語講義の成績や TOEIC 等の学外英語試験の成績と、英語への関心について調査したデータ群がある。即ちこの**集団**の**特性**は「英語能力」と「関心」の 2 種類で、データ取得人数は 185 人である。表 3-2 は、2 特性の相関性を示した度数分布表であり、**同時度数分布表**あるいは**相関表 correlation table** と称する。「英語能力」の数値化の方法は省略するが、最低が 0 点で最高が 40 点になる様な方法を採り、実際には最低は 1.6 点で最高は 27.1 点であった。一方、「関心」は読み書き等 4 項目のアンケート調査による主観調査であり、「全く関心が無い」を –20 点、「非常に関心がある」を 20 点とし、実際には最低は –16、最高は 9 だった。第 2 章の知識を用いて、個々のデータが無い度数分布表から相関係数を出してみよう。即ち、各特性の標準偏差と共分散を求める事になる。

　先ず 2 特性の平均を求める。各階級の階級値を求めて、度数を重みとして平均を求める。「英語能力」の平均は 15.7、「関心」の平均は –3.3 である。次に、階級値から平均値を引き、偏差階級値（表 3-2′ の「英語能力」と「関心」の階級値の右と下に：で分けて記載）を求める。次に「英語能力」の標準偏差を求める。偏差階級を二乗して度数を重みとして総和し、変動を得る（表 3-2′ の右から 2 列目の 4668.4）。これを総人数、即ち度数合計 185 で割り分散 25.23 を得、更に平方根を採ると標準偏差の 5.02 を得る。尚、表 3-2′ の右から 3 列目は偏差の総和（平均）で、0 になる。

　「関心」の変動より先の計算については節末問題で考えて貰うとして、答えのみ記す。平均は –3.3、変動は 5228.4、分散は 28.26、標準偏差は 5.32 である。

　さて、6 列 6 行に配列した各度数に対応する「英語能力」と「関心」の偏差階級値の積を計算し、それを度数と掛けて共変動（表 3-2′ の最右列の 1528.4）を得る。共変動を 185 で割ると共分散 1528.4 ÷ 185 = 8.26 となり、それを 2 特性に関する標準偏差で割ると相関係数 8.26 ÷ (5.02 × 5.32) = 0.31 を得る。

表3-2'：大学生の英語能力と関心に関する度数[26)]分布表（分析中）

階級範囲	関心	-20〜-15	-15〜-10	-10〜-5	-5〜0	0〜5	5〜10	階級和	英語能力			
英語能力	階級値	(-17.5 .. -14.2)	(-12.5 .. -9.2)	(-7.5 .. -4.2)	(-2.5 .. 0.8)	(2.5 .. 5.8)	(7.5 .. 10.8)		平均	偏差	変動	共変動
25〜30 (27.5 : 11.8)		0	0	0	1	3	2	6	165.0	70.9	837.0	470.8
20〜25 (22.5 : 6.8)		1	0	4	11	11	2	29	652.5	197.5	1345.2	432.6
15〜20 (17.5 : 1.8)		1	2	19	22	19	1	64	1120.0	115.9	209.9	48.7
10〜15 (12.5 : -3.2)		1	9	18	28	11	0	67	837.5	-213.7	681.5	273.2
5〜10 (7.5 : -8.2)		3	0	7	4	2	0	16	120.0	-131.0	1073.0	467.0
0〜5 (2.5 : -13.2)		0	0	0	1	2	0	3	7.5	-39.6	521.9	-164.0
階級和		6	11	48	67	48	5	185	15.7	0.0	4668.4	1528.4

● 節の確認問題 ●

表2-2について、関心に関して平均、標準偏差、共変動、共分散を求め、改めて相関係数を計算しなさい。

> **解答**：表3-2''の通り。本文で記した通り、平均は-3.3（下から4行目）、変動は5228.4（下から2行目）、分散は28.26、標準偏差は5.32である。下から3行目の偏差は総和（平均）すると0になる。共変動の合計は、今回の様に列毎に計算しても本文中の様に行毎に計算しても1528.4と、当然同じ値になる。

表3-2''：大学生の英語の能力と関心に関する度数[26)]分布表（完成版）

階級範囲	関心	-20〜-15	-15〜-10	-10〜-5	-5〜0	0〜5	5〜10	階級和	英語能力			
英語能力	階級値	(-17.5 .. -14.2)	(-12.5 .. -9.2)	(-7.5 .. -4.2)	(-2.5 .. 0.8)	(2.5 .. 5.8)	(7.5 .. 10.8)		平均	偏差	変動	共変動
25〜30 (27.5 : 11.8)		0	0	0	1	3	2	6	165.0	70.9	837.0	470.8
20〜25 (22.5 : 6.8)		1	0	4	11	11	2	29	652.5	197.5	1345.2	432.6
15〜20 (17.5 : 1.8)		1	2	19	22	19	1	64	1120.0	115.9	209.9	48.7
10〜15 (12.5 : -3.2)		1	9	18	28	11	0	67	837.5	-213.7	681.5	273.2
5〜10 (7.5 : -8.2)		3	0	7	4	2	0	16	120.0	-131.0	1073.0	467.0
0〜5 (2.5 : -13.2)		0	0	0	1	2	0	3	7.5	-39.6	521.9	-164.0
階級和		6	11	48	67	48	5	185	15.7	0.0	4668.4	1528.4
関心	平均	-105.0	-137.5	-360.0	-167.5	120.0	37.5	-3.3			25.23	8.26
	偏差	-85.1	-101.1	-201.1	54.3	278.9	54.1	0.0			5.02	
	変動	1208.0	928.9	842.4	44.0	1620.7	584.4	5228.4	28.26	5.32		
	共変動	271.5	230.5	222.4	-7.0	388.9	422.2	1528.4	8.26			0.31

第3章 相関分析の基礎

3.4節 変動係数

相関性の議論と共に、或いは相関性を議論しないまでも、データ群同士を比較する事はある。その際、大きい値の標準偏差はそれだけ大きいという事を考慮すべきである。

変動係数は、標準偏差÷平均と定義される。表3-1（a）に記す通り、女子の身長の平均は163.5、標準偏差は5.49である。即ち、定義に従って変動係数は $5.49 \div 163.5 = 3.36\%$ と計算される。一方、体重の変動係数は、$3.49 \div 56.1 = 6.22\%$ である。身長より体重の方が倍近く実質変動が大きい事が判る。確かに体重は、摂食に依っては短期的に、或いは生活習慣やストレス環境等に依っては長期的に変化する。身長でこの様な変化は普通は無い。

尚、女子の身長と体重の相関係数は0.94と極めて強い正の相関を示している。相関係数はデータ群同士の相関度合を示し、変動係数は各データ群のばらつきを示す。即ち、両者に直接的な因果関係は無いので、変動が倍程度あっても正の相関を示す事も当然有り得る。表3-3に、幾つかの同時度数分布を示す。参考までに、階級和に見られる1-14-61-100-61-14-1なる分布は、後述の正規分布と同形である。

表3-3：相関係数と変動係数の関係を比較する為の同時度数分布表の例

(a) 相関係数＝1で変動係数が同一の場合

	A	B	C	D	E	F	G	計
ア	1	0	0	0	0	0	0	1
イ	0	14	0	0	0	0	0	14
ウ	0	0	61	0	0	0	0	61
エ	0	0	0	100	0	0	0	100
オ	0	0	0	0	61	0	0	61
カ	0	0	0	0	0	14	0	14
キ	0	0	0	0	0	0	1	1
計	1	14	61	100	61	14	1	252

(b) 相関係数＝1で変動係数が1：2の場合

	A	B	C	D	E	F	G	計
ア	0	0	1	0	0	0	0	1
イ	0	0	10	4	0	0	0	14
ウ	0	0	21	40	0	0	0	61
エ	0	0	0	100	0	0	0	100
オ	0	0	40	21	0	0	0	61
カ	0	0	4	10	0	0	0	14
キ	0	0	0	1	0	0	0	1
計	0	0	32	188	32	0	0	252

(c) 相関係数＝0で変動係数が同一の場合

	A	B	C	D	E	F	G	計
ア	1	0	0	0	0	0	0	1
イ	0	6	0	1	0	7	0	14
ウ	0	0	26	10	25	0	0	61
エ	0	1	10	78	10	1	0	100
オ	0	0	25	10	26	0	0	61
カ	0	7	0	1	0	6	0	14
キ	0	0	0	0	0	0	1	1
計	1	14	61	100	61	14	1	252

(d) 相関係数＝0で変動係数が片方∞の場合

	A	B	C	D	E	F	G	計
ア	0	2	9	14	9	2	0	36
イ	0	2	8	15	9	2	0	36
ウ	1	2	9	14	8	2	0	36
エ	0	2	14	8	2	1	36	36
オ	0	2	9	14	9	2	0	36
カ	0	2	8	15	9	2	0	36
キ	0	2	9	14	9	2	0	36
計	1	14	61	100	61	14	1	252

● 節の確認問題 ●

表3-1(b)に示す男子データについて、身長と体重のそれぞれの変動係数を計算しなさい。また、相関係数を参照し、言える事を簡潔に述べなさい。

解答：表3-4の通り。男子は身長と体重で変動係数が4倍以上異なり、女子の2倍弱に対して2.5倍程度である。唯6人のデータなので何とも言えないが、敢えて言うと、女子より男子の方が身長差は小さく、体重差は大きい。

表3-4：男女集団の身長と体重の変動係数と相関係数の一覧

	女子		男子	
	身長	体重	身長	体重
平　均	163.5	56.1	171.8	67.9
標準偏差	5.49	3.49	3.34	6.24
変動係数	3.36%	6.22%	1.94%	9.19%
相関係数	0.94		0.08	

コラム▶二変数棒グラフ

　度数分布表に対応するヒストグラムがあるのであれば、同時度数分布表に対応してもヒストグラムが存在する。但し、このヒストグラムは二変数なので立体的な棒グラフとなる。グラフにする理由として例えば、平面幾何学的に数式で様々な分析が可能になる事や、二次元形状を通して全体感を理解し易くなる事等が挙げられる。しかし、立体幾何学的な数式は慣れないと難解であり、三次元形状も日頃そうそう懇ろではない[13)]。つまり、二変数ヒストグラムは作画も大変なら、分析に利用するのも大変と言う代物である。

　図3-3は、表計算ソフトウェアExcelで作成した、表3-2に対応する二変数ヒストグラムである。まあこんなものだろうと思うが、特段見易い訳でもなければ、表に比べて相関性や変動を理解し易くなっている訳でもない。隠れて見えない場所を見る為には、CADの様にその場で回転させなければならないので、紙に印刷する場合にはどうしても不満が残る。

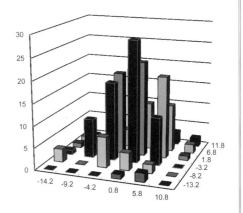

図3-3：大学生の英語能力と関心に関する二変数ヒストグラム

第 3 章　相関分析の基礎

3.5 節　回帰

　グラフにおいて相関性が見えると、データの間に直線を描いてみたくなる。この直線には、「ばらついているデータが、この直線に集まろうとしている。」という意味がある。

　相関を分析する方法を総じて、**回帰分析 regression analysis** と称する。ある規則性をある現象にどの程度当て嵌められるかを計算し、それを通してデータの奥底にあるかも知れない原理原則を推論したいのである。では、相関係数 0.94 の図 3-2 に示すグラフではどうか。

　所謂直線当て嵌めという言葉で良く知られる回帰分析は、目分量で直線を引いてしまう事も多いが、実際には**最小二乗法 least square(s) method** という数学的手法でその直線を一意に定める事ができる。ある特性のデータ x_i と別の特性のデータ y_i の相関性に関して、x_i を横軸、y_i を縦軸に採ったグラフを作成し、散布したデータを式 (3-4) で示す直線で当て嵌める事を考える。この時、直線は式 (3-5) により一意に決定される。式 (3-5) 式の導出過程は省略するが、式 (3-6) の考え方に端を発する。表 3-1(a) の女性集団のデータの場合、$a = 0.599$、$b = -41.85$ となり、図 3-2′ における実線[13]が回帰直線として得られる。

$$y = ax + b \tag{3-4}$$

$$a = \frac{n(\sum_{i=1}^{n} x_i y_i) - T_x T_y}{n(\sum_{i=1}^{n} x_i^2) - T_x^2} = \frac{\sum_{i=1}^{n} \hat{x}_i y_i}{S_x} \quad、\quad b = \frac{T_y(\sum_{i=1}^{n} x_i^2) - T_x \sum_{i=1}^{n}(x_i y_i)}{n(\sum_{i=1}^{n} x_i^2) - T_x^2} 。 \tag{3-5}$$

$$\delta \equiv \sum_{i=1}^{n} \{y_i - (ax_i + b)\}^2 \to \min. \quad \text{ie} \quad \frac{\partial \delta}{\partial a} = \frac{\partial \delta}{\partial b} = 0 \ 。 \tag{3-6}$$

　ところで、今は縦軸に関して当て嵌め値と実値との差の二乗和を最小にする方法を採ったが、縦軸と横軸は入れ変えてもグラフは等価であるので、横軸に関する最小二乗法も有り得る。式 (3-4) から (3-6) までの x と y を全て入れ変えれば良い。この場合には $a = 1.486$、$b = 80.09$ となり、図 3-2′ における破線[13]が回帰直線として得られる。

　ここで 2 本の回帰直線を得られた訳だが、

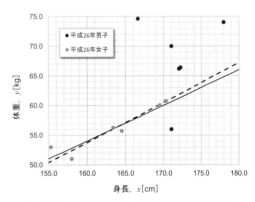

図 3-2′：女子の身長と体重の直線回帰

これらはどちらも正しい。最小二乗法が片方の軸だけで計算する方法であるが故の、手法の特性(或いは限界?)とも言える。その意味では、この2本の直線の丁度中間の直線が最も正しい回帰直線なのかも知れない(コラム参照)。この2本の直線の交点は、直感的に解るかも知れないが、(μ_x, μ_y)である。

● 節の確認問題 ●

図3-2における男子データについて身長と体重の直線回帰をしたいが、この場合の留意点を考えてみなさい。

　　　　解答：身長と体重の回帰直線は、原点方向に伸びる筈である。しかしこの図のデータを見るとむしろ殆ど真下に回帰直線が引けそうである。データの質が悪いと、回帰が上手くいかない。

コラム▶回帰の歴史

　回帰とは、元々は元の位置に戻る事である。地球の南北回帰線は、太陽が戻る緯度である[54]。

　自然現象の動きは様々であるが、ある目的が明確な場合には乱れたデータが時と共に安定化し平均に近づいていく。これを**平均回帰 regression**と称する。宇宙の塵が互いの引力で集まり星に成っていく様や、入試に近づくに従って皆が良い点を必死に目指そうとする模擬試験の点の分布が時と共にばらつかなくなってくる様な現象が一例である。

　アフリカ探検記を記したフランシス・ゴルトン Francis Galton が、平均回帰のイメージを最初に作ったと言われる。従兄弟のチャールズ・ロバート・ダーウィン Charles Robert Darwin が『種の起源』を出版した後に、遺伝の問題に統計学を適用し始めた。遺伝子は自分を残しながら環境に応じて改善していく。その為に男女という性を産み出し、有性生殖により親子で顕著な変化を付けられる様になった[3]。しかし一方で有性生殖を繰り返すと遺伝子同士が混ざり合い、やがて全体の集団の中で平均に向かって近づいていく事になるとゴルトンは気付いた。回帰直線とは即ち平均に向かう軌跡であり、向かい方は無限にあり、偶々グラフにした二軸に沿って移動すると上述の2直線になる。従って、どんな回帰直線も平均点を通る。上述の2本の回帰直線の間の直線が正しい回帰直線とは言えないが、今回採用した二軸においていずれの軸の方向も考慮した回帰直線とは言えるだろう。

　相関性を論じながら、相関の無い平均点に近づくと言う、一見矛盾する議論である。自然はまだまだ解らない事ばかりである。

　尚、彼にアフリカ探検を勧めた従兄弟ダグラスの妻はフローレンス・ナイチンゲール Florence Nightingale の従姉妹で、その縁でナイチンゲールは統計学講座の寄付をゴルトンに申し出たとの事である。世界は繋がっている。

第 3 章　相関分析の基礎

章末問題

1. 章の課題で示した表 3-1(b) の男性集団のデータについて、以下の各問に答えなさい。
   1) 相関を採り難い原因を作っている要素がどれかを論じなさい。
   2) どうしても回帰したい場合のやり方について思案し、実際に回帰直線を求めてみなさい。

2. 章の課題で示した表 3-2 のデータについて、以下の各問に答えなさい。
   1) $6 \times 6 = 36$ の二変数階級の中の最大値を求めなさい。
   2) 図 3-3 を見ながら、この同時度数分布表の特徴を述べなさい。
   3) 英語能力の階級別に、横軸を関心、縦軸を人数としたヒストグラムを作成し比較すると、どんな特徴が見られそうか簡単に記しなさい。
   4) 関心の階級別に、横軸を英語能力、縦軸を人数としたヒストグラムを作成し比較すると、どんな特徴が見られそうか簡単に記しなさい。
   5) 以上と図 3-1 を基に、相関係数 0.3 と言う状態がどの様な状態かを確認しなさい。

母集団を目指して！

　次章からはいよいよ、**母集団 population** と**標本集団（部分集団）sample** の関係について論じ始める。

　これまで手元にあるデータを統計処理してきたが、それが全数調査かどうかは気にしてこなかった。例えば男女6人の身長と体重は、日本全体の平均値と比較してはいるものの、この6人グループに注目してきた。また、185人の学生への英語に関する調査も、だから日本全体の学生は・・・と議論を進めず、むしろこの185人に限った話で論じてきた。年収はそれこそ政府が全数調査したと思われるので、これを統計処理しさえすればそれ以上の統計的な推測は不要だった。

　ところが現実には、知りたい情報を全て集められない場合の方が圧倒的に多い。

　例えば、新薬が開発されてその効き目を評価する際に、世界の全ての患者に対して効き目を確認する事は現実的には不可能である。また、後から発病する者もいるだろう。そこで、例えば現在の患者100人を取りあえず**抽出 sampling** して新薬の効き目を確認し、それなら一般的にはどうかと全体を推定する事になる。

　或いは、設計者は使おうとしている材料がどの程度の外力が掛かるまで破壊せずに耐えられるかを知りたいが、それを**試験 test**（評価目的の**実験 experiment**）で求めてしまうとその材料は破壊してしまい使えなくなる（この様に物を破壊する試験を、**破壊試験**と称する。）。つまり、代替物を試験して得られたデータから、この材料の強度を推定する事になる。

■ 母集団

　本来調査したい集団を、母集団と称する。母集団の大きさが小さければ全数調査すれば良いが、殆どの場合には全数調査できる大きさではない。

■ 標本集団

　そこで、母集団から一部を抽出し、それについて調査し母集団を推定する。抽出調査した集団を標本集団と称する。標本集団の大きさを大きくする程母集団を精度良く推定できるが、

そうもいかない場合は少なくない。また、母集団から標本集団を抽出する際に、均一にデータを選択しなければ偏った標本集団になってしまい、母集団を正しく知る手掛かりにはならない。均一な抽出を**無作為抽出 random sampling** と称し、以降それを標本集団の大前提として考える。標本集団の抽出方法から既に、統計処理で検討工夫すべき内容なのである。

■ 不偏分散

式（2-9）で定義された分散 variance σ^2 という概念は、実は一つの集団で完結した議論をする時の概念である。数学的には、母集団を推定する為の標本分散を**不偏分散 unbiased estimate of population variance** $\tilde{\sigma}^2$ と称し、式(4-0)の通り定義する。

$$\tilde{\sigma}_x^2 \equiv \frac{S}{n-1} = \frac{1}{n-1}\sum_{i=1}^{n}(x_i - \mu_x)^2 = \frac{1}{n-1}\sum_{i=1}^{n}\hat{x}_i^2 \tag{4-0}$$

第4章ではまだ出現しないが、第5章の正規分布を使い始めると分散はいつの間にか不偏分散になっているので注意されたい。

■ 自由度

これより先、本当に知りたい情報は、標本集団がどうなっているかではなく、その母集団がどうなっているかであるという事を、しっかりと認識しておいて貰いたい。**自由度**という概念は、そこから生まれる。標本数より1つ小さい値となる。

分散 σ^2 は変動 S を標本数 n で割り、普遍分散 $\tilde{\sigma}^2$ は変動 S を自由度 $n-1$ で割った値である。自由度が後述の母数となる事もしばしばある。

■ 確率分布

これより先、起こり得る不連続的な事象を**確率変数 random variable** X、その事象の発生確率を**確率質量 probability mass** $P[X]$、これらの関係を示すグラフを**確率質量分布 probability mass distribution** と称する。他方、起こり得る連続的な事象を確率変数 x、その事象の発生確率を**確率密度 probability density** $f(x)$、これらの関係を示すグラフを**確率密度分布**と称する。確率質量分布と確率密度分布を確率分布 probability distribution と総称する。

確率質量分布を総和する、或いは確率密度分布を積分すると、全ての起こり得る事象の発生確率の和、即ち100%になる。

確率分布を特徴付ける値を**母数 population parameter** と称する。母数と第2章で述べた代

一部から全体を予想できるか？
五感を研ぎ澄ませて‥‥！[3,13]

表値とは、異なる概念である。

■ 人は確定する物である

　余談だが、我々は常に予測している。例えば、網膜が二次元であるが故に、その網膜像には奥行方向の直接情報は無い。目が2つある事を最大限利用してはいるが、他に視差角（眼球の方向）、物の動き、陰影の付き方等の網膜像内の様々な情報に基づき、二次元の網膜像を三次元に戻している。これは脳の推定作業の一つである[3,13]。

　そもそも五感とは、得られる情報から周囲の状況を推定し（感知/認知過程）、どう反応すべきかを判断して行動している。この作用こそが、生きている証でもあろう。

第4章

二項分布

【課題5】 不良ネジが 5% 含まれているネジ群から 40 個のネジを無作為抽出した時、その中に不良ネジが 5 個含まれている確率を求めよ。

4.1 節 基本と確率分布

　ある現象が起きるか起きないかのいずれか（二値）である場合、充分な抽出数を持つ部分集合でその現象がどの程度起きるかを論じる事を通して、母集団においてその現象が如何に起きるかを論じられる。この場合利用するのは**二項分布**である。

　課題 5 を解いてみよう。

　母集団は過去、現在、未来に生産される無数のネジで、この中に $p = 5\%$ の確率で不良ネジが含まれる。不良率がなぜ判っているかは考えない。そもそも不良率は生産ラインの特性の一つであり、神様にしか判らない。君は一体どの程度の確率で算数計算を不注意ミスするのか、と聞かれても判らないのと同じである。そういった数値は、大抵これまでの実績で計算している。移動平均ならぬ移動不良率を計算したら、きっとそれは変動するだろう。

　一方、部分集団は母集団から無作為抽出した $n = 40$ 個のネジで、不良ネジの個数は判らない。この判らない不良ネジの個数が**確率変数 random variable** X であり、課題 5 では $X = 5$ の場合についてその**確率質量 probability mass** $P[X = 5]$ を考える。即ち、式（4-1a）の通り確率が 3.4151% と計算できる。確率は測定値ではないので有効数字の概念は無いが、余り小数点以下を多数桁表記しても意味がないので、その時々で適切な桁数にすると良い。

$$P[X = 5] = \binom{40}{5} 0.05^5 (1 - 0.05)^{40-5} 、但し \binom{40}{5} \equiv {}_{40}C_5 = \frac{40!}{5!(40-5)!} 。 \qquad (4\text{-}1a)$$

これを一般式にすると、**確率質量関数 probability mass function** 式(4-1)を得る。

$$P[X=k] = \binom{n}{k} p^k (1-p)^{n-k} 、但し \binom{n}{k} \equiv {}_nC_k = \frac{n!}{k!(n-k)!} 。 \quad (4\text{-}1)$$

即ち、一回の試行において今注目している事象となる確率（これを出現率と称する）を p とした時、p^k の項は k 回出現する確率を、$(1-p)^{n-k}$ の項は $n-k$ 回出現しない確率を表す。ここで、k 回の出現は n 回の試行中のどこかであり、${}_nC_k$（**二項係数 binomial coefficient** と称する）通りの組み合わせがある…順列ではないので注意する事。従って、式(4-1)は、n 回の独立な試行を行った時の出現回数が k となる確率を意味する。

式(4-1)の確率質量関数が示す**確率質量分布を二項分布 binomial distribution**（又は**ベルヌーイ分布 Bernoulli's distribution**）$B(n, p)$ と称する。この分布を特徴付ける**母数 population parameter** は p と n であり、幾つかの p と n に関して描いた確率質量分布 $P[X]：B(n, p)$ を図 4-1 に示す。変域は $0 \leq X \leq n$ である。$p = 0.5$ の分布は後述の正規分布と似た形を示し、$p = a$ と $p = 1 - a$ の分布は丁度左右対称形となる。また、n が大きくなる（全数調査に近づく）程、分布は正規分布に近づく。

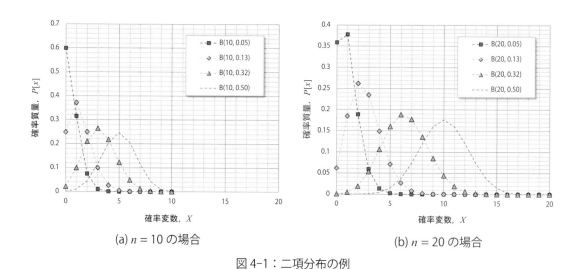

図 4-1：二項分布の例

● 節の確認問題 ●

不良ネジが 4% 含まれているネジ群から 12 個のネジを無作為抽出した時、その中に不良ネジが 2 個含まれている確率を求めよ。

第4章　二項分布

解答：式（4-1）に $p = 0.04$、$n = 12$、$k = 2$ を代入し、式（4-1b）を得る。即ち、$P[X = 2] = 7.0206\%$。単純に計算すると、12個中4%が不良ネジなので $12 \times 0.04 = 0.48$ 個、つまり不良品が出る期待値は1個ない（出ない事の方が多い）。しかしいざ計算してみると、2個の不良品が含まれる確率は案外小さくなかったのではないだろうか。

$$P[X = 2] = \binom{12}{2} 0.04^2 (1-0.04)^{12-2}、但し \binom{12}{2} \equiv {}_{12}C_2 = \frac{12!}{2!(12-2)!}。 \quad (4\text{-}1b)$$

【課題6】 不良ネジが5%含まれているネジ群から40個のネジを無作為抽出した時、その中に不良ネジが5個以上含まれている確率を求めよ。

4.2節　累積分布

製品を販売する際に許容して貰える不良品の割合(数)を、製造現場では常に意識して操業する。人間業では不良品0は不可能である一方、商売なのでそうそう時間や費用も掛けられない事情につき、妥協点を探る訳である。もし40個買いたいと言う顧客が不良品は4個まで混入していても差し支えないと条件提示してくれた場合には、不良品を5個以上作らない様努力する事になる。

先の課題5は不良品が5個（$X = 5$）の場合を考えたが、この課題6では不良品が5個以上（$X \geqq 5$）の場合についてその確率質量の累積値 $P[X \geq 5]$ を考える事になる。X は不連続（自然数）なので、単純には $X = 5$、6、7、‥‥、40の場合の確率質量を足せば良い。これは計算が大変なので、$X = 0$、1、2、3、4の場合の確率質量を足し1（100%）から引く事にしたい。この工夫は、確率質量の総和は1であるという大原則を活用した常套手段である。

$$P[X = 0] = \binom{40}{0} 0.05^0 (1-0.05)^{40-0} = 0.129、但し \binom{40}{0} \equiv {}_{40}C_0 = 1。$$

$$P[X = 1] = \binom{40}{1} 0.05^1 (1-0.05)^{40-1} = 0.271、但し \binom{40}{1} \equiv {}_{40}C_1 = \frac{40!}{1!(40-1)!}。$$

$$P[X = 2] = \binom{40}{2} 0.05^2 (1-0.05)^{40-2} = 0.278、但し \binom{40}{2} \equiv {}_{40}C_2 = \frac{40!}{2!(40-2)!}。$$

$$P[X=3] = \binom{40}{3} 0.05^3 (1-0.05)^{40-3} = 0.185、但し \binom{40}{3} \equiv {}_{40}C_3 = \frac{40!}{3!(40-3)!}。$$

$$P[X=4] = \binom{40}{4} 0.05^4 (1-0.05)^{40-4} = 0.090、但し \binom{40}{4} \equiv {}_{40}C_4 = \frac{40!}{4!(40-4)!}。$$

$$\therefore P[X \geq 5] = 1 - (0.129 + 0.271 + 0.278 + 0.185 + 0.090) = 0.048 (4.8\%)。$$

$P[X=5] = 3.4151\%$ なので、当然ながら少し確率が上がる。

　確率変数が X となる確率質量 $P[X]$ に対して、X 以下となる確率を示したグラフを**累積分布 cumulative distribution** $P[\leq X]$ と称する。確率質量 $P[X]$ と累積分布 $P[\leq X]$ のグラフを、図 4-2 に◆マークを太線で繋いで描く。同図には、部分集団の数 $n = 10、100、160$ の場合のグラフも、それぞれ■、▲、●マークを細線で繋いで描く。

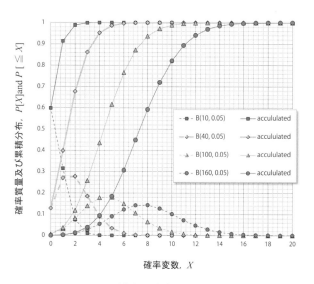

図 4-2：課題に対する確率質量と累積分布の例

第4章　二項分布

● 節の確認問題 ●

不良ネジが 4% 含まれているネジ群から 12 個のネジを無作為抽出した時、その中に不良ネジが 2 個以上含まれている確率を求めよ。

> **解答**：式（4-1）に $p = 0.04$、$n = 12$、$k = 0$ 及び 1 を代入し、$P[X \geq 2] = 1 - P[X < 2] = 1 - 0.306355 - 0.61271 = 8.0935\%$。7.0206% の $P[X = 2]$ より僅かに大きい。
>
> $$P[X = 1] = \binom{12}{1} 0.04^1 (1 - 0.04)^{12-1} = 0.306355、但し \binom{12}{1} \equiv {}_{12}C_1 = \frac{12!}{1!(12-1)!}。$$
>
> $$P[X = 0] = \binom{12}{0} 0.04^0 (1 - 0.04)^{12-0} = 0.61271、但し \binom{12}{0} \equiv {}_{12}C_0 = 1。$$

【課題 7】 新商品の高性能イヤフォンを製造し数か月経った時、スピーカーの素材を本来の皮ではなく紙とした間違った部品がある確率でラインに混入し、それを組み込んだ製品をそのまま市場に搬出していた事が判明した。取り敢えず 100 個のイヤフォンを店舗から回収したところ、内 5 個のイヤフォンに間違った部品を組み込んでいた事が判明した。間違った部品がラインに混入した確率について論ぜよ。

4.3 節　推定の考え方

これ迄は、神のみぞ知る不良率を与えられたが、今回はその不良率を推定する課題である。勿論、人間ができる事は推定止まりであり、飽く迄も事実は永遠に謎なのである。

課題 7 を復唱する。母集団はこれ迄製造した多数のイヤフォンで、この中に不良率 p が不明のまま不良イヤフォンが含まれている。部分集団は $n = 100$ 個のイヤフォンで、不良イヤフォンの個数は 5 個であった。この、不良イヤフォンの個数が確率変数 $X = 5$ であり、今回は $X = 5$ となる確率質量 $P[X = 5]$ として最も考えられる p を求める事になる。

確率 $P[X = 5]$ は式（4-1c）で示す通り p の関数になっているので、その依存性を微分する事で調査する。

$$P[X = 5] = \binom{100}{5} p^5 (1-p)^{100-5}、但し \binom{100}{5} = \frac{100!}{5!(100-5)!}。 \tag{4-1c}$$

$$\frac{dP[X=5]}{dp} = \binom{100}{5}\{5p^4(1-p)^{95} - 95p^5(1-p)^{94}\} = \binom{100}{5}5p^4(1-p)^{94}\{(1-p)-19p\}$$
$$= \binom{100}{5}5p^4(1-p)^{94}(1-20p)$$

∴ $\frac{dP[X=5]}{dp} = 0$ の時は、$p = 0$(4重解)、1(94重解)又は 0.05 の時。

$p = 0$ と 1 は全数が良品又は不良品の場合なので $P[X = 5] = 0$ となり、題意に反する。従って、$p = 0.05(5\%)$ が答えとなる。

　抽出数 100 で 5% の不良品が見つかったので、母集団も 5% の不良率である確率が最も高いのは自然な事であるが、これについて詳細に確認してみる。

　$p = 0.03 \sim 0.07$ の場合について確率分布を描くと、図 4-3 の様になる。また、この図から $P[X = 5]$ の値を取り出しその p 依存性を描くと、図 4-4 の様になる。確かに $p = 0.05(5\%)$ を頂点として、その前後は確率が下がる事が判る。但し、$p = 0.04(4\%) \sim 0.06(6\%)$ 程度の範囲もほぼ同等に起こり得る事も判る。即ち、この課題に対しては、厳密には $p = 0.05$ が最もあり得るが $p = 0.04 \sim 0.06$ 程度の範囲もほぼ同等にあり得る、等と答えなければならない。p が 0.04 か 0.06 かが問題ではない事もあれば、話が全然違ってくる場合もあるので、今考えている問題の本質を常に理解しなければいけない。

　ところで、$p = 0.04 \sim 0.06$ 程度の範囲もほぼ同等にあり得るという事は、抽出数が 100 程度では母集団の状況がある程度しか判らないと言うべきである。例えば抽出数を 150 にすると、式(4-1c)において 100 を 150 に変更して $p = 0$(4重解)、1(144重解)または $1/30 \fallingdotseq$

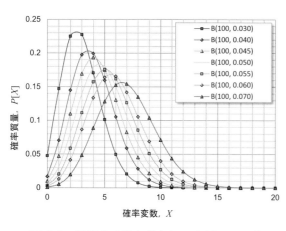

図 4-3：課題 7 の確率分布 ($p = 0.03 \sim 0.07$)

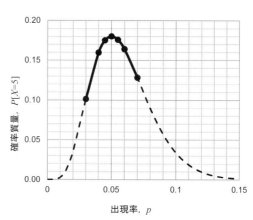

図 4-4：図 4-3 における $P[X = 5]$ の p 依存性

第 4 章　二項分布

0.0333 の時に微分が 0 になるので、$p ≒ 0.0333$ が最もあり得るという事になる。確率分布は図 4-5 の様に、$P[X = 5]$ の p 依存性は図 4-6 の様になる。抽出数を増す程、あり得る確率の範囲は狭まる事が判る。

これまでの議論で母集団のデータ数については全く触れていない。即ち、母集団の推定には充分な抽出数のみが要求され、二項分布の特徴は母集団のデータ数に依存しない。

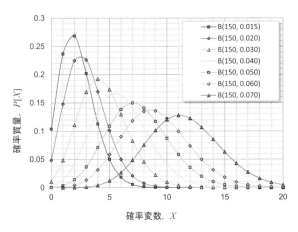 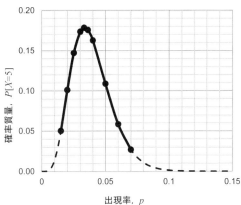

図 4-5：標本数 150 の確率分布（$p = 0.015 ～ 0.07$）　　図 4-6：図 4-5 における $P[X = 5]$ の p 依存性

● 節の確認問題 ●

実際に、上述の標本数を 150 にした場合の計算をしてみなさい。

　　　解答：式 4-1c' の通り。

$$P[X = 5] = \binom{150}{5} p^5 (1-p)^{150-5}、但し \binom{150}{5} = \frac{150!}{5!(150-5)!}。 \quad (4\text{-}1c')$$

$$\frac{dP[X=5]}{dp} = \binom{150}{5} \{5p^4(1-p)^{145} - 145 p^5 (1-p)^{144}\}$$

$$= \binom{100}{5} 5p^4 (1-p)^{144} \{(1-p) - 29p\}$$

$$= \binom{100}{5} 5p^4 (1-p)^{144} (1-30p)$$

$\therefore \dfrac{dP[X=5]}{dp} = 0$ の時は、$p = 0$（4 重解）、1（144 重解）又は $\dfrac{1}{30} ≒ 0.0\dot{3}$ の時。

コラム▶確率質量と確率密度

ここ迄に掲載した縦軸が確率質量 $P[X]$ 及び $P[X=k]$ のグラフ全てに言える事は、確率の総和が1になるのでグラフのプロット点の数値の合計又は分布曲線の囲む面積も1になるという事である。え、意味が解らない？ では、図4-6 を例に説明する。

横軸は連続変数の出現率 p だが、図4-6 を作る際に用いたデータは図4-5 の確率変数 $X=5$ の位置のデータであり、不連続である。従って、図4-6 は本来数学的に描けば連続関数の曲線を得られるところを、幾つか実際に考えた p の値に対応した不連続のデータ（図中の●）を繋いで描いた。こうして不連続のデータを繋いだ場合には、ヒストグラムで描くのが本来妥当である。

出現率 p を階級表示し、確率 $P[X]$ を度数と見做すと、表4-1 の度数分布表を作成できる。2行目の階級値が、グラフを描いた時に用いた出現率 p である。階級にする為に、隣の階級値との中間値を境界とする。即ち1行目と3行目の階級最大値（次の階級値との中間値）と最小値（前の階級値との中間値）から、各階級幅（階級最大値 − 階級最小値）を4行目に計算できる。

階級値×度数（5行目）の総和は、ヒストグラムの面積となる。因みに、これを度数合計で割れば平均が求められる。もし数学的に連続関数の曲線をグラフに描いたならば、関数曲線が囲む積分値を用いる。横軸が確率で、縦軸が度数なので、面積（6行目）は確率と比例し、総面積はあらゆる事象が起こる確率の総和に対応する。総面積は 0.0066 なので、この行に換算係数 1/0.0066 を乗ずる（7行目）と総和が1となる**確率質量 probability mass** を得られる。連続関数の場合には**確率密度 probability density** を得られる。

表 4-1：図 4-6 のプロット点に基づく度数分布表及び確率質量

階級最大値	0.0013	0.0038	0.0063	0.0088	0.0113	0.0138	0.0175	0.0225	0.0275	0.0317	0.0350	0.0383	0.0450	0.0550	0.0650	0.0750	0.0850	0.0950	0.1050	0.1150	0.1250	0.1350	0.1450	—
階級値	0.0000	0.0025	0.0050	0.0075	0.0100	0.0125	0.0150	0.0200	0.0250	0.0300	0.0333	0.0367	0.0400	0.0500	0.0600	0.0700	0.0800	0.0900	0.1000	0.1100	0.1200	0.1300	0.1400	0.1500
階級最小値	—	0.0013	0.0038	0.0063	0.0088	0.0113	0.0138	0.0175	0.0225	0.0275	0.0317	0.0350	0.0383	0.0450	0.0550	0.0650	0.0750	0.0850	0.0950	0.1050	0.1150	0.1250	0.1350	0.1450
階級幅	0.0025	0.0025	0.0025	0.0025	0.0025	0.0025	0.0038	0.0050	0.0050	0.0025	0.0033	0.0033	0.0067	0.0100	0.0100	0.0100	0.0100	0.0100	0.0100	0.0100	0.0100	0.0100	0.0100	0.0100
度数	—	0.0000	0.0009	0.0047	0.0138	0.0291	0.0502	0.1011	0.1470	0.1736	0.1785	0.1742	0.1628	0.1088	0.0584	0.0268	0.0109	0.0040	0.0014	0.0004	0.0001	0.0000	0.0000	0.0000
面積	—	0.0000	0.0000	0.0000	0.0000	0.0001	0.0002	0.0005	0.0007	0.0007	0.0006	0.0006	0.0011	0.0011	0.0006	0.0003	0.0001	0.0000	0.0000	0.0000	0.0000	0.0000	0.0000	0.0000	0.0066
確率密度	—	0.0000	0.0003	0.0018	0.0052	0.0110	0.0283	0.0761	0.1107	0.1089	0.0895	0.0874	0.1634	0.1638	0.0879	0.0403	0.0164	0.0061	0.0021	0.0007	0.0002	0.0001	0.0000	0.0000	1.0000

0.559833129

0.79979281

さて、階級値が 0.0250 ～ 0.0450 の確率質量の和は約 0.56 である。これは要するに、$P[X=5]$ の場合に出現率 p が 2.25% 以上 4.5% 以下である確率が約 56% である事を示す。また同様にして、出現率 p が 1.75% 以上 5.5% 以下である確率が約 80% になる。

そもそもこの節では、母集団の出現率 p を推定しようとしていたのだった。しかし、人間は推定しかできない。せいぜい「確率何 % で出現率 p はどの範囲に入る」と言うのが最善（関の山）なのである。上記の検討より「約 56% の確率（確からしさ）で出現率 p は 2.25% ～ 4.5% の間にある。」と言える。確率 56% と言えば五分五分程度の確からしさである。五分五分の推定ではやや不安であると言うのであれば、確率 80% の推定でまあ間違いは起こり難いだろうと腹を括り、「約 80% の確率（確からしさ）で出現率 p は 1.75% ～ 5.5% の間にある」と言う事になる。

第4章　二項分布

【課題8】不良ネジが5%含まれているネジ群から10個のネジを無作為抽出した時、その中に不良ネジがx個含まれている確率分布$f(x)$の平均、分散を計算せよ。

4.4節　平均と分散

母集団は過去、現在、未来に製造する無数のネジで、この中に$p = 5\%$の不良ネジが含まれる事が判っている（事にする）。部分集団は$n = 10$個のネジで、そこに含まれる不良ネジの個数xは判らない。この時、ネジの個数を連続関数の様に扱い、それぞれの確率を確率分布$f(x)$なる関数で表した時、以下の式(4-2)が書ける。

$$f(x) = \binom{10}{x} 0.05^x (1-0.05)^{(10-x)} \tag{4-2}$$

式(4-2)に基づき、それぞれのxに対応する$f(x)$は表4-2の通り一覧され、それをグラフにすると図4-7となる。図4-7は本来不連続なのでヒストグラムになるのだが、ここでは敢えて不良品個数を連続変数と見做して確率分布を描いた。

表4-2において、確率の総和は1である。また、第2章を思い出そう。不良品個数×確率（表4-2の右から2列目）の総和として得られる所謂不良品個数に関する**期待値**（意味は平均値と同じ）$E(x)$は0.5である。注意すべきは、度数ではなく確率（重み）を掛けているので端から全数で割っている事になり、わざわざ平均計算をせずに平均値を得られる事である。同様に、偏差の二乗×確率（表4-2の最右列）の総和は分散$V(x)$であり、0.475である。

表4-2：不良数と確率

偏差^2	偏差	不良品個数 実値	確率（重み）		
0.25	-0.5	0	0.5987	0.0000	0.1497
0.25	0.5	1	0.3151	0.3151	0.0788
2.25	1.5	2	0.0746	0.1493	0.1679
6.25	2.5	3	0.0105	0.0314	0.0655
12.3	3.5	4	0.0010	0.0039	0.0118
20.3	4.5	5	0.0001	0.0003	0.0012
30.3	5.5	6	0.0000	0.0000	0.0001
42.3	6.5	7	0.0000	0.0000	0.0000
56.3	7.5	8	0.0000	0.0000	0.0000
72.3	8.5	9	0.0000	0.0000	0.0000
90.3	9.5	10	0.0000	0.0000	0.0000
総和	総確率		1.0000		
	母平均（期待値）		0.5000		
	母分散				0.4750
	母標準偏差				0.6892

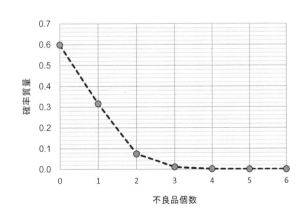

図4-7：確率密度分布

さて、実は数学的に式(4-3)及び(4-4)が導かれる。

$$\mu_x = E(x) = np \tag{4-3}$$
$$\sigma^2{}_x = V(x) = np(1-p) \tag{4-4}$$

少々面倒な表記をしているが、μ_x とは全ての x を考えた場合の平均、$\sigma^2{}_x$ とは全ての x を考えた場合の分散と言う意味である。この μ_x と $\sigma^2{}_x$ を「二項分布の」**母平均** population mean と**母分散** population covariance と称し、$E(x)$ や $V(x)$ 等と記載する。

● 節の確認問題 ●

表4-2から計算した二項分布の母平均と母分散が、式(4-3)及び式(4-4)から計算される母平均と母分散が一致する事を確認しなさい。

> 解答：$p = 5\%$、即ち $(1-p) = 95\%$。また、$n = 10$ 個。これらを代入すると、期待値は $10 \times 0.05 = 0.5$、分散は $10 \times 0.05 \times 0.95 = 0.475$。確かに一致した。

【課題9】 ジャンケンを6回して、4回負ける確率を求めなさい。

4.5節 事象の平等性

ジャンケンでグーとチョキとパーを出す確率が同じであれば、勝敗の確率表は**表4-3（a）**の様になり話は簡単である。即ち、勝つ確率は $p = 1/3$ であり、$n = 6$ 回やって $X = 4$ 回負ける確率 $P[X = 4]$ は、次の通り計算される。

$$P[X=4] = \binom{6}{4}\frac{1}{3}^4\left(1-\frac{1}{3}\right)^{6-4} = \frac{20}{243} = 0.082305、但し \binom{6}{4} = \frac{6!}{4!(6-4)!} = 15。 \tag{4-1d}$$

但し、実際にしてみると何だかおかしいと思った人はいないだろうか。実は、グーはより緊張状態の時に出し易く、チョキは複雑な指の動作を要するので最も出し難い可能性が生理学的に指摘される。それぞれを出す正確な確率は不明だが、仮に誰もがグーを出す確率が0.5、チョキが0.2、パーが0.3であれば、勝敗の確率表は**表4-3（b）**の様になりまだ話は難しくはならない。即ち、勝つ確率は0.31、引き分ける確率は0.38、負ける確率は0.31と、

第 4 章　二項分布

表 4-3(a)：ジャンケン勝敗表(平等版)

自分＼相手		1/3 グー	1/3 チョキ	1/3 パー	合計
1/3	グー	1/9	**1/9**	1/9	1/3
1/3	チョキ	1/9	1/9	**1/9**	1/3
1/3	パー	**1/9**	1/9	1/9	1/3
合計		1/3	1/3	1/3	1

表 4-3(b)：ジャンケン勝敗表(グー優先)

自分＼相手		0.5 グー	0.2 チョキ	0.3 パー	合計
0.5	グー	0.25	**0.1**	0.15	0.5
0.2	チョキ	0.1	0.04	**0.06**	0.2
0.3	パー	**0.15**	0.06	0.09	0.3
合計		0.5	0.2	0.3	1

勝つ確率と負ける確率が等しいので勝負を決める手段としては問題にはならない。言うなれば、お互いグーを出し易い分、引き分ける確率が上がってしまったのである。6回やって4回負ける確率は式(4-1d')の通り、引き分ける確率が上がった分、下がって計算される。

$$P[X=4] = \binom{6}{4} 0.31^4 (1-0.31)^{6-4} = 0.065953 \text{、但し} \binom{6}{4} = \frac{6!}{4!(6-4)!} 。 \quad (4\text{-}1d')$$

ところで、生理的な理由からグー、チョキ、パーを出す確率が異なるのであれば、器用さや緊張のし易さ等の体質や性格による個人差が出てもおかしくない。例えば、表 4-3(c)の様に比較的弛緩し易くパーを出しがちな人が、緊張し易くグーを出しがちな相手とジャンケンした場合には、勝つ確率は 0.36、引き分ける確率は 0.33、負ける確率は 0.31 と有利になる。相手が「何を出しがちか」を見抜けると、勝率を上げられる。勝負の世界は厳しい！　二項分布では、この様に一つ一つを丹念に検討していく事が重要である。

表 4-3(c)：ジャンケン勝敗表(個人依存)

自分＼相手		0.6 グー	0.1 チョキ	0.3 パー	合計
0.3	グー	0.18	**0.03**	0.09	0.3
0.3	チョキ	0.18	0.03	**0.09**	0.3
0.4	パー	**0.24**	0.04	0.12	0.4
合計		0.6	0.1	0.3	1

表 4-3(d)：ジャンケン勝敗表(グー優先)

自分＼相手		0.4 グー	0.1 チョキ	0.5 パー	合計
0.4	グー				
0.1	チョキ				
0.5	パー				
合計					

● 節の確認問題 ●

「最初はグー …」とジャンケンすると、最初のグーで緊張するからか、表 4-3(d)の様にグーないしパーを出す傾向は否めない。表 4-3(d)の空欄を埋め、勝つ確率を求めなさい。

解答：表4-3(d)'の通り。勝つ確率は0.29（引分は0.42、負けは0.29）である。因みに、問題文の趣旨によるとグーは出す必要が無く、表4-3(e)の様にチョキとパーだけで勝負すると勝つ確率は0.45（負けは0.25）となる。

表4-3(d')：ジャンケン勝敗表（グー優先）

自分＼相手		0.4 グー	0.1 チョキ	0.5 パー	合計
0.4	グー	0.16	**0.04**	0.2	0.4
0.1	チョキ	0.04	0.01	**0.05**	0.1
0.5	パー	0.2	0.05	0.25	0.5
合計		0.4	0.1	0.5	1

表4-3(e)：ジャンケン勝敗表（グー優先活用）

自分＼相手		0.4 グー	0.2 チョキ	0.4 パー	合計
0.0	グー	0	**0**	0	0
0.5	チョキ	0.2	0.05	**0.25**	0.5
0.5	パー	**0.2**	0.05	0.25	0.5
合計		0.4	0.1	0.5	1

章末問題

1. 二項分布 $B(n, p)$ について、次の各問に答えなさい。
    1) 度数（確率）が最も値が大きくなる変数はどこか、答えなさい。
    2) 抽出量 n が一定の時にばらつきが最大となるのは p がどの様な時か、母平均の大きさを気にしないで簡単に説明しなさい。
    3) 出現率 p が一定の時に抽出量 n を大きくするとばらつきはどうなるか、簡単に説明しなさい。

2. ジャンケンについて次の各問に答えなさい。
    1) ジャンケンを6回して4回負ける人は、ジャンケンが特別に弱いかどうかを論じなさい。但し、グーとチョキとパーはそれぞれ平等に出すものと考える。
    2) 100人の人がジャンケンを6回して、内15人が4回負けた。これは珍事であるか、或いは充分に起こり得る現象なのか、議論しなさい。

第5章

正規分布

【課題10】製鉄所で作られるSTAM540（引張強度が540MPaの自動車構造用電気抵抗溶接炭素鋼管）の出荷前引張試験を20ロット（20本）で実施したところ[3,50]、平均548MPa、分散6(MPa)^{2}の正規分布となった。分散の精度が良いと仮定し、このSTAM540の母集団の平均値を確率90%の両側推定(検定)しなさい。

5.1節　正規分布の要点

1)ネイピア数

正規分布の確率密度関数は、後述の式（5-5）で定義される。頁を捲り61頁の一番上に記載した式（5-5）を見て特に抵抗感が無ければ、飛ばした約1.3頁はもう読まなくても差し支えないだろう。勿論、抵抗感の有る者はもう一度ここに戻って来て貰いたい。

先ず単純な二次関数から確認する。式（5-1）は、変数の二乗を負値にした関数で、グラフ化すると図5-1の様な放物線を描く。

$$f_1(x) = -x^2 \qquad (5\text{-}1)$$

f_1を**ネイピア数** e（= 2.718····）の指数とする、式（5-2）で示す関数を考える。このグラフは、図5-2に示す滑らかな山形状を示す。

$$f_2(x) = \exp(-x^2) \qquad (5\text{-}2a)$$

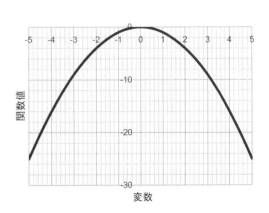

図5-1：式(5-1)のグラフ

因みにこの山型の傾斜を確認すると、これも滑らかな形状になる。

$$\frac{df_2(x)}{dx} = -2x \cdot \exp(-x^2) \quad (5\text{-}3)$$

ネイピア数は式(5-4)に示す様に、その指数関数が数値と変化率を一致させる特殊な数である。この性質は、自然界の様々な増加を直接示す事ができ、他方グイッと滑らか且つ急激に増加する様を示す事もできる。即ち、ネイピア数は、自然界の様々な現象を表現するのに向いている。

$$\frac{d}{dx}e^x = e^x \quad (5\text{-}4)$$

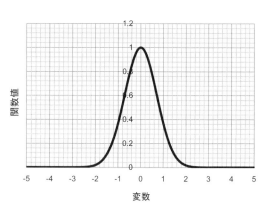

図5-2：式(5-2a)のグラフ

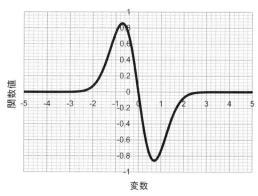

図5-3：式(5-3)のグラフ

2) 正規分布の定義

式(5-2a)をx軸方向にμ移動させると式(5-2b)に、更にそれをx軸方向に$\sqrt{2}\sigma$倍に広げると式(5-2c)となる。式(5-2c)はグラフの形は図5-2と同じなので、ある値μを中心としてその付近にばらつき$\sqrt{2}\sigma$で集積したがるデータ群を表現する、と言える。

$$f_3(x) = \exp\left\{-(x-\mu)^2\right\} \quad (5\text{-}2b)$$

$$f_4(x) = \exp\left\{-\left(\frac{x-\mu}{\sqrt{2}\sigma}\right)^2\right\} = \exp\left\{-\frac{(x-\mu)^2}{2\sigma^2}\right\} \quad (5\text{-}2c)$$

ここで、xを現象、$f(x)$をその現象の発生確率に対応させる。発生確率の総和は1なので、$f(x)$をxに関して積分すると1となる様に調整しなければならない。式(5-2a)及び式(5-2b)の積分値は$\sqrt{\pi} \fallingdotseq 1.77$であり、式(5-2c)の積分値は$\sqrt{2\pi}\sigma \fallingdotseq 2.51\sigma$となる。そこで、係数を付して積分が1となる様な式(5-5)を考える。これが、**正規分布 normal distribution** $N(\mu, \sigma^2)$の定義式である。正規分布とは平均μの付近に分散σ^2で集積したがるデータが成す理想的な分布であり、連続変数xに関する**確率分布 probability distribution**である。

第 5 章　正規分布

$$f(x) = f(x : \mu, \sigma^2) = \frac{1}{\sqrt{2\pi}\sigma} \exp\left\{-\frac{(x-\mu)^2}{2\sigma^2}\right\} \tag{5-5}$$

x を確率変数、$f(x)$ を **確率密度関数 frequency function / probability density function, PDF** 確率密度関数の累積を **累積分布関数 cumulative distribution function, CDF** と称する。

正規分布は、左右対称で、x 軸に漸近する。中心を示す平均 μ と、広がり方（高さと幅の比）を示す分散 σ^2 により分布は特徴付けられる。この二つのパラメータを **母数** と称する。

3) 歴史

この山形状を統計学に応用すると何かと便利である事も手伝い、1733 年にド・モアブル Abraham de Moivre がこれを二項分布の近似として用いて以来、ラプラスが実験の誤差解析に、ル・ジャンドルが最小二乗法に、ガウスが天体観測誤差の法則に適用した。1872 年には鐘形曲面 bell curve と呼ばれていたが、1875 年にゴールトンが正規分布と命名した。

4) 数学的特徴

任意の平均と分散を持つ母集団から充分なサイズを抽出した標本集団の平均は、正規分布に従う。これを **中心極限定理 central limit theorem**[34] と称する。後述の式 (5-9) は、この一種である。即ち、統計学において、正規分布は中心的位置にある。

正規分布の確率密度関数をフーリエ変換すると、正規分布の確率密度関数に戻る。それ故フーリエ解析、派生した様々な数学、物理学の理論体系において正規分布は有効である。

● 節の確認問題 ●

平均 =50、分散 =100 の正規分布 $N(50, 100)$ の確率密度関数式を記しなさい。

解答：式（5-5b）の通り。参考まで、グラフは図 5-4 の様になる。実はこれは、誰もが苦しめられたあの有名な偏差値 standard score の確率密度分布である。試験の得点分布は、この偏差値分布になる事が本来の理想とされている。しかし一方で、

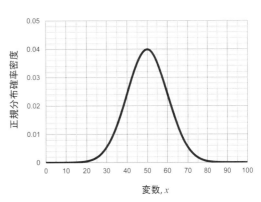

図 5-4：正規分布 $N(50, 100)$ の確率密度関数

人間の意志や能力が関係する試験の得点は、自然現象と同様には正規分布に素直に従わない。偏差値ばかり気にしていると、大きな間違いを犯す危険性もある。

$$f(x) = f(x:50,100) = \frac{1}{\sqrt{2\pi}10}\exp\left\{-\frac{(x-50)^2}{200}\right\} \tag{5-5b}$$

【課題11】正規分布 $N(\mu,\sigma^2)$ のデータを線形変換し、標準正規分布 $N(0,1)$ にせよ。

5.2節　標準正規分布への標準化

1)標準正規分布

式(5-2a)を基に、式(5-2c)の指数の分母に2という係数がある事を踏襲し式(5-5a)を作る。言い換えると、式(5-5)において平均 $\mu=0$、分散 $\sigma^2=1$ とすると式(5-5a)となる。

$$f(x) = f(x:0,1) = \frac{1}{\sqrt{2\pi}}\exp\left\{-\frac{x^2}{2}\right\} \tag{5-5a}$$

この式で表される正規分布を、**標準正規分布 standard normal distribution** $N(0,1)$ と称

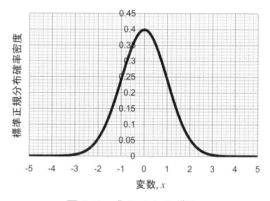

図5-5：式(5-5a)のグラフ

する。図5-5に、標準正規分布の確率密度関数をグラフ表示する。このグラフは、可能であれば暗記して描ける様になって貰いたい。

2)標準化

正規分布 $N(\mu_x,\sigma^2{}_x)$：$f(x)=f(x:\mu_x,\sigma^2{}_x)$ の変数 x を線形変換して、変換後の事象が標準正規分布 $N(0,1)$：$f(z)=f(z:0,1)$ に従う様にする事を、**標準化 standardization** と称する。5.1節で順を追って正規分布に到達した事を思い出そう。変数 x を上手に変換し、それに伴い分散を変換し確率密度関数の積分が1になる様にすれば良い。

課題11について考える。考える線形変換 $x \to z$ は、$z=a(x+b)$ である。但し、a と b はある定数である。以下、高校数学が得意な者にはくどいとは思うが、この変換の意味を説明

第5章 正規分布

する。zにする為にxにbを加えてからa倍する。bを加えるのだから、$\mu_z = 0$よりμ_xはb小さい。またa倍するのだからσ_zと比べてσ_xは$1/a$倍である(横に$1/a$倍拡大されている)。従って、統計データとして積分値を1にしなければならないが故に、係数をa倍する(縦をa倍にして面積を元に戻す)。

$$f(z) = \frac{1}{\sqrt{2\pi}} \exp\left\{-\frac{z^2}{2}\right\} = \frac{1}{\sqrt{2\pi}} \exp\left\{-\frac{a^2(x+b)^2}{2}\right\}$$

ここで$a = \dfrac{1}{\sigma_x}$、$b = -\mu_x$とすると、

$$f(x) = \frac{1}{\sqrt{2\pi}\sigma_x} \exp\left\{-\frac{(x-\mu_x)^2}{2\sigma_x^2}\right\}$$

なる正規分布に変換される。

∴ $z = \dfrac{(x-\mu_x)}{\sigma_x}$ なる線形変換により、$f(x:\mu_x,\sigma^2_x)$は$f(z:0,1)$に変換される。 (5-6)

平均値μ_xと標準偏差σ_xを用いて、変換$z = \dfrac{(x-\mu_x)}{\sigma_x}$で正規分布を標準正規分布へ!

● 節の確認問題 ●

平均=50、分散=100の正規分布を標準正規分布に変換する為の、線形変換$x \to z$を式で示しなさい。

解答:式(5-6)より、$z = \dfrac{(x-50)}{10}$。

5.3節 累積分布関数

1) 標準正規分布の積分形

正規分布の確率密度分布が囲む面積が確率を意味する。そこで積分してみよう。式(5-5a)を$-\infty$から積分すると、式(5-7)を得る。当然ながら、$x \to \infty$で$F(x) \to 1$である。

$$F(x) = \int_{-\infty}^{x} \frac{1}{\sqrt{2\pi}} \exp\left\{-\frac{x^2}{2}\right\} dx = \frac{1}{2}\left(1 + erf \frac{x}{\sqrt{2}}\right)、$$

$$\text{但し } erf(x) = \frac{2}{\sqrt{\pi}} \int_{0}^{x} \exp\left\{-x^2\right\} dx 。\tag{5-7}$$

式（5-7）は標準正規分布の累積分布関数 CDF であり、$erf(x)$ を誤差関数 error function と称する。誤差関数を一々計算するのは大変なので、式（5-7）は覚えるには及ばない。代わりに、式（5-7）のグラフが図 5-6 に示す様な $(x, y) = (0, 0.5)$ を中心とした点対称の S 字曲線になる事と、後述の表 5-1 の見方と運用方法を知っておいて貰いたい。

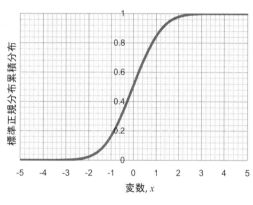
図 5-6：式(5-7)のグラフ

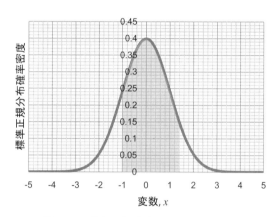
図 5-7：確率の概念(−1 〜 1.4 の場合)

2) 累積分布関数と確率

確率密度関数 $f(x)$ が標準正規分布に従う時、変数 x が値 x_1 以上値 x_2 以下になる確率は式（5-7a）で示される。累積分布関数の一種である。

$$F(x) = \int_{x_1}^{x_2} \frac{1}{\sqrt{2\pi}} \exp\left\{-\frac{x^2}{2}\right\} dx \tag{5-7a}$$

4.3 節等で考えた通り、ヒストグラムの確率は度数の確率×階級幅で定義できる。しかし、連続関数においては、階級幅が限りなく 0 に近くなるので、ピンポイントで「変数 x がある値になる確率」を求めると限りなく 0 となってしまい意味が無い。そこで、連続関数の場合は「変数 x がある範囲に入る確率」を求めるのである。これを**区間推定 interval estimation**（**区間検定 interval testing**）と称する。

変数 x が $-x_a \leqq x \leqq x_a$、或いは $x \leqq -x_a \lor x_a \leqq x$ と、$x = 0$ を中心に対称的な区間を考

第 5 章 正規分布

慮する場合を、**両側推定 two-sided estimation**（**両側検定 two-sided testing**）と称する。一方、$x \leqq x_a$、$x \leqq -x_a$ 等、x が正または負のみのある区間を考慮する場合を、**片側推定 one-sided estimation**（**片側検定 one-sided testing**）と称する。$-x_b \leqq x \leqq x_a$ や $x \leqq -x_b \vee x_a \leqq x$ 等と複雑な区間を考慮する事も原理的には可能であるが、概して現実的ではない。

表 5-1 は統計学で良く用いられる、式(5-7)を 0 からある値まで積分した値の一覧表である。言い換えると、変数 x が標準正規分布に従う時、0 からある値に入る確率を示す。

表 5-1：標準正規分布の累積分布関数値の一覧表

N(0,1)	0.00	0.01	0.02	0.03	0.04	0.05	0.06	0.07	0.08	0.09
0.0	0.000 000 000	0.003 989 356	0.007 978 314	0.011 966 473	0.015 953 437	0.019 938 806	0.023 922 183	0.027 903 170	0.031 881 372	0.035 856 393
0.1	0.039 827 837	0.043 795 313	0.047 758 426	0.051 716 787	0.055 670 005	0.059 617 692	0.063 559 463	0.067 494 932	0.071 423 716	0.075 345 435
0.2	0.079 259 709	0.083 166 163	0.087 064 423	0.090 954 115	0.094 834 872	0.098 706 326	0.102 568 113	0.106 419 873	0.110 261 248	0.114 091 881
0.3	0.117 911 422	0.121 719 522	0.125 515 835	0.129 300 019	0.133 071 736	0.136 830 651	0.140 576 433	0.144 308 755	0.148 027 292	0.151 731 727
0.4	0.155 421 742	0.159 097 026	0.162 757 273	0.166 402 179	0.170 031 446	0.173 644 780	0.177 241 890	0.180 822 491	0.184 386 303	0.187 933 051
0.5	0.191 462 461	0.194 974 269	0.198 468 212	0.201 944 035	0.205 401 484	0.208 840 313	0.212 260 281	0.215 661 151	0.219 042 691	0.222 404 675
0.6	0.225 746 882	0.229 069 096	0.232 371 107	0.235 652 708	0.238 913 700	0.242 153 889	0.245 373 085	0.248 571 105	0.251 747 770	0.254 902 906
0.7	0.258 036 348	0.261 147 932	0.264 237 502	0.267 304 908	0.270 350 003	0.273 372 648	0.276 372 708	0.279 350 054	0.282 304 562	0.285 236 116
0.8	0.288 144 601	0.291 029 912	0.293 891 946	0.296 730 608	0.299 545 807	0.302 337 457	0.305 105 479	0.307 849 798	0.310 570 345	0.313 267 057
0.9	0.315 939 875	0.318 588 745	0.321 213 620	0.323 814 458	0.326 391 220	0.328 943 874	0.331 472 393	0.333 976 754	0.336 456 941	0.338 912 940
1.0	0.341 344 746	0.343 752 355	0.346 135 770	0.348 494 997	0.350 830 050	0.353 140 944	0.355 427 700	0.357 690 346	0.359 928 910	0.362 143 428
1.1	0.364 333 939	0.366 500 487	0.368 643 119	0.370 761 888	0.372 856 849	0.374 928 064	0.376 975 597	0.378 999 516	0.380 999 893	0.382 976 804
1.2	0.384 930 330	0.386 860 554	0.388 767 563	0.390 651 448	0.392 512 303	0.394 350 226	0.396 165 319	0.397 957 685	0.399 727 432	0.401 474 671
1.3	0.403 199 515	0.404 902 082	0.406 582 491	0.408 240 864	0.409 877 328	0.411 492 009	0.413 085 038	0.414 656 549	0.416 206 678	0.417 735 561
1.4	0.419 243 341	0.420 730 159	0.422 196 159	0.423 641 490	0.425 066 300	0.426 470 740	0.427 854 963	0.429 219 123	0.430 563 377	0.431 887 882
1.5	0.433 192 799	0.434 478 288	0.435 744 512	0.436 991 636	0.438 219 823	0.439 429 242	0.440 620 059	0.441 792 444	0.442 946 567	0.444 082 597
1.6	0.445 200 708	0.446 301 072	0.447 383 862	0.448 449 252	0.449 497 417	0.450 528 532	0.451 542 774	0.452 540 318	0.453 521 342	0.454 486 023
1.7	0.455 434 537	0.456 367 063	0.457 283 779	0.458 184 862	0.459 070 491	0.459 940 843	0.460 796 097	0.461 636 430	0.462 462 020	0.463 273 044
1.8	0.464 069 681	0.464 852 106	0.465 620 498	0.466 375 031	0.467 115 881	0.467 843 225	0.468 557 237	0.469 258 091	0.469 945 961	0.470 621 020
1.9	0.471 283 440	0.471 933 393	0.472 571 050	0.473 196 581	0.473 810 155	0.474 411 904	0.475 002 105	0.475 580 815	0.476 148 236	0.476 704 532
2.0	0.477 249 868	0.477 784 406	0.478 308 306	0.478 821 730	0.479 324 837	0.479 817 785	0.480 300 730	0.480 773 828	0.481 237 234	0.481 691 100
2.1	0.482 135 579	0.482 570 822	0.482 996 977	0.483 414 193	0.483 822 617	0.484 222 393	0.484 613 665	0.484 996 577	0.485 371 269	0.485 737 882
2.2	0.486 096 552	0.486 447 419	0.486 790 616	0.487 126 279	0.487 454 539	0.487 775 527	0.488 089 375	0.488 396 208	0.488 696 156	0.488 989 342
2.3	0.489 275 890	0.489 555 923	0.489 829 561	0.490 096 924	0.490 358 130	0.490 613 294	0.490 862 532	0.491 105 957	0.491 343 681	0.491 575 814
2.4	0.491 802 464	0.492 023 740	0.492 239 746	0.492 450 589	0.492 656 369	0.492 857 189	0.493 053 149	0.493 244 347	0.493 430 881	0.493 612 845
2.5	0.493 790 335	0.493 963 442	0.494 132 258	0.494 296 874	0.494 457 377	0.494 613 854	0.494 766 392	0.494 915 074	0.495 059 984	0.495 201 203
2.6	0.495 338 812	0.495 472 889	0.495 603 512	0.495 730 757	0.495 854 699	0.495 975 411	0.496 092 967	0.496 207 438	0.496 318 892	0.496 427 399
2.7	0.496 533 026	0.496 635 840	0.496 735 904	0.496 833 284	0.496 928 041	0.497 020 237	0.497 109 932	0.497 197 185	0.497 282 055	0.497 364 598
2.8	0.497 444 870	0.497 522 925	0.497 598 818	0.497 672 600	0.497 744 323	0.497 814 039	0.497 881 795	0.497 947 641	0.498 011 624	0.498 073 791
2.9	0.498 134 187	0.498 192 856	0.498 249 843	0.498 305 190	0.498 358 939	0.498 411 130	0.498 461 805	0.498 511 001	0.498 558 758	0.498 605 113
3.0	0.498 650 102	0.498 693 762	0.498 736 127	0.498 777 231	0.498 817 109	0.498 855 793	0.498 893 315	0.498 929 706	0.498 964 997	0.498 999 218
3.1	0.499 032 397	0.499 064 563	0.499 095 745	0.499 125 968	0.499 155 261	0.499 183 648	0.499 211 154	0.499 237 805	0.499 263 625	0.499 288 636
3.2	0.499 312 862	0.499 336 325	0.499 359 047	0.499 381 049	0.499 402 352	0.499 422 975	0.499 442 939	0.499 462 263	0.499 480 965	0.499 499 063
3.3	0.499 516 576	0.499 533 520	0.499 549 913	0.499 565 770	0.499 581 108	0.499 595 942	0.499 610 288	0.499 624 159	0.499 637 571	0.499 650 537
3.4	0.499 663 071	0.499 675 186	0.499 686 894	0.499 698 209	0.499 709 143	0.499 719 707	0.499 729 912	0.499 739 771	0.499 749 293	0.499 758 490
3.5	0.499 767 371	0.499 775 947	0.499 784 227	0.499 792 220	0.499 799 936	0.499 807 384	0.499 814 573	0.499 821 509	0.499 828 203	0.499 834 661
3.6	0.499 840 891	0.499 846 901	0.499 852 698	0.499 858 289	0.499 863 681	0.499 868 880	0.499 873 892	0.499 878 725	0.499 883 383	0.499 887 873
3.7	0.499 892 200	0.499 896 370	0.499 900 389	0.499 904 260	0.499 907 990	0.499 911 583	0.499 915 043	0.499 918 376	0.499 921 586	0.499 924 676
3.8	0.499 927 652	0.499 930 517	0.499 933 274	0.499 935 928	0.499 938 483	0.499 940 941	0.499 943 306	0.499 945 582	0.499 947 772	0.499 949 878
3.9	0.499 951 904	0.499 953 852	0.499 955 726	0.499 957 527	0.499 959 259	0.499 960 924	0.499 962 525	0.499 964 064	0.499 965 542	0.499 966 963
4.0	0.499 968 329	0.499 969 641	0.499 970 901	0.499 972 112	0.499 973 274	0.499 974 391	0.499 975 464	0.499 976 493	0.499 977 482	0.499 978 431

● 節の確認問題 ●

表5-1に示す標準正規分布の累積分布関数表値を見ながら、各問に答えなさい。

1) 変数 x が $0 \leqq x \leqq 2$ の範囲に在る確率を求めよ。
2) 変数 x が $0 \leqq x \leqq x_a$ の範囲に在る確率が35%の場合、x_a は幾らか求めよ。
3) 変数 x が $x \leqq -3$ 又は $3 \leqq x$ の範囲に在る確率を求めよ。
4) 変数 x が $x \leqq -x_b$ 又は $x_b \leqq x$ の範囲に在る確率が5%の場合、x_b は幾らか求めよ。

解答：1) 0.477。 2) 約1.04。 3) $0 \leqq x \leqq 3$ の範囲に在る確率の倍を1から引けば良い。∴ $1 - 0.49866 \times 2 = 0.00268$。 4) 両側5%を除いた中央部は95%、その半分は47.5%。∴約1.95。

コラム▶推定と検定

コイントスを1000回したところ、540回表が出て460回裏が出た。君は、サッカーでもテニスでも良いのだが、ある重要な公式試合において主審としてこのコインを使うべきかどうかを悩んでいる。即ち、このコインは表裏同率で出る様になっているのだろうか？

先ず、統計処理を先にしよう。1000回も投げたので、二項分布は正規分布で近似できるだろう。$n=1000$、$p=0.5$（だとすると？　の筈だから??）より、$\mu=1000 \times 0.5=500$、$\sigma^2=1000 \times 0.5 \times 0.5=250$ の正規分布で近似できる（5.5節参照）。この正規分布において表の出る回数 x が $460 \leqq x \leqq 540$ の範囲に入らない確率を調べてみる。

早速、今習った変換をしてみよう。すると、$-2.530 \leqq z \leqq 2.530$ の範囲に入らない確率を調べる問題に帰着し、表5-1よりその確率は $1-0.494297 \times 2=1.14\%$ である事が判る。

変換式：$z = \dfrac{(x-500)}{\sqrt{250}}$、2.530に対応する累積確率 $=0.494297$。

ここで二通りの**推定** estimation 方法がある。先ず、「このコインがもし表裏同じ確率で出るコインならば、今回の事象は1.14%以下（この数値には表が541回以上出る確率も含まれる）の確率で起こり得る珍事である。」と言える。これは、原因が判っている時に結果の確率を論じる、いわば順説的な言い方である。一方、「このコインが表裏同じ確率で出るとすると今回の事象は1.14%以下の確率でしか起こらないので、このコインが表裏同じ確率で出るとは思えない。」とも言える。これは、原因を結果から推定する、いわば逆説的な言い方である。後者の推定を、特に**検定** testing と称して区別する。検定の場合には、「コインが裏表同じ確率で出る」という**仮説** hypothesis を、「そうであるとは言えない」と**棄却する** reject か、ないしは「そうでないと言い切れない」と**採択する** accept 事になる。

検定は**推定**の一種なので、本書では検定という言葉は当面使わず推定と称する事にする。統計学では確率しか与えてくれない。この1.14%をどう判断するかは、統計学ではなく人間の決断に委ねられる。次節の5)に記す通り、通常は1%、5%、10%を珍事かどうかの境界とする。

第 5 章　正規分布

【課題 12】1 個のサイコロを投げた時に得られる目の数を確率変数 x とし、2 個のサイコロを投げた時に得られる目の数の平均（標本平均）を確率変数 y とする。x 及び y の期待値 E とブレ V を求めなさい。

5.4 節　母集団の正規分布を探る

1) 抽出の意味

課題 12 の答えは、$E(x) = 3.5$、$V(x) = 2.917$、$E(y) = 3.5$、$V(y) = 1.458$ である（章末問題で自分の手でやってみよう）。これらの数値は一体どんな意味を持っているのだろうか。

母集団はサイコロを無限に振って出る目の数であり、1 から 6 まで ∞ 個同数（変な言い方だが）ある。ここから抽出を継続すると、標本平均 μ_i は徐々に母平均 $\tilde{\mu}$ に近づいていく。無作為に 1 回だけ抽出すると、1 から 6 のいずれかが母平均 $\tilde{\mu}$ 3.5 を中心としてブレ 2.917 で抽出される。標本集団の期待値 $E(x) = 3.5$ とブレ $V(x) = 2.917$ とは、無作為に選んだ変数がそこに集まろうとしている狙い値（期待値）と、そこまでの距離（ブレ）を意味する。

標本平均の期待値やブレには、抽出数 n を介してこの様な意味があったのである。

2) 標本平均のズレ

サイコロを n 回投げて目の数の平均を採るという事は、標本平均 μ_i を母平均 $\tilde{\mu}$ に近づけるという事である。上述の通り、期待値 $E(x) = E(y) =$ 母平均 $\tilde{\mu}$ であり、ある程度の抽出数を持つ標本集団の平均 μ_i は母平均 $\tilde{\mu}$ と同じと考えて差し支えない（数学的に証明されている）。標本数に依らず、標本変数は母平均 $\tilde{\mu}$ を中心にばらつくという訳である。

3) 標本平均のブレ

一方、$V(x) : V(y) = 2 : 1$ である。（このブレ V は標本平均 μ_i の母平均 $\tilde{\mu}$ に対するブレである！）y の標本数は x の 2 倍なので、ブレ V は抽出数に反比例する（数学的に証明されている）。母集団から抽出する毎に、抽出した変数は母平均 $\tilde{\mu}$ を中心にある距離の値を採る。ある時は遠く離れ、しかし大抵の場合は母平均 $\tilde{\mu}$ 近傍の値となる。標本平均の母平均 $\tilde{\mu}$ からのブレは、最初の抽出の時には母分散 $\tilde{\sigma}$ そのものであり、抽出数が増すにつれ反比例して小さくなり、遂には全数抽出により 0 となる。図 5-8 に、標本平均 μ_i と母平均 $\tilde{\mu}$ の差を横軸に採り、その確率密度分布が抽出数 n に依存して変化する様を図示する。抽出回数を増す毎に、標本平均 μ が母平均 $\tilde{\mu}$ に向かって収斂していく。

標本平均 μ の母平均 $\tilde{\mu}$ に対するブレは、初期には母分散 $\tilde{\sigma}$ であり、標本数 n に反比例する。

4) 標本平均が示す確率密度分布

幾つかの独立な母集団（一つの母集団でも良い）があり、これらから n 個の標本集団を抽出したとする。5.1 節 4) で述べた中心極限定理によると、母集団の分布に拘わらず、標本平均 μ_i と母平均 $\tilde{\mu}$ との誤差（ズレ）$\mu_i - \tilde{\mu}$ は標本サイズを大きくした時に

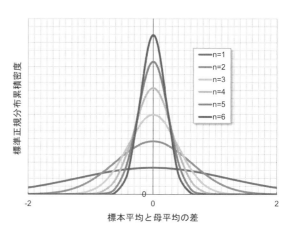

図5-8：標本平均と母平均の差の確率分布

近似的に正規分布に従う。その正規分布は上述の通り $N(\mu_i - \tilde{\mu}, \tilde{\sigma}/n)$ であり、抽出数 $n \to \infty$ で $N(\mu_i - \tilde{\mu}, 0)$ となり、誤差＝0 となる（母平均 $\tilde{\mu}$ と標本平均 μ_∞ が一致する：図5-8 の確率密度分布が横軸 0 の位置のみに値を持つ形状になる）。

以上を定式化して、式 (5-8) を得る。この確率分布は、図5-8 の横軸中心を $\tilde{\mu}$ にしたグラフを示す。

$$f(\mu_i) = f(\mu_i : \tilde{\mu}, \frac{\tilde{\sigma}^2}{n}) = \frac{\sqrt{n}}{\sqrt{2\pi}\tilde{\sigma}} \exp\left\{-\frac{n(\mu_i - \tilde{\mu})^2}{2\tilde{\sigma}^2}\right\} \tag{5-8}$$

5) 標準正規分布を用いた区間推定

ある事象の発生是非やある仮説の正誤判定をする際、完全に白黒付けられる事は現実的には殆ど無く、統計学ではそれらの確率がある値以上あるかどうかを論じる。

その値として良く用いられるのが 90％、95％、99％ である。これらの値は社会科学的な取り決めであり、合理性はあっても、自然科学的な意味は全く無い。標準正規分布に従う母集団から抽出した変数が、−1.644 〜 1.644 の範囲にある確率が約 90％、−1.96 〜 1.96 の確率が約 95％、−2.578 〜 2.578 の確率が約 99％ である。この範囲が、区間推定の範囲となる。

標準正規分布の累積分布関数は、手計算

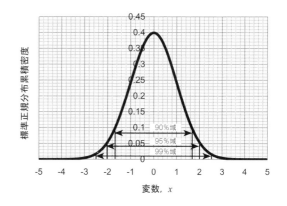

図5-9：標準正規分布の 1σ と 2σ と 3σ の範囲

第 5 章　正規分布

できるが、表 5-1 の様な一覧表が用意されている。一覧表が幾つもあっては堪らないので、変数の線形変換を利用して全ての区間推定を標準正規分布一つだけを用いて行うのである。

6）正規分布に従う母集団の平均値の区間推定

　$\mu_x - \tilde{\mu}$ は正規分布 $N(0, \tilde{\sigma}^2/n)$ に従うので、式（5-6）より式（5-9）に定義する μ_0 は標準正規分布 $N(0,1)$ に従う。

$$\mu_0 = \frac{\mu_x - \tilde{\mu}}{\sqrt{\tilde{\sigma}^2/n}} \tag{5-9}$$

ここで $\tilde{\mu}$ は母平均、μ_x は確率変数としての標本平均、$\tilde{\sigma}$ は変換前の母分散、n は標本数である。また μ_0 は、正規分布 $N(\mu, \sigma^2/n)$、即ち式（5-8）の示す確率密度分布を標準正規分布に変換したと考えると、変換後の平均（確率変数）と考える事ができる。

　さて、母集団が正規分布に従う時、充分な抽出数の標本集団の分散 σ_x^2 は、母分散 $\tilde{\sigma}^2$ と同等と見做し得る。即ち、母平均 $\tilde{\mu}$ が例えば確率 90% で存在する範囲を求める問題に対しては、標準正規分布における両側 90% 区間推定（つまり片側 45%）の範囲に対応する変数 μ_0 の範囲を表 5-1 より –1.644 以上 1.644 以下と求め、$\tilde{\mu}$ について解く問題に帰結させれば良い。

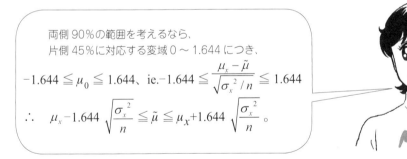

両側 90% の範囲を考えるなら、
片側 45% に対応する変域 0 〜 1.644 につき、

$-1.644 \leqq \mu_0 \leqq 1.644$、ie. $-1.644 \leqq \dfrac{\mu_x - \tilde{\mu}}{\sqrt{\sigma_x^2/n}} \leqq 1.644$

∴　$\mu_x - 1.644\sqrt{\dfrac{\sigma_x^2}{n}} \leqq \tilde{\mu} \leqq \mu_x + 1.644\sqrt{\dfrac{\sigma_x^2}{n}}$ 。

当然ではあるが、$\tilde{\mu}$ は判っている μ_x を中心にその前後の範囲に入る。

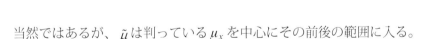

● 節の確認問題 ●

　この章の冒頭に掲げた課題 10 を、次の段取りで解いてみよう。［　］の中に適切な文言や数値を入れ、最後に変換式を書いてみなさい。

　製鉄所で作られる STAM540 全体は、［　①　］分布に従うと考えられる［　②　］集団である。ここから出荷前引張試験を 20 ロット（20 本）で実施した[3,40]、つまり $n = 20$ の標本を無

作為抽出したところ、$\mu_x =$ [③]MPa、$\sigma_x^2 =$ [④]$(MPa)^2$の正規分布を示したという問題である。この標本集団は偶々今回こうなったのであって、また別に $n = 20$ の標本を抽出したら[⑤]正規分布を示すと考えられる。但し、無作為抽出なので、ある程度の標本数であればどう抽出したとしても[⑥]は母集団と同一と近似できる。一方、[⑦]の母集団との差(ブレ)は[⑧]に比例する。

以上より、このSTAM540の母集団の平均引張強度を確率90%の両側区間推定すると、変換式[⑨]を用いて[⑩]となる。

> 解答：次の通り。
> ① 正規(大量のデータがある自然現象なので)　②母　③548　④6
> ⑤ 別の、今回とは違った(これが重要な考え方である)　⑥分散　⑦平均
> ⑧ 抽出数の逆数：この場合は1/20　⑨ $\mu_0 = \dfrac{\mu_x - \tilde{\mu}}{\sqrt{\sigma^2/n}} = \dfrac{548 - \tilde{\mu}}{\sqrt{6/20}}$ (∵式(5-6))
> ⑩ $548 - 1.644\sqrt{\dfrac{6}{20}} \fallingdotseq 547.1 \leq \tilde{\mu} \leq 548 + 1.644\sqrt{\dfrac{6}{20}} \fallingdotseq 548.9$。製品の母平均は547.1MPa以上と推定される。(但し、分散があるので、実際の全製品の内何%が仕様の540MPaを満足しているか別途計算が必要。)

【課題13】10回コイントスして表と裏の出る回数の差が2回以内になる確率を求めよ。

5.5節　二項分布との関係

図5-2や図5-4を見て、あれ、二項分布のグラフと正規分布のグラフが似ている、と気付いた者もいるだろう。実は、n が30以上程度にまで大きくなると、p が0.5に近い場合に、$B(n, p)$ は正規分布 $N\{np, np(1-p)\}$ で近似できる事が数学的に証明されている。人によっては、二項分布の平均 np が5を越えたら近似できるとしている。因みに、二項分布では $p = 0.5$ の時には度数分布(確率分布)が左右対称となる事を思い出しておこう。

図5-10に、p が0.5で n が5、10、20、30の二項分布と、それに対応する正規分布 $N(2.5, 1.25)$、$N(5, 2.5)$、$N(10, 5)$、$N(15, 7.5)$ を比較する。見た目ではその差が全く分からない程近似が良好に行われている。一方図5-11に、p が0.45で n が5、10、20、30の二項分

第5章 正規分布

布と、それに対応する正規分布 $N(2.25, 1.01)$、$N(4.5, 1.42)$、$N(9, 2.01)$、$N(13.5, 2.46)$ を比較する。二項分布が正規分布より左下にずれているのが判る。

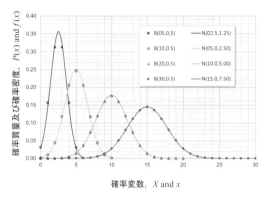 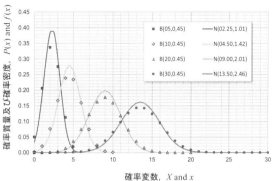

図 5-10：$p=0.5$ の二項分布（$n=5$、10、20、30）の正規分布への近似

図 5-11：$p=0.45$ の二項分布（$n=5$、10、20、30）の正規分布への近似

● 節の確認問題 ●

表 5-1 を利用すると、二項分布の度数分布表の計算が効率的にできる場合がある。即ち課題 13 に対して、$n=10$、$p=0.5$ より、期待値（平均値）$=10 \times 0.5 = 5$、分散 $=10 \times 0.5 \times 0.5 = 2.5$、標準偏差 $= 2.5^{0.5} = 1.58$。従って、$B(10, 0.5)$ を $N(5, 2.5)$ に近似させる。「10 回コイントスして表と裏の出る回数の差が 2 回以内となる確率を、次の手順に従って計算しなさい。

1）表が何回出る確率を求める事になるか記しなさい。
2）上記を正規分布の連続変数範囲に置き換えるとどうなるか、記しなさい。
3）上記の連続変数範囲を標準正規分布の変数範囲に置き換えなさい。
4）確率を求めなさい。

　　解答：1）4、5、6 回。
　　　　　2）階級値を連続変数に置き換える時は一般的に、4 回は 3.5 ～ 4.5 回等と換算する。∴連続変数範囲 3.5 ～ 6.5 に置き換わる。
　　　　　3）$z = \dfrac{(x - \mu_x)}{\sigma_x}$ で置き換えて、$\dfrac{(3.5-5)}{1.581} \leqq z \leqq \dfrac{(6.5-5)}{1.581}$。
　　　　　　即ち、$-0.9487 \leqq z \leqq 0.9487$。
　　　　　4）表 5-1 より $z = 0.94$ の累積確率は 0.326391220、$z = 0.95$ の累積確率は

0.328943874 なので、$z = 0.9487$ の累積確率をその中間値 0.326391220 ＋（0.328943874 − 0.326391220）× 0.87 ＝ 0.328612 と内挿近似する。∴ 0.328612 × 2 ≒ 0.657。尚、二項分布で求めると表 5-2 の様になり、0.2050781 ＋ 0.2460938 ＋ 0.2050781 ≒ 0.656 と、上値とほぼ一致した。（誤差は正規分布との合致度合の不完全さ等が原因。）表計算ソフトウェアがあれば表 5-2 を簡単に作れるが、表 5-1 しか手元になかった場合には正規分布に近似する方法も高精度で有効である事が確認された。

表 5-2：コイントスの確率表

表の回数			確率（密度）	
偏差^2	偏差	実値	二項分布	正規分布
25	-5	0	0.000977	0.001700
16	-4	1	0.009766	0.010285
9	-3	2	0.043945	0.041707
4	-2	3	0.117188	0.113372
1	-1	4	0.205078	0.206577
0	0	5	0.246094	0.252313
1	1	6	0.205078	0.206577
4	2	7	0.117188	0.113372
9	3	8	0.043945	0.041707
16	4	9	0.009766	0.010285
25	5	10	0.000977	0.001700
期待値			5	
分散			2.5	
標準偏差			1.58114	

章末問題

1. 正規分布について、次の各問に答えなさい。
   1) 母数とは何かを記し、正規分布を示す確率密度関数式を記しなさい。
   2) 正規分布を示す確率密度分布の形状的特徴を簡単に説明しなさい。
   3) 標準正規分布とはどの様な正規分布かを簡単に説明しなさい。
   4) 標準正規分布において、変数が平均値の時の確率密度値を記しなさい。

2. 学校受験で用いられる「偏差値」は、正式名称を「学力偏差値」と称し、数学用語である偏差値 standard score と同義である。偏差値とは、ある数値が母集団の中でどの位置に在るかを表した、平均値＝ 50、標準偏差＝ 10 となる様に標本変数を規格化した無次元数である。10 人が試験を受けて次の点を取った。次の各問に答えなさい。
   1) この 10 人の平均と分散と標準偏差を求めなさい。
   2) この 10 人の偏差値を計算しなさい。
   3) 91 点の巫美子と 96 点の聡一郎の偏差と偏差値から言える事を、簡単にまとめなさい。

第 5 章　正規分布

4) 偏差値 40 〜 60 の間には、全変数の何 % 程度が含まれるか、表等から求めなさい。
5) 偏差値を設定する事が不適切になる可能性が高いデータの特徴を述べなさい。

表 5-3：10 人の試験結果（素点のみ）

名　前	素点	偏差^2	偏差値
優二郎	83		
巫美子	91		
美　鈴	79		
沙三郎	84		
Rainbow	88		
聡一郎	96		
美悠貴	85		
晶　冠	89		
雅一郎	92		
則四郎	87		
平均			
標準偏差			

3. 課題 12···1 個のサイコロを投げた時に得られる目の数を確率変数 x とし、2 個のサイコロを投げた時に得られる目の数の平均（標本平均）を確率変数 y とする。x 及び y の期待値 E とブレ V を実際に求めてみなさい。

4. 製鉄所で作られる SS400（引張強度 400MPa の炭素鋼）の出荷前引張試験を 15 ロットで実施したところ、平均が 402MPa で、分散が 5MPa だった。次の各問いに答えなさい。
1) この 15 ロットは母集団と標本集団のいずれか、答えなさい。
2) 引張試験は試験片をひきちぎるので、それは製品には戻らない。この様な試験を何と言うか述べなさい。
3) 15 ロットが充分かどうか判らないが、ともかく得られた分散の精度が良いと仮定した。この結果、この生産ラインで出荷する SS440 の平均引張強度を、確率 90% の両側区間推定しなさい。

第6章

t 分布

【課題14】製鉄所で作られるSTAM540（引張強度が540MPaの自動車構造用電気抵抗溶接炭素鋼鋼管）の出荷前引張試験を5ロット（5本）で実施した[3,50]ところ、平均548MPa、不偏分散6(MPa)^{2}の正規分布となった。このSTAM540の母集団の平均値を確率90%の両側推定（検定）しなさい。

6.1節　本質

1) 抽出数は充分か？

　正規分布の章では、ある正規分布 $N(\tilde{\mu}, \tilde{\sigma}^2)$ に従う母集団から無作為に抽出した n 個のデータから成る標本集団が概ね正規分布に従っている場合、標本集団のデータから母平均値 $\tilde{\mu}$ を求める推定（検定）の例を考えた。

　標本平均 μ_x は確実に計算でき、抽出数 n も明白である。一方、母平均 $\tilde{\mu}$ と母分散 $\tilde{\sigma}^2$ は直接確認できない。平均は目的値なので未知で良し。他方母分散に関しては実のところは、n が充分大きければ概ね標本分散 σ_x^2 と一致しているだろうと見做したのだった････。

2) t分布の生い立ち

　では、n が充分大きくない場合はどうか？ 標本分散 σ_x^2 と母分散 $\tilde{\sigma}^2$ の差が無視出来ないので、代用の結果誤差が生じる。母分散 $\tilde{\sigma}^2$ が不明である以上、正規分布は使えない。

　取り敢えず変数変換 $z = (\mu_x - \tilde{\mu})/\sqrt{\sigma_x^2/n}$ をしてみると、惜しいところでこれは正規分布 $N(0,1)$ に従うとは限らないという訳である。即ち、$f(z)$ は標準正規分布 $N(0,1)$ に似て非なる分布になる可能性がある。この、標準正規分布に似て非なる分布を、**t 分布**

第6章　t分布

t-distribution（学生分布 student distribution）と称する [36]。

　t分布は、ゴセット William Sealy Gosset が初めて採用した。<u>本来正規分布を使いたいところをt分布で代用している、というのが本音である。</u>

● 節の確認問題 ●
t分布と正規分布の使い分けを、母平均の検定をする立場から簡明に述べなさい。

> 解答：抽出数が少なければ母分散を標本分散と同じと見做すには難があるので、正規分布による推定をせずにt分布による推定をする。

コラム▶学生分布

　ゴセットはオックスフォード大学を卒業後ギネスビール社で、当時の醸造分野で関心のあった「小さい抽出数の標本集団から如何に精度良く母集団を推定できるか」を研究していた。当時は、できるだけ大きい抽出数で精度良く母集団を推定する事こそが美徳とされていたので、全く逆の発想だった様だ。

　ゴセットは統計学者ピアソンの研究室に約2年間在籍し、t分布についての研究成果を論文[37]としてまとめた。ただ、この研究はギネスビール社の企業秘密に関わっていたので、ゴセットは本名を明かさずに筆名 pen name「学生 Student」を用いた。これ故、「学生のt分布」という名称でも呼ばれる。

　t分布は、ゴセットの研究に否定的だったカイ二乗分布の発案（命名）者ピアソンを唸らせた。遺伝生物学者・統計学者フィッシャー Ronald Aylmer Fisher はt分布を含めて統計学の枠組みを作った。日本人で3人目のアメリカ自動車殿堂入りした品質工学者田口玄一等にも影響を与えた。

6.2節　定義と特徴

1) 定義

　t分布の確率密度関数は、数学的に式（6-1）の通り定義できる。データ数が増すと標準正規分布 $N(0,1)$ に近づいていく。データ数 n に対して $n-1$ を自由度と定める。$\Gamma(z)$ はγ関数 Gamma function であり、1729年にオイラーが階乗の一般化として最初に導入した。

$$f(t:\nu) = \frac{\Gamma\left(\frac{\nu+1}{2}\right)}{\sqrt{\nu\pi}\,\Gamma\left(\frac{\nu}{2}\right)}\left(1+\frac{t^2}{\nu}\right)^{-\frac{\nu+1}{2}} 、但し\ \Gamma(z) = \int_0^\infty x^{z-1}e^{-x}dx 。（式(L-3)参照） \quad (6-1)$$

また式 (6-1) に対して、式 (6-2) の通り変数 t を定義する。いよいよ不偏分散の登場だ。母分散を、**標本不偏分散**で取り敢えず代用する。数学的意味があるので、なぜ不偏分散にするのかは気にしないで良い。**標本不偏分散** $\breve{\sigma}_x^2 \ne$ 母分散 $\tilde{\sigma}^2$ であるが故に、t は式 (5-9) における μ_0 と似て非なる値である。

$$t = \frac{\mu_x - \tilde{\mu}}{\sqrt{\breve{\sigma}_x^2/n}} = \frac{\mu_x - \tilde{\mu}}{\sqrt{\sigma_x^2/(n-1)}} \quad (6\text{-}2)$$

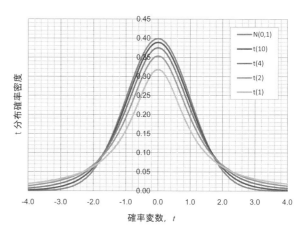

図 6-1：正規分布と t 分布のグラフ

2) 特徴

t 分布は正規分布より緩やかで長い裾野と中央に局部的に鋭い頂きを持つ山形状であり、左右対称で、x 軸に漸近する。母集団の母数には依らず、自由度 v のみが母数である。$n=2$ ($v=1$) の場合、**コーシー分布 Cauchy distribution** と一致する。式 (6-3) は参考までに、最頻値 μ と半値半幅 γ を母数とするコーシー分布の確率密度関数である。

$$f(x:\mu,\gamma) = \frac{1}{\pi\gamma\left[1+\left(\dfrac{x-\mu}{\gamma}\right)^2\right]} = \frac{1}{\pi}\left[\frac{\gamma}{(x-\mu)^2+\gamma^2}\right] \quad (6\text{-}3)$$

● 節の確認問題 ●

図 6-1 から、確率密度の中央ピーク値を、自由度毎に読み取りなさい。

> **解答**：表 6-1 の通り。尚、標準正規分布では 0.398942449、$t(20)=0.393988586$（標準正規分布ピーク値の約 98.76%）である。

表 6-1：t 分布の確率密度ピーク値一覧表

t(1)	t(2)	t(3)	t(4)	t(5)
0.318 309 886	0.353 553 391	0.367 552 597	0.375 000 000	0.379 606 690
t(6)	t(7)	t(8)	t(9)	t(10)
0.382 732 772	0.384 991 451	0.386 699 021	0.388 034 909	0.389 108 384

第6章　t分布

6.3 節　t分布の使い方

1) データ数と t 分布の形

　図 6-1 の如く t 分布は、$n = 20$ でかなり正規分布に近づき、$n = 40$ でほぼ一致する。データ数 20 〜 40 が充分かどうかの境界線であり、データ取得の際の目安になる。勘違いしないで貰いたい事は、6.4 節で述べる通り、t 分布より正規分布を用いた推定の方が高精度には違いない事である。従って、最低 20 〜 30 のデータを取得できる様に心掛けたい。6.2 節の確認問題で求めたピーク値と正規分布のピーク値（＝約 0.4）との乖離量は、標本数が少ない場合に正規分布を用いた母平均推定の誤差と見做してほぼ差し支えない。

2) 正規分布に従う母集団の平均値の推定

　正規分布に従う母集団から少ないデータ数で抽出した標本集団を用いて、正規分布ではなく t 分布で母平均を推定（検定）できる。正規分布の章の推定（検定）例題は、もしデータ数が 20 以下ならば、正規分布ではなく t 分布を用いるべきである。その際、用いる確率変数は z ではなく t と書くと解り易い。用いる t 分布は自由度 $v = n - 1$ のものである。

　表 6-2 に、t 分布の各自由度に対する累積分布関数値を示す。表 5-1 の代わりにこれを用いる。また、表 5-1 とは違い、縦軸に変数の値、横軸に自由度を採っている。

● 節の確認問題 ●────────────────────────

次の t 分布における累積確率を求めなさい。

1) 自由度が 4 の時、変数 $t : 0 \leq t \leq 2.5$ の累積確率。
2) 抽出数が 8 の時、変数 $t : 0 \leq t \leq 3.95$ の累積確率。
3) 自由度が 1 の時、変数 $t : -0.9 \leq t \leq 0.9$ の累積確率。

　　解答：1) 表 6-2 の $v = 4$ ($n = 5$) の列で $t = 2.5$ の欄を見ると、0.466616728 となっている。∴ 46.67%。

　　　　　2) 表 6-2 の $v = 7$ ($n = 8$) の列で $t = 3.9$ と 4.0 の欄を見ると、それぞれ 0.497050560 と 0.497405043 となっている。∴ 0.497050560 と 0.497405043 の平均を採って、49.72%。

　　　　　3) 表 6-2 の $v = 1$ ($n = 2$) の列で $t = 0.9$ の欄を見ると、0.2332620870 となっている。∴ 0.2332620870 × 2 = 46.65%。

表 6-2：t 分布の累積分布関数値の一覧表

t(n)	v=1(n=2)	v=2(n=3)	v=3(n=4)	v=4(n=5)	v=5(n=6)	v=6(n=7)	v=7(n=8)	v=8(n=9)	v=9(n=10)	v=10(k=11)
0.0	0.000 000 000	0.000 000 000	0.000 000 000	0.000 000 000	0.000 000 000	0.000 000 000	0.000 000 000	0.000 000 000	0.000 000 000	0.000 000 000
0.1	0.031 725 517	0.035 267 281	0.036 673 826	0.037 422 080	0.037 884 929	0.038 199 024	0.038 425 970	0.038 597 545	0.038 731 776	0.038 839 641
0.2	0.062 832 958	0.070 014 004	0.072 864 835	0.074 381 493	0.075 319 743	0.075 956 504	0.076 416 624	0.076 764 504	0.077 036 680	0.077 255 404
0.3	0.092 773 579	0.103 757 170	0.108 118 354	0.110 439 286	0.111 875 479	0.112 850 390	0.113 554 975	0.114 087 759	0.114 504 648	0.114 839 696
0.4	0.121 118 942	0.136 082 763	0.142 032 423	0.145 201 369	0.147 163 443	0.148 495 884	0.149 459 166	0.150 187 748	0.150 757 954	0.151 216 295
0.5	0.147 583 618	0.166 666 667	0.174 276 018	0.178 335 018	0.180 850 564	0.182 560 000	0.183 796 432	0.184 731 962	0.185 464 350	0.186 053 197
0.6	0.172 020 870	0.195 283 366	0.204 599 396	0.209 579 421	0.212 669 856	0.214 771 865	0.216 293 252	0.217 444 971	0.218 346 964	0.219 072 409
0.7	0.194 400 112	0.221 803 488	0.232 836 501	0.238 749 917	0.242 425 526	0.244 928 310	0.246 741 224	0.248 114 474	0.249 190 480	0.250 056 215
0.8	0.214 776 713	0.246 182 982	0.258 900 524	0.265 736 432	0.269 992 967	0.272 894 818	0.274 998 650	0.276 593 333	0.277 843 501	0.278 849 790
0.9	0.233 262 292	0.268 447 494	0.282 774 484	0.290 497 240	0.295 314 400	0.298 602 383	0.300 988 241	0.302 797 898	0.304 217 342	0.305 360 369
1.0	0.250 000 000	0.288 675 135	0.304 498 891	0.313 049 517	0.318 391 266	0.322 041 158	0.324 691 669	0.326 703 246	0.328 281 802	0.329 553 434
1.1	0.265 146 172	0.306 980 065	0.324 158 403	0.333 458 175	0.339 274 590	0.343 251 925	0.346 141 872	0.348 336 123	0.350 058 619	0.351 446 589
1.2	0.278 857 938	0.323 498 320	0.341 868 943	0.351 824 303	0.358 054 472	0.362 316 419	0.365 414 032	0.367 766 447	0.369 613 401	0.371 101 850
1.3	0.291 285 600	0.338 376 484	0.357 766 246	0.368 274 202	0.374 849 683	0.379 347 413	0.382 616 082	0.385 098 188	0.387 046 814	0.388 617 091
1.4	0.302 568 457	0.351 763 235	0.371 996 336	0.382 949 686	0.389 798 060	0.394 479 296	0.397 879 483	0.400 460 313	0.402 485 698	0.404 117 324
1.5	0.312 832 958	0.363 803 438	0.384 708 067	0.396 000 000	0.403 048 160	0.407 859 632	0.411 350 757	0.413 998 354	0.416 074 672	0.417 746 337
1.6	0.322 192 316	0.374 634 325	0.396 047 618	0.407 575 427	0.414 752 384	0.419 641 991	0.423 184 146	0.425 866 948	0.427 968 601	0.429 659 121
1.7	0.330 746 973	0.384 383 287	0.406 154 679	0.417 822 529	0.425 061 607	0.429 980 173	0.433 535 552	0.436 223 565	0.438 326 169	0.440 015 327
1.8	0.338 585 533	0.393 166 825	0.415 160 036	0.426 880 809	0.434 121 208	0.439 023 789	0.442 557 773	0.445 223 496	0.447 304 664	0.448 973 878
1.9	0.345 785 886	0.401 090 314	0.423 184 228	0.434 880 574	0.442 068 348	0.446 915 087	0.450 396 990	0.453 016 052	0.455 055 955	0.456 688 771
2.0	0.352 416 382	0.408 248 290	0.430 337 016	0.441 941 738	0.449 030 261	0.453 786 844	0.457 190 336	0.459 741 881	0.461 723 588	0.463 305 983
2.1	0.358 536 972	0.414 725 065	0.436 717 399	0.448 173 357	0.455 123 375	0.459 761 156	0.463 064 402	0.465 531 238	0.467 440 859	0.468 961 378
2.2	0.364 200 251	0.420 595 512	0.442 414 024	0.453 673 665	0.460 453 051	0.464 948 907	0.468 134 492	0.470 503 046	0.472 329 714	0.473 779 466
2.3	0.369 452 413	0.425 925 926	0.447 505 820	0.458 530 481	0.465 113 765	0.469 449 767	0.472 504 452	0.474 764 584	0.476 500 306	0.477 872 843
2.4	0.374 334 084	0.430 774 895	0.452 062 759	0.462 821 836	0.469 189 604	0.473 352 561	0.476 266 923	0.478 411 636	0.480 051 057	0.481 342 177
2.5	0.378 881 058	0.435 194 140	0.456 146 676	0.466 616 728	0.472 754 950	0.476 735 884	0.479 503 891	0.481 528 981	0.483 069 086	0.484 276 578
2.6	0.383 124 939	0.439 229 296	0.459 812 089	0.469 975 934	0.475 875 273	0.479 668 862	0.482 287 418	0.484 191 094	0.485 630 886	0.486 754 251
2.7	0.387 093 684	0.442 920 633	0.463 106 981	0.472 952 839	0.478 607 968	0.482 211 997	0.484 680 486	0.486 462 982	0.487 803 152	0.488 843 317
2.8	0.390 812 089	0.446 303 699	0.466 073 550	0.475 594 225	0.481 003 188	0.484 418 026	0.486 737 875	0.488 401 079	0.489 643 683	0.490 602 726
2.9	0.394 302 189	0.449 409 902	0.468 748 879	0.477 941 025	0.483 104 648	0.486 332 762	0.488 507 035	0.490 054 148	0.491 202 313	0.492 083 200
3.0	0.397 583 618	0.452 267 017	0.471 165 557	0.480 029 016	0.484 950 376	0.487 995 902	0.490 028 937	0.491 464 159	0.492 521 818	0.493 328 172
3.1	0.400 673 908	0.454 899 635	0.473 352 228	0.481 889 444	0.486 573 408	0.489 441 763	0.491 338 855	0.492 667 118	0.493 638 772	0.494 374 671
3.2	0.403 588 752	0.457 329 560	0.475 334 079	0.483 549 595	0.488 002 412	0.490 699 970	0.492 467 094	0.493 693 825	0.494 584 349	0.495 254 152
3.3	0.406 342 229	0.459 576 153	0.477 133 275	0.485 033 290	0.489 262 250	0.491 796 062	0.493 439 643	0.494 570 574	0.495 385 046	0.495 993 251
3.4	0.408 946 998	0.461 656 630	0.478 769 338	0.486 361 337	0.490 374 478	0.492 752 036	0.494 278 757	0.495 319 766	0.496 063 336	0.496 614 464
3.5	0.411 414 467	0.463 586 325	0.480 259 481	0.487 551 918	0.491 357 784	0.493 586 831	0.495 003 480	0.495 960 459	0.496 638 242	0.497 136 747
3.6	0.413 754 939	0.465 378 921	0.481 618 896	0.488 620 930	0.492 228 372	0.494 316 746	0.495 630 091	0.496 508 851	0.497 125 844	0.497 576 046
3.7	0.415 977 737	0.467 046 645	0.482 861 010	0.489 582 285	0.493 000 297	0.494 955 811	0.496 172 504	0.496 978 696	0.497 539 719	0.497 945 752
3.8	0.418 091 318	0.468 600 442	0.483 997 705	0.490 448 169	0.493 685 759	0.495 516 100	0.496 642 608	0.497 381 669	0.497 891 317	0.498 257 097
3.9	0.420 103 363	0.470 050 129	0.485 039 511	0.491 229 266	0.494 295 354	0.496 008 014	0.497 050 560	0.497 727 673	0.498 190 294	0.498 519 496
4.0	0.422 020 870	0.471 404 521	0.485 995 772	0.491 934 955	0.494 838 292	0.496 440 511	0.497 405 043	0.498 025 114	0.498 444 786	0.498 740 834

標本データ数が２０以下の時は、母集団の平均範囲を推定するのに正規分布ではなくt分布を用います。この時用いる変数tは：

$$t = \frac{\mu_x - \tilde{\mu}}{\sqrt{\tilde{\sigma}_x^2/n}} = \frac{\mu_x - \tilde{\mu}}{\sqrt{\sigma_x^2/(n-1)}}$$

6.4節　母平均の推定

課題14を解いてみよう。$n = 5$ とはいかにも抽出数が足りないので、この問題に正規分布を用いる事はできない（∵標本分散 σ_x ≠ 母分散 $\tilde{\sigma}$）。そこでt分布を用いる。自由度 $\nu = 4$、標本平均 $\mu_x = 548$、標本不偏分散 $\tilde{\sigma}_x^2 = 6$ であるので、t は式(6-2a)で計算する。

$$t = \frac{548 - \tilde{\mu}}{\sqrt{6/5}} \tag{6-2a}$$

両側90%の推定をするには、片側が確率0.45になる様な t の範囲を表6-2から探せば良い。すると $t = 2.1$ では確率0.448173357、$t = 2.2$ では確率0.453673665なので、$t = $ 約2.16になりそうである事が判る。

従って、$548 - 2.16\sqrt{6/5} = 545.6 \leqq \tilde{\mu} \leqq 548 + 2.16\sqrt{6/5} = 550.4$ となり、母平均は90%以上の確率で545.6MPaから550.4MPaの間に入っている。5.4節の確認問題で計算した、正規分布に敢えてこじつけた推定結果では、母平均は90%以上の確率で547.1MPaから548.9MPaの間に入っていた。つまり、抽出数が少ない分、母平均の推定精度が低下し、推定区間をより幅広に設定せざるを得なくなってしまった事が解る。なるほど、辻褄が合っている。

● 節の確認問題 ●────────────────────────

製薬工程Aにおいて、薬Bに含まれる成分Cが平均0.3mg未満にならない様に管理している。10個を無作為抽出して分析したところ、成分Cの平均含有量は0.264mg、標準不偏分散は$(0.15\text{mg})^2$だった。95%の区間推定をする事にして、次の各問いに答えなさい。

1) 先ず、この製薬工程Aが正しく管理されているかどうかを検定したい。t を計算し、対応する確率を求めなさい。
2) 次にこの製薬工程Aで製造される薬Bの成分Cの平均値を推定したい。対応する確率を求め、$\tilde{\mu}$ の範囲を計算しなさい。

　　解答：t は式(6-2b)で計算され、自由度 $\nu = 10 - 1 = 9$ である。

$$t = \frac{0.264 - \tilde{\mu}}{\sqrt{0.15^2/10}} \tag{6-2b}$$

1) 先ず、$\tilde{\mu} > 0.3$ と仮定するのだから、$t < -0.76$ となる。0.3mg未満になってはいけないので片側検定をすべきで、t の最大値–0.76が一側45%に

入っていればこの薬品製造工程は正しい事になる。累積確率 0.45 は t = 約 1.82 に対応し、即ち $-1.82 \leqq t$ なので、仮説「製薬工程 A が正しく管理されている」を棄却しかねる。尚、95% の区間検定を 5% の**危険率 level of significance** の検定とも言う。

2) 次に、$\tilde{\mu}$ を未知数としてその範囲を推測するので、今度は両側検定する。累積確率 0.475 に対応する t は約 2.26。従って式 (6-2b) より、$-2.26 \leqq t \leqq 2.26$ に対応する $0.2863 \leqq \tilde{\mu} \leqq 0.3077$ が得られる。即ち、確率 95% で $0.2863 \leqq \tilde{\mu} \leqq 0.3077$ である。この範囲を**両信頼限界 two-sided confidence limit** とも称する。

上記の 2 種類の推定について、何と無く妙に違和感があるかも知れない。これは、95% という大きな数値が可能性を意味しているのではなく確実性を意味している事を、イメージし難いからではないだろうか。目標平均値 0.3mg に対して標本平均が 0.264mg なので、約 12% ずれている。一方で標準不偏分散が 0.15、即ち目標平均値の 50% と大きいので、標本平均が 0.3 を 12% 程度下回っているからと言って、実際もそうかどうかは判らない。この状況を、「絶対に管理が行き届いていないと 95% の確実性では言えない」或いは「絶対に平均値が所定の値になっていないと 95% の確実性では言えない」等と表現しているのである。95% の確率で工程管理が行き届いているとは言っていない。

6.5 節　二組の独立な標本の母平均差の推定

この節の内容は少々高度なので、決して重要でない訳ではないのだが、本書の趣旨からは軽い気持ちで聞き流して貰って良いだろう。

母集団 X の標本集団 $\{x\}$ と、母集団 Y の標本集団 $\{y\}$ がある。二つの母集団は独立で、且つ未知の母偏差 $\tilde{\sigma}_X^2$ 及び $\tilde{\sigma}_Y^2$ は等しいとする。この時、標本平均 μ_x 及び μ_y と、標本不偏分散 $\tilde{\sigma}_x^2$ 及び $\tilde{\sigma}_y^2$ と、抽出数 n_x 及び n_x を用いて式(6-2)の応用形として式(6-3)が得られる。

$$t = \frac{(\mu_x - \mu_y) - (\tilde{\mu}_X - \tilde{\mu}_Y)}{\sqrt{\frac{\tilde{\sigma}_x^2}{n_x} + \frac{\tilde{\sigma}_y^2}{n_y}}}, \quad 但し \quad v = (n_x - 1) + (n_y - 1)。 \tag{6-3}$$

第6章　t分布

この t を用いてこれまでの要領で、$\mu_X - \mu_Y$ について推定（検定）をする事ができる。つまりは、2つの母集団の母平均の差についてを推定している事になる。

尚、$\tilde{\sigma}^2_X \neq \tilde{\sigma}^2_Y$ の一般的な場合には、t検定ではなくウェルチのt検定[71]を行う。生物化学分野においては、2010年代に入りウェルチのt検定が主流になってきたとの事である。

● 節の確認問題 ●

章末問題の答えに載せた表2-1″の身長データに基づき、女子の母集団の平均と男子の母集団の平均の差について、次の各問に答えなさい。

1) 女子の標本平均 μ_f、標本分散 σ^2_f、抽出個数 n_f を記しなさい。
2) 男子の標本平均 μ_m、標本分散 σ^2_m、抽出個数 n_m を記しなさい。
3) t を求めなさい。但し、$\tilde{\sigma}^2_f \neq \tilde{\sigma}^2_m$ だが式(6-3)を使って良い。
4) 先ず、男女の母平均の差が全国平均の 158.3 − 171.8 = −13.5 であるかどうかを、90%で区間検定しなさい。
5) 次に、男女の母平均の差が90%の確率で入る範囲を推定しなさい。

解答： 1) $\mu_f = 163.5\,\text{cm}$　$\sigma^2_f = 30.12$（因みに標本不偏分散 $=36.15$）　$n_f = 6$。

2) $\mu_m = 171.8\,\text{cm}$　$\sigma^2_m = 11.16$（因みに標本不偏分散 $=13.39$）　$n_m = 6$。

3) $$t = \frac{(163.5 - 171.8) - (\tilde{\mu}_X - \tilde{\mu}_Y)}{\sqrt{\frac{36.15}{6} + \frac{13.39}{6}}} = \frac{-8.3 - (\tilde{\mu}_X - \tilde{\mu}_Y)}{2.87344} \qquad (6\text{-}3\text{a})$$

4) 自由度は 5 + 5 = 10。$(\tilde{\mu}_X - \tilde{\mu}_Y) = -13.5$ であると仮定するのだから、$t \fallingdotseq 1.81$ となる。この場合は外しても良い方向が決まっていないので両側検定となり、t が＋或いは−側に45%に入っていればこの平均の差は異常でない事になる。自由度 $\nu = 10$ の場合の累積確率 0.45 は $t =$ 約 1.84 に対応している。つまり、$-1.84 \leqq t \leqq 1.84$ であれば良いので、1.81 は仮説「男女の母平均の差が−13.5」を棄却しかねる事を意味している。

5) 次に、$\tilde{\mu}$ が未知数となり、それがどの範囲に入るかを求めるので今度も両側検定する。累積確率 0.45 に対応する t は同じく約 1.84。従って式 (6-3a) より、$-1.84 \leqq t \leqq 1.84$ に対応する $-13.59 \leqq \mu \leqq 3.01$ が得られる。即ち、確率 95% で $-13.59 \leqq (\tilde{\mu}_X - \tilde{\mu}_Y) \leqq 3.01$ である。

章末問題

1. 表6-2に示すt分布の累積分布関数表を見ながら、各問いに答えなさい。
   1) 自由度が1の場合、変数 x が $0 \leqq x \leqq 2$ の範囲に在る確率を求めなさい。
   2) 上記の答えは、標準正規分布において同じ範囲に在る確率 0.477 より小さい。これは t 分布が標準正規分布と比べどんな分布になっているからか、簡潔に述べなさい。
   3) 自由度が2の場合及び10の場合、同様に変数 x が $0 \leqq x \leqq 2$ の範囲に在る確率を求めなさい。
   4) 自由度が上がると、t 分布はどうなるか簡潔に述べなさい。表6-1も参照の事。
   5) 自由度が2の場合、変数 x が $0 \leqq x \leqq x_a$ の範囲に在る確率が 35% となる x_a を求めなさい。
   6) 自由度が3の場合、変数 x が $x \leqq -3 \lor 3 \leqq x$ の範囲に在る確率を求めなさい。
   7) 自由度が4の場合、変数 x が $x \leqq -x_a \lor x_a \leqq x$ の範囲に在る確率が 5% となる x_a を求めなさい。

2. 製鉄所で作られるSS400（引張強度400MPaの炭素鋼）の出荷前引張試験を11ロットで実施したところ、平均402MPa、不偏分散 $5(\text{MPa})^2$ だった。11ロットは正規分布で推定するには不充分であると判断し、t 分布を用いる事とした。次の各問いに答えなさい。
   1) t を求めなさい。
   2) この生産ラインで出荷するSS440の引張強度の期待値が403MPa以上であるかどうかを、90% の片側区間検定しなさい。
   3) 同様に、SS400の期待値が確率 90% で入る範囲を推定しなさい。

3. 章末問題の答えに載せた表2-1″の体重データに基づき、女子の母集団の平均と男子の母集団の平均の差について、次の各問に答えなさい。
   1) 女子の標本平均 μ_f、標本分散 σ^2_f、抽出個数 n_f を記しなさい。
   2) 男子の標本平均 μ_m、標本分散 σ^2_m、抽出個数 n_m を記しなさい。
   3) t を求めなさい。但し、$\tilde{\sigma}^2_f \neq \tilde{\sigma}^2_m$ だが式(6-3)を使って良い。
   4) 先ず、男女の体重の母平均の差が全国平均の 50.9 − 66.5 = −15.6 であるかどうかを、95% で区間検定しなさい。
   5) 同様に、母平均の差が 95% の確率で入る範囲を推定しなさい。

第6章 t分布

最大の山を越えたので、
ちょっとリラックス‥‥

第7章
カイ二乗分布

【課題15】製鉄所で冷間圧延して作られる亜鉛メッキ鋼板の板厚[3,50)]について、昨日までのばらつきは分散が 0.6 $(\mu m)^2$ だったが、本日に限り異様に湿度が高く、出荷前精密肉厚測定を5ロット(5本)で実施したところ標本不偏分散が 0.69 $(\mu m)^2$ だった。この湿度上昇がばらつきを変化させたかどうかを危険率5%で推定しなさい。

7.1節　生い立ち

1) 考え方

k 個の独立な変数 x_i ($i = 1 \sim k$) が全て標準正規分布 $N(0, 1)$ に従っているかどうかを検定する場合、個別に検定すると多重性が問題となる（個別に検定した場合の危険率は同時に検定した場合より小さくなる）ので1回で検定したい。平均0の分布に従う変数 x_i を総和すると偏差同様にばらつきが相殺されてしまうので、分散を求める様に二乗して足してみる。

$$\chi^2 = \sum_{i=1}^{k} x_i^2 \tag{7-1a}$$

変数 x_i が全て標準正規分布 $N(0, 1)$ に従う場合、式（7-1a）で定義された χ^2 が従う分布を自由度 k の**カイ二乗分布 chi-square distribution** と称する。推計統計学で最も広く利用される確率分布の一つで、ヘルメルト F. R. Helmert が提案しピアソンが命名した。

2) 一般化

平均 μ_i で分散 σ_i^2 の正規分布 $N(\mu_i, \sigma^2_i)$ に従う独立な k 個の変数 x_i に対して、次の式で定

第7章 カイ二乗分布

義される統計量Zを考えると、式(7-1b)に帰着させられる(式(5-6)参照)。

$$Z = \chi_k^2 = \sum_{i=1}^{k}\left(\frac{x_i - \mu_i}{\sigma_i}\right)^2 \tag{7-1b}$$

● 節の確認問題 ●

全ての変数が平均μ、分散σ^2 に従う、例えば同一の母集団、或いは同じ平均と分散を持った複数の母集団から抽出された場合には、式(7-1b)はどう表記されるか考えなさい。

$$解答:Z = \chi_k^2 = \sum_{i=1}^{k}\left(\frac{x_i - \mu}{\sigma}\right)^2 = \frac{1}{\sigma^2}\sum_{i=1}^{k}(x_i - \mu)^2 \tag{7-1b'}$$

7.2節　定義と特性

1) 定義

カイ二乗分布の確率密度関数は、正数の確率変数に対して数学的に式(7-2)の通り定義できる。但し、本書の趣旨につきこの式自体は参考程度に見て貰えれば良い。むしろ、自由度kに応じて図7-1の様な曲線を描く事と、母数が自由度kである事が重要である。

$$f(Z:k) = \frac{\left(\frac{1}{2}\right)^{\frac{k}{2}}}{\Gamma\left(\frac{k}{2}\right)} Z^{\frac{k}{2}-1} e^{-\frac{Z}{2}} \text{、但し } \Gamma(z) = \int_0^{\infty} x^{z-1} e^{-x} dx 。 \text{（式(L-3)参照）} \tag{7-2}$$

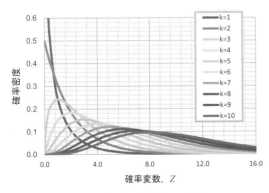

図7-1：カイ二乗分布のグラフ

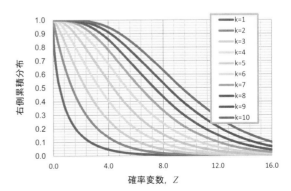

図7-2：カイ二乗分布の右側累積分布グラフ

2) 視覚的理解

式（7-2）を書いてしまった以上、少し理解を試みたい。式（7-1a）や式（7-1b）を念頭に置きながら、自由度 $k = 1$ の場合で考えてみる。$k = 1$ の場合には、式（7-2）は式（7-2a）となる。これは、標準正規分布の変数 x を変数 $Z = x^2$ に変換し $1/x$ を掛けた式である。

$$f(Z:1) = Z^{-\frac{1}{2}}\left[\frac{1}{\sqrt{2\pi}}\exp\left(-\frac{Z}{2}\right)\right] = \frac{1}{x}\left[\frac{1}{\sqrt{2\pi}}\exp\left(-\frac{x^2}{2}\right)\right] \tag{7-2a}$$

先ずはウォーミングアップ。図 7-3 は、標準正規分布の確率密度を二乗にしたグラフである。面白い事に、やはり正規分布になる。

次に式（7-2a）に倣い、標準正規分布の横軸を変数 x から変数 $Z = x^2$ に作り直してみよう。グラフは図 7-4 となり、図 7-1 に示す $k = 1$ の曲線と一致しない。これは関数が確率密度なので、変数を変換した際には積分したら 1 となる様に確率密度も係数倍にしなければならないからである。そこで式（7-2a）が示す様に $1/x$ 倍し、標準正規分布に対して x^2 と $f(x)/x$ のグラフを描くと図 7-5 の様になり、図 7-1 に示す $k = 1$ の曲線と一致する。$k = 1$ のカイ二乗分布は $x^2 = 0$ で確率密度が∞となり一見奇異だが、確率密度自体は確率を示すものではない。

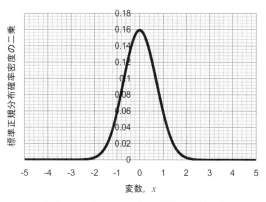

図 7-3：縦に二乗した標準正規分布

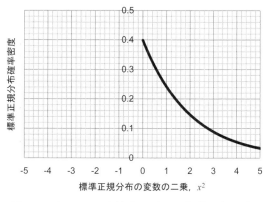

図 7-4：図 7-3 の変数を二乗した標準正規分布

3) 正規分布との関係

図 7-4 や図 7-5 は、正規分布の両側が、カイ二乗分布の片側に集約される事を意味している。例えば、図 7-6 に示す標準正規分布両側それぞれ確率 2.5% の領域 = 両側 5% 棄却域（$x \leq -1.96 \vee 1.96 \leq x$）を考えると、図 7-7 に示す $k = 1$ のカイ二乗分布の右側確率 5% の領域 = 5% 棄却域（$3.84 \leq x^2$）に対応する。

第 7 章　カイ二乗分布

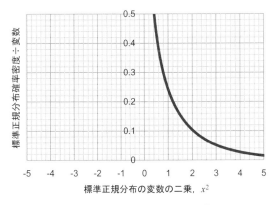

図 7-5：積分を 1 にした分布

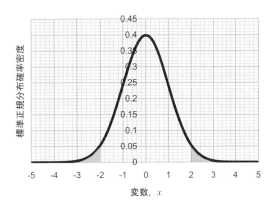

図 7-6：正規分布の両側 5% 棄却域

4) 特徴

　カイ二乗分布は、母集団が正規分布である事を前提に図 7-1 の確率密度を示す。即ち、変数を測定した際に、その前提が起こり得る確率を推定するのに用いられる。式 (7-2) が分布を計算するに当たり k は任意だが、本来の意味からは k は自然数を採る。

　参考までに、以下にカイ二乗分布の特徴を列挙する。軽く眺めて貰いたい。

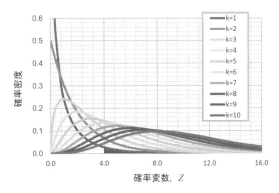

図 7-7：カイ二乗分布の 5% 棄却域

- カイ二乗分布は再生性を持つ。即ち、$Z_1 = \chi^2{}_m$ と $Z_2 = \chi^2{}_n$ がいずれもカイ二乗分布に従うならば、$Z_1 + Z_2 = \chi^2{}_{m+n}$ もまたカイ二乗分布に従う。
- $Z = \chi^2{}_k$ がカイ二乗分布に従う場合、$k \to \infty$ で Z はゆっくりと正規分布に近づく。
- 同様に、$\sqrt{2Z}$ は平均 $\sqrt{2k-1}$、分散 1 の正規分布に（比較的早くに）近づく。
- 同様に、$\sqrt[3]{X/k}$ は平均 $1 - 2k/9$、分散 $2k/9$ の正規分布に（比較的早くに）近づく。

● 節の確認問題 ●

　標準正規分布の両側 10% 棄却域は、カイ二乗分布のどの領域と対応するか記しなさい。

　　解答：右側 10% の領域。複数の x_i を全て変換し標準正規分布に従わせてから、その自由度のカイ二乗分布で領域を考える。

7.3 節　累積分布関数

　表7-1にカイ二乗分布の累積分布関数値を一覧する。この表は、変数が0からその値までの範囲に入る累積確率を記載していたこれまでの表とは異なり、$\chi_k^2 = Z$ がその値から∞までの範囲に入る累積確率を記載しているので注意する事。

　前節3)において述べた様に、カイ二乗分布の用い方は通常その累積分布の $a \leqq Z$ となる確率 p を以って為す。前例では、自由度 $k = 1$ において $p = 5\%$ となる $a = 3.84$ を示した。p と a の対応は、表7-1 より読み取る等して得る。a を $Z(k, p) = \chi^2(k, p)$ と表記する。

● 節の確認問題 ●

次のカイ二乗分布における累積確率を求めなさい。

1) 自由度が3の時、変数 $Z : 0 \leqq Z \leqq 8.4$ の累積確率。
2) 抽出数が8の時、変数 $Z : 0 \leqq Z \leqq 3.5$ の累積確率。
3) 自由度が2の時、変数 $Z : 2.4 \leqq Z \leqq 4.0$ の累積確率。

　　解答：1) 表の値は0.038429319なので、1 − 0.038429319 ＝ 0.961570681。
　　　　　2) 自由度は8。表の値は $3.6 \leqq Z$ で0.891291605、$3.2 \leqq Z$ で0.921186513なので、1 − (0.891291605 × 3 + 0.921186513) ÷ 4 = 1 − 0.898765332 = 0.101234668。
　　　　　3) 表の値は $2.4 \leqq Z$ で0.301194212、$4.0 \leqq Z$ で0.135335283なので、0.301194212 − 0.135335283 = 0.165858929。

7.4 節　母集団の推定

1) 検定の利用法

　厳密に述べると「正規分布 $N_i(\mu_i, \sigma_i)$ に従う複数の母集団から抽出した独立変数 $x_i(i=1,\cdots,n)$ により式（7-1b）で計算されるカイ二乗は、自由度 $k=n$ のカイ二乗分布に従う。」即ち、母平均 $\tilde{\mu}$ と母分散 $\tilde{\sigma}^2$ を用いてカイ二乗検定をできる。

　ところが、検定するからにはそれらは不明な筈である。実は数学的には、同一の正規分布に従う独立変数から成る標本集団について、標本平均 μ_x が判っていれば式(7-3)に示すカイ

第7章 カイ二乗分布

表7-1：カイ二乗分布の累積分布関数値の一覧表

$\chi^2(k)$	k=1	k=2	k=3	k=4	k=5	k=6	k=7	k=8	k=9	k=10
0.000	0.997 476 872	0.999 995 000	0.999 999 992	1.000 000 000	1.000 000 000	1.000 000 000	1.000 000 000	1.000 000 000	1.000 000 000	1.000 000 000
0.002	0.964 329 408	0.999 000 500	0.999 976 226	0.999 999 500	0.999 999 990	1.000 000 000	1.000 000 000	1.000 000 000	1.000 000 000	1.000 000 000
0.005	0.943 628 022	0.997 503 122	0.999 906 109	0.999 996 880	0.999 999 906	0.999 999 997	1.000 000 000	1.000 000 000	1.000 000 000	1.000 000 000
0.010	0.920 344 325	0.995 012 479	0.999 734 835	0.999 987 542	0.999 999 470	0.999 999 979	0.999 999 999	1.000 000 000	1.000 000 000	1.000 000 000
0.020	0.887 537 084	0.990 049 834	0.999 252 245	0.999 950 332	0.999 997 012	0.999 999 835	0.999 999 991	1.000 000 000	1.000 000 000	1.000 000 000
0.050	0.823 063 274	0.975 309 912	0.997 070 667	0.999 692 660	0.999 970 790	0.999 997 444	0.999 999 792	0.999 999 984	0.999 999 999	1.000 000 000
0.100	0.751 829 634	0.951 229 425	0.991 837 424	0.998 790 896	0.999 837 683	0.999 979 933	0.999 997 689	0.999 999 750	0.999 999 974	0.999 999 998
0.2	0.654 720 846	0.904 837 418	0.977 589 298	0.995 321 160	0.999 113 861	0.999 845 347	0.999 974 844	0.999 996 153	0.999 999 443	0.999 999 923
0.3	0.583 882 421	0.860 707 976	0.960 028 480	0.989 814 173	0.997 643 086	0.999 497 138	0.999 899 963	0.999 981 286	0.999 996 686	0.999 999 441
0.4	0.527 089 257	0.818 730 753	0.940 242 495	0.982 476 904	0.995 329 593	0.998 851 519	0.999 736 561	0.999 943 160	0.999 988 388	0.999 997 742
0.8	0.371 093 370	0.670 320 046	0.849 467 033	0.938 448 064	0.977 033 344	0.992 073 668	0.997 443 953	0.999 223 749	0.999 776 595	0.999 938 757
1.2	0.273 321 678	0.548 811 636	0.753 004 312	0.878 098 618	0.944 877 365	0.976 884 712	0.990 926 898	0.996 641 931	0.998 821 103	0.999 605 514
1.6	0.205 903 211	0.449 328 964	0.659 389 820	0.808 792 135	0.901 249 345	0.952 577 404	0.978 644 392	0.990 920 142	0.996 334 689	0.998 588 690
2.0	0.157 299 207	0.367 879 441	0.572 406 704	0.735 758 882	0.849 145 036	0.919 698 603	0.959 840 369	0.981 011 843	0.991 467 607	0.996 340 153
2.4	0.121 335 250	0.301 194 212	0.493 634 623	0.662 627 266	0.791 474 121	0.879 487 099	0.934 437 080	0.966 231 032	0.983 452 951	0.992 254 212
2.8	0.094 264 307	0.246 596 964	0.423 499 917	0.591 832 713	0.730 786 487	0.833 497 738	0.902 866 966	0.946 274 750	0.971 699 157	0.985 746 704
3.2	0.073 638 270	0.201 896 518	0.361 805 027	0.524 930 947	0.669 182 902	0.783 358 490	0.865 904 742	0.921 186 513	0.955 834 726	0.976 317 722
3.6	0.057 779 571	0.165 298 888	0.308 022 172	0.462 836 887	0.608 313 292	0.730 621 086	0.824 522 899	0.891 291 605	0.935 716 411	0.963 593 339
4.0	0.045 500 264	0.135 335 283	0.261 464 130	0.406 005 850	0.549 415 951	0.676 676 416	0.779 777 408	0.857 123 460	0.911 412 527	0.947 346 983
4.4	0.035 938 931	0.110 803 158	0.221 385 387	0.354 570 107	0.493 373 524	0.622 713 750	0.732 723 084	0.819 352 422	0.883 171 378	0.927 503 691
4.8	0.028 459 737	0.090 717 953	0.187 041 749	0.308 441 041	0.440 772 968	0.569 708 747	0.684 354 939	0.778 722 911	0.851 382 575	0.904 131 410
5.2	0.022 586 888	0.074 273 578	0.157 724 450	0.267 384 882	0.391 962 892	0.518 429 576	0.635 570 870	0.736 001 644	0.816 536 798	0.877 423 489
5.6	0.017 960 478	0.060 810 063	0.132 778 358	0.231 078 238	0.347 105 068	0.469 453 683	0.587 150 984	0.691 937 433	0.779 187 716	0.847 676 057
6.0	0.014 305 878	0.049 787 068	0.111 610 225	0.199 148 273	0.306 218 918	0.423 190 081	0.539 749 350	0.647 231 889	0.739 918 292	0.815 263 245
6.4	0.011 412 036	0.040 762 204	0.093 690 790	0.171 201 257	0.269 218 799	0.379 903 741	0.493 894 650	0.602 519 724	0.699 312 571	0.780 612 511
6.8	0.009 115 787	0.033 373 270	0.078 553 160	0.146 842 388	0.235 944 538	0.339 739 888	0.449 996 812	0.558 357 055	0.657 933 306	0.744 181 647
7.2	0.007 290 358	0.027 323 722	0.065 789 053	0.125 689 123	0.206 185 920	0.302 746 845	0.408 357 408	0.515 216 110	0.616 305 225	0.706 438 450
7.6	0.005 836 830	0.022 370 772	0.055 043 936	0.107 379 705	0.179 701 939	0.268 896 678	0.369 182 103	0.473 484 843	0.574 903 424	0.667 843 601
8.0	0.004 677 735	0.018 315 639	0.046 011 706	0.091 578 194	0.156 235 628	0.238 103 306	0.332 593 903	0.433 470 120	0.534 146 217	0.628 836 935
8.4	0.003 752 210	0.014 995 577	0.038 429 319	0.077 976 999	0.135 525 223	0.210 237 987	0.298 646 343	0.395 403 370	0.494 391 686	0.589 827 021
8.8	0.003 012 305	0.012 277 340	0.032 071 641	0.066 297 635	0.117 312 358	0.185 142 286	0.267 336 020	0.359 447 773	0.455 937 195	0.551 183 809
9.2	0.002 420 151	0.010 051 836	0.026 746 636	0.056 290 280	0.101 347 856	0.162 638 702	0.238 614 102	0.325 706 283	0.419 021 167	0.513 234 001
9.6	0.001 945 774	0.008 229 747	0.022 290 983	0.047 732 533	0.087 395 653	0.142 539 219	0.212 396 620	0.294 229 916	0.383 826 511	0.476 258 754
10.0	0.001 565 402	0.006 737 947	0.018 566 135	0.040 427 682	0.075 235 246	0.124 652 019	0.188 573 468	0.265 025 915	0.350 485 212	0.440 493 285
10.4	0.001 260 153	0.005 516 564	0.015 454 827	0.034 202 699	0.064 663 031	0.108 786 650	0.167 016 094	0.238 065 499	0.319 083 502	0.406 128 002
10.8	0.001 015 001	0.004 516 581	0.012 858 001	0.028 906 118	0.055 492 802	0.094 757 868	0.147 583 972	0.213 291 018	0.289 667 490	0.373 310 771
11.2	0.000 817 973	0.003 697 864	0.010 692 129	0.024 405 901	0.047 555 644	0.082 388 404	0.130 129 917	0.190 622 409	0.262 248 755	0.342 150 017
11.6	0.000 659 518	0.003 027 555	0.008 886 889	0.020 587 372	0.040 699 389	0.071 510 843	0.114 504 388	0.169 962 887	0.236 809 815	0.312 718 350
12.0	0.000 532 006	0.002 478 752	0.007 383 161	0.017 351 265	0.034 787 781	0.061 968 804	0.100 558 869	0.151 203 883	0.213 309 305	0.285 056 500
12.4	0.000 429 334	0.002 029 431	0.006 131 306	0.014 611 901	0.029 699 459	0.053 617 557	0.088 148 478	0.134 229 248	0.191 686 741	0.259 177 369
12.8	0.000 346 619	0.001 661 557	0.005 089 698	0.012 295 524	0.025 326 836	0.046 324 217	0.077 133 907	0.118 918 762	0.171 866 837	0.235 070 034
13.2	0.000 279 949	0.001 360 368	0.004 223 464	0.010 338 797	0.021 574 928	0.039 967 613	0.067 382 793	0.105 151 008	0.153 763 338	0.212 703 609
13.6	0.000 226 186	0.001 113 775	0.003 503 416	0.008 687 446	0.018 360 196	0.034 437 928	0.058 770 638	0.092 805 685	0.137 282 353	0.192 030 874
14.0	0.000 182 811	0.000 911 882	0.002 905 153	0.007 295 056	0.015 609 416	0.029 636 164	0.051 181 353	0.081 765 416	0.122 325 228	0.172 991 608
14.4	0.000 147 802	0.000 746 586	0.002 408 284	0.006 122 004	0.013 258 597	0.025 473 508	0.044 507 500	0.071 917 118	0.108 790 955	0.155 515 616
14.8	0.000 119 536	0.000 611 253	0.001 995 790	0.005 134 523	0.011 251 979	0.021 870 624	0.038 650 298	0.063 153 005	0.096 578 174	0.139 525 411
15.2	0.000 096 703	0.000 500 451	0.001 653 471	0.004 303 882	0.009 541 094	0.018 756 920	0.033 519 467	0.055 371 281	0.085 586 791	0.124 938 568
15.6	0.000 078 255	0.000 409 735	0.001 369 490	0.003 605 668	0.008 083 914	0.016 069 806	0.029 032 916	0.048 476 565	0.075 719 263	0.111 669 745
16.0	0.000 063 342	0.000 335 463	0.001 133 984	0.003 019 164	0.006 844 074	0.013 753 968	0.025 116 361	0.042 380 112	0.066 881 588	0.099 632 400

$$Z = \chi_k^2 = \frac{1}{\breve{\sigma}^2}\sum_{i=1}^{n}(x_i - \mu_x)^2 = \frac{S_i}{\breve{\sigma}^2} = \frac{(n-1)\breve{\sigma}_x^2}{\breve{\sigma}^2} \tag{7-3}$$

二乗が自由度 $k=n-1$ のカイ二乗分布に従う事が証明されている。母分散 $\tilde{\sigma}^2$ は必要である。

式(4-0)を思い出そう。標本集団の事だけを議論している間は分散 $\tilde{\sigma}_x^2$ を用いていたが、母集団の議論では標本不偏分散 $\check{\sigma}_x^2$ を用いる。これは、「実際には判らない事」を「今判っている事」で代用する際には、抽出数は1つ少ないと思わなければいけない、という数学的な教えなのである。式(7-1b')では、実は判らない母平均 $\tilde{\mu}$ の代わりに判っている標本平均 μ_x を用いざるを得ない。この代用の際には、抽出数が一つ少ないと思う、即ち式(7-3)の如くカイ二乗分布の自由度を1つ落とすのである。

母分散と標本不偏分散の比に自由度を乗すると、その値はカイ二乗分布に従います。

$$Z = \chi_k^2 = \frac{(n-1)\check{\sigma}_x^2}{\tilde{\sigma}^2} \quad (自由度\ k=n-1)$$

2) 分散の推定

課題 15 を解いてみよう。

先ず、たかが湿度が変わっただけで何が変わるものかと、「湿度上昇によりばらつきは変化していない」と仮説を立てて検定してみよう。すると、式(7-3)が使える。母分散 $\tilde{\sigma}^2 = 0.6$、本日の標本不偏分散 $\check{\sigma}_x^2 = 0.69$、抽出数 $n=5$ を代入して、式(7-3a)の通り $Z=4.6$ を得る。

$$Z = \chi_k^2 = \frac{(n-1)\check{\sigma}_x^2}{\tilde{\sigma}^2} = \frac{(5-1)0.69}{0.6} = 4.6 \tag{7-3a}$$

一方、自由度 $k = 5 - 1 = 4$ における危険率 5% とは、表 7-1 より $Z =$ 約 9.37 に対応する。$4.6 < 9.37$ なので、事実は危険域には入っていない。即ち、仮説は棄却できず「湿度上昇によりばらつきは変化したとは言えない」事が判る。

ついでなので、推定をしてみよう。$Z = 4.6$ に対応する累積確率は表 7-1 の自由度 4 の列より、$(0.308441041 + 0.493373524) \div 2 \fallingdotseq 0.4$。即ち、この程度以上の変動は 40% の確率で起き得るので、それほど珍しい現象とは言えない事になる。

因みに、95% の確率で起こり得る分散の変動幅を求めてみる。対応する $Z <$ 約 9.37 なので、$\check{\sigma}_x^2 < 1.4055$ となる。要するに、分散は 1.4055 ぐらいまでなら 95% の確率で変動し得る。

$$Z = \chi_k^2 = \frac{(n-1)\check{\sigma}_x^2}{\tilde{\sigma}^2} = \frac{(5-1)\check{\sigma}_x^2}{0.6} < 9.37 \tag{7-3a'}$$

第 7 章　カイ二乗分布

正規分布と t 分布は母平均の推定（検定）に、カイ二乗分布は分散の推定（検定）に使える。

● 節の確認問題 ●

では、課題 15 の問題を母分散推定問題に変えてみよう。製鉄所で冷間圧延して作られる亜鉛メッキ鋼板の板厚を 5 ロット（5 本）で実施したところ、標本不偏分散が 0.69 だった。母分散を**信頼係数 confidence coefficient** 90％で推定しなさい。

> 解答：信頼係数という言葉は、危険率の裏の言葉として捉えて良い。即ち、両側 90％の区間に入る確率という意味で捉える。この場合は、抽出数 $n = 5$、標本不偏分散 $\tilde{\sigma}_x^2 = 0.69$ が既知であり、母分散 $\tilde{\sigma}^2$ を求める。一方、両側の 90％区間とは、累積確率が 0.95 から 0.05 の区間であり、自由度 $k = 5 - 1 = 4$ においては約 $0.58 \leq Z \leq$ 約 9.4 の範囲となる。
>
> $$Z = \chi_k^2 = \frac{(n-1)\tilde{\sigma}_x^2}{\tilde{\sigma}^2} = \frac{(5-1)0.69}{\tilde{\sigma}^2} = \frac{2.76}{\tilde{\sigma}^2} \tag{7-3a''}$$
>
> 従って、式(7-3a'')より $0.294 \leq \tilde{\sigma}^2 \leq 4.76$ に 90％の確率で入る。

【課題 16】母集団から 100 人を無作為抽出した部分集団が、男 x 人と女 $(100 - x)$ 人で構成されている時に、母集団の男女数が同じかどうかを論じなさい。

7.5 節　適合度の検定

多項分布の極限性質より数学的に、式 (7-4) が近似的にカイ二乗分布に従う事が判っている。この式において、$x_{ob,i}$ は標本値としての**観測値 observed value**、$x_{ex,i}$ は対応する母値（理論値、推定真値或いは理想値）としての**期待値 expected value** である。

$$Z = \chi^2 = \sum_{i=1}^{n} \frac{(x_{ob,i} - x_{ex,i})^2}{x_{ex,i}} \tag{7-4}$$

例えば、血液型 4 種、サイコロの目 6 種、人の性 2 種等、互いに排他的な事象について、それが観察された相対的頻度がある（理論的な）頻度分布に従うかどうかをカイ二乗分布を用いて検定できる。これを**適合度検定 test of goodness of fitness** と称する。後述の独立性の検

定と合わせて、**ピアソンのカイ二乗検定 Pearson's chi-square test** と称する。

　課題 16 を解いてみよう。観測された頻度分布は男 x 人と女 $(100-x)$ 人であり、理論（期待）分布は男女共 50 人である。この場合、式(7-4)は式(7-4a)となる。

$$Z = \chi^2 = \frac{\{x-50\}^2}{50} + \frac{\{(100-x)-50\}^2}{50} \tag{7-4a}$$

例えば、$x \leqq 45$ の場合には $Z \geqq 1$ となる。男女は 2 種類につき自由度 k は 1 なので、自由度 1 の累積確率を調べる。すると、確率は約 0.32 で、「3 回に 1 回程度は $x \leqq 45$ に外れる」という事が判る。区間推定（検定）も今まで通りのやり方でできる。

● 節の確認問題 ●

　上述の課題 14 について、確率 10% の珍事で女子が多くなる場合の x の範囲を求めなさい。

　　解答：自由度 $k=1$ の確率 10%、即ち、累積確率 = 0.1 の Z は約 6.6。

$$\frac{\{x-50\}^2}{50} + \frac{\{(100-x)-50\}^2}{50} = 6.6 \quad \therefore x = 50 \pm 12.85 \tag{7-4a'}$$

男子の方が少ないのだから、$x \leqq 37$。因みに、女子が少ない場合は $x \geqq 63$ となる。余談だが、生物の本流は雌である。女が少ないのは妙なのだ!?

7.6 節　その他のカイ二乗分布の適用

　本書の趣旨につき、この節は軽く読み流して貰って良いが、他にも代表的なカイ二乗分布の適用例があと二つあるので、ざっと紹介する。

1) 独立性の検定

　2 変数に対する独立性検定を、第 3 章の課題 4（表 3-2 参照）を例に説明する。

　英語能力の階級を i（能力の低い側から 1、・・・、6）で、関心を j（関心が薄い側から 1、・・・、6) で表現する。それぞれ 6 階級なので全体で $N = 6 \times 6 = 36$ の度数が存在する。この度数を f_{ij} と表す事にする。また、f_i = 英語能力に関する度数 = 度数の横合計（例えば $f_{i=1} = 3$）、f_j = 関心に関する度数 = 度数の縦合計（例えば $f_{j=3} = 48$）と表す事にする。この時、数学的に式

第7章　カイ二乗分布

(7-4) の二変数版として式 (7-5) がカイ二乗分布に従う事が判っている。$f_{ob,ij} = f_{ij}$ に対応する理想値 $f_{ex,ij}$ を、f_i と f_j に基づき滑らかに内挿した値としているのである。i が 2 階級の場合には、式 (7-5) は式 (7-5a) となる。自由度は i の階級数−1 = 5 と j の階級数−1 = 5 の積 25（かなり正規分布に近い）である。

$$Z = \chi^2 = \sum_i \sum_j \left[\frac{(f_{ob,ij} - f_{ex,ij})^2}{f_{ex,ij}} \right], \quad 但し f_{ex,ij} = \frac{f_i f_j}{n} 。 \tag{7-5}$$

$$Z = \chi^2 = \frac{n^2}{f_{i=1} \cdot f_{i=2}} \left[\sum_j \frac{f_{ij}^2}{f_j} - \frac{f_i^2}{n} \right] \tag{7-5a}$$

式(7-5)は 65.9 という高い数値であり、対応する累積確率は限りなく 0 に近い。χ^2 が大きい、即ち理想から外れ、独立性が強いと言える。因みに、相関係数は 0.3 だった。

2) 比較検定

3 種類の防食塗料 A、B、C があり、それぞれを炭素鋼薄板 5 枚ずつに塗布し腐食速度 y_{ij}（i:A, B, C は塗料群、j:1,···, 5 は薄板を示す）を測定した。「この 3 種類の防食塗料の防食効果が等しい」かを考えてみる。

y_{ij} は、各塗料群に対応する 3 つの母集団の標本集団である。塗料の効果が正規分布に従うかどうかは議論しないが、そこは自然科学現象と割り切ってそれぞれが正規分布 $N(\tilde{\mu}_i, \tilde{\sigma}_i)$ に従う、と一般的には考える事になる。その結果この問題は、「3 つの母集団の母平均 $\tilde{\mu}_i$ と母分散 $\tilde{\sigma}_i$ が等しいか」を検定する問題に変換される。

正規分布に従う母集団 $N(\tilde{\mu}_i, \tilde{\sigma}_i)$ から 5 つの変数を抽出したので、本来 5 つでは不充分だが敢えて標本分散 σ_i と母分散 $\tilde{\sigma}_i$ は等しいと仮定し、3 つの母集団を $N(\mu_i, \sigma)$ と置く。ここで、各塗料群 i における標本平均 μ_i を式 (5-9) に倣い変換標本平均 $z_i = (\mu_i - \tilde{\mu}_i)/\sqrt{\tilde{\sigma}_i^2/n_i}$ $= (\mu_i - \tilde{\mu}_i)/\sqrt{\sigma^2/5}$ と変換すると、z_i は標準正規分布 $N(0, 1)$ に従う事になる（∵式(5-9)）。その結果この問題は、「3 つのデータ z_A、z_B、z_C を標準正規分布 $N(0, 1)$ から抽出した場合に $\tilde{\mu}_A = \tilde{\mu}_B = \tilde{\mu}_C = \mu$ となる確率を求める」問題に変換できる。

従って、式 (7-1b') において、x_i として各塗料における変換標本平均腐食速度 z_i、μ_x として z_i の平均腐食速度（全薄板の腐食速度の平均）μ_z を代入し、式(7-6)を得る。

$$Z = \chi_k^2 = \frac{1}{\sigma^2} \sum_{i=1}^{k} (x_i - \mu_x)^2 = \frac{5}{\sigma^2} \sum_{i=A}^{C} (z_i - \mu_z)^2 = \frac{5}{\sigma^2} \sum_{i=A}^{C} \left\{ \frac{1}{5} \sum_{j=1}^{5} y_{ij} - \frac{1}{3} \sum_{i=A}^{C} \left(\frac{1}{5} \sum_{j=1}^{5} y_{ij} \right) \right\}^2 \tag{7-6}$$

章末問題

1. 表 7-1 に示すカイ二乗分布の累積分布関数表を見ながら、各問に答えなさい。
   1) 自由度が 2 の場合、変数 X が $6 \leqq x$ の範囲に在る確率を求めなさい。
   2) 自由度が 1 の場合、変数 X が $0 \leqq X \leqq 2$ の範囲に在る確率を求めなさい。
   3) 自由度が 3 の場合、変数 X が $X_a \leqq X$ の範囲に在る確率が 5.5% となる X_a を求めなさい。
   4) 自由度が 5 の場合、変数 X が $0 \leqq X \leqq X_a$ の範囲に在る確率が 33% となる X_a を求めなさい。

2. テニス選手の娜太郎は強力なサーブを武器に、短時間でセット（テニスは 3 セット又は 2 セット先取で勝ちとなる。）を奪取する事で有名である。今年に入ってから奪取セット 1 セット当たりの所要時間のばらつきは分散 8.5 分^2 だったが、本日に限り気温 38℃ 不快指数 100% の過酷気象となり、3 セットの不偏分散が 13.7 分^2 だった。
   1) この過酷気象がばらつきを変化させたかどうかを、危険率 10% で推定しなさい。
   2) 分散が 13.7 以上になる確率を推定しなさい。
   3) 90% の確率で起こり得る分散の範囲を求めなさい。
   4) 今日の分散から母分散を信頼係数 90% で推定しなさい。

3. 血液型 OA（A 型）の父と OB（B 型）の母から生まれた子供 100 人に対して血液型を調べたところ、A 型（OA）が 29 人、B 型（OB）が 19 人、AB 型（AB）が 33 人、O 型（OO）が 19 人だった。次の問に答えなさい。
   1) それぞれの血液型の出現確率を求めなさい。
   2) カイ二乗分布に従う値を計算しなさい。
   3) どの程度珍事かを簡単に説明しなさい。

第8章

F分布

【課題17】3種類の防食塗料 A、B、C があり、それぞれを炭素鋼薄板 5 枚ずつに塗布し腐食速度 x_{ij}（i:A, B, C は塗料群、j:1,…, 5 は薄板を示す）を測定した。「この 3 種類の防食塗料の防食効果が等しい」かを考えてみなさい。

8.1節　裏の意味

　この節は、話の流れだけ理解して貰えれば良い。勿論、式の一つでも、或いは確認問題の一つでも理解できれば、なお結構である。

　課題 17 は、7.6 節で「軽く読み流して貰って良い」と言って示した例題である。この例題の説明で既に気づいているかも知れないが、実は一カ所猛烈に乱暴な事をしたのだ。そう、「本来 5 つでは不充分だが敢えて標本分散と母分散は等しいと仮定して」の部分である。正規分布から t 分布に話を進める時には、母分散が不明なのでそれを標本不偏分散で代用した。そして、代用する代わりに正規分布ではない別の t 分布を使う事にしたのだった。それと同様に、今回はカイ二乗分布の代わりに F 分布を代用する必要があるのだ。

　この問題は、「3 つの母集団の母平均 $\tilde{\mu}_i$ と母分散 $\tilde{\sigma}_i^2$ が等しいか（$i = A$、B、C）」を検定する問題に変換される。ここまでは良い。ところが、やはり抽出数 5 というのは少な過ぎる。t 分布も、抽出数が 20 に達してやっと正規分布とほぼ同じになる。標本分散 σ_i^2 と母分散 $\tilde{\sigma}_i^2$ を等しいと見做してしまうと、推定誤差が増大するのである。

　使うべき出発点となる式は式（7-1b'）ではなく、（7-1b）だったのだ。その結果、式（7-6'）を得る。ここで、母分散を標本分散から推定する流れになるので、σ_i^2 は標本不偏分散 $\tilde{\sigma}_i^2$

である。そしてこのままでは、カイ二乗分布に似て非なる分布になってしまう。(これはまだ F 分布ではない。)つまり、この Z' は推定できない値である。

$$Z' = \sum_{i=1}^{n} \frac{(x_i - \mu_x)^2}{\sigma^2_i} = \sum_{i=A}^{C} \frac{(z_i - \mu_z)^2}{\sigma^2_i / (n_i - 1)} \tag{7-6'}$$

【課題 17 改】7.6 節 2)の防食塗料の話を論じ直してみよう。表 8-1 に、防食塗料 A から C を塗布した炭素鋼薄板の試験片 5 枚の 1 年後の腐食厚さを実測したデータを示す。この塗料の効果に差があるかどうかを、危険率 5% で検定しなさい。

表 8-1：防食試結果

塗料	試験結果（腐食厚さ[μm]）					合計[μm]	平均[μm]
A	14	18	7	11	12	62	12.4
B	15	16	11	10	14	66	13.2
C	19	17	16	6	13	71	14.2

8.2 節　定義

1)カイ二乗分布の比

式(8-1)で表されるカイ二乗分布に従う独立な 2 変数 χ^2_1（自由度 k_1）と χ^2_2（自由度 k_2）の比を考える。この比 F を F と称する。母数は自由度 k_1 と自由度 k_2 の 2 つである。

$$F(k_1, k_2) = \frac{\chi^2_1 / k_1}{\chi^2_2 / k_2} \tag{8-1}$$

2)定義

F が従う確率密度関数は、式（8-2a）又は（8-2b）の様になる事が数学的に判っている。この式は余りに見慣れない形なので、無理に覚える必要は全くない。代わりに、グラフがどの様な曲線になるかを、図 8-1 で確認しておこう。

曲線は、自由度 k_1 と自由度 k_2 に

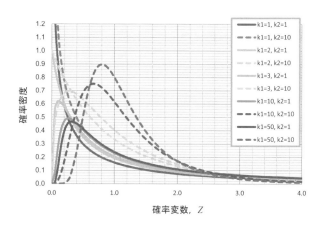

図 8-1：F 分布の確率分布

第8章　F分布

依って複雑に変化する。k_2 が大きくなると、左の裾野が若干右に寄ると共に右の裾野が低くなり、その分ピークが高くなる傾向がある。

$$f(F:k_1,k_2) = \frac{1}{B\left(\frac{k_1}{2},\frac{k_2}{2}\right)}\left(\frac{k_1 F}{k_1 F+k_2}\right)^{\frac{k_1}{2}}\left(1-\frac{k_1 F}{k_1 F+k_2}\right)^{\frac{k_2}{2}}\frac{1}{F}$$

$$= \frac{1}{B\left(\frac{k_1}{2},\frac{k_2}{2}\right)}\left(\frac{k_1}{k_2}\right)^{\frac{k_1}{2}}\left(1+\frac{k_1}{k_2}F\right)^{\frac{k_1+k_2}{2}} F^{\frac{k_1}{2}-1} \tag{8-2a}$$

$$f(F:k_1,k_2) = \left(\frac{k_1}{k_2}\right)^{\frac{k_1}{2}} \frac{\Gamma\left(\frac{k_1+k_2}{2}\right)}{\Gamma\left(\frac{k_1}{2}\right)\Gamma\left(\frac{k_2}{2}\right)} \frac{F^{\frac{k_1-2}{2}}}{\left(1+\frac{k_1}{k_2}F\right)^{\frac{k_1+k_2}{2}}}$$

$$= k_1^{k_1} k_2^{k_2} \frac{\Gamma\left(\frac{k_1+k_2}{2}\right)}{\Gamma\left(\frac{k_1}{2}\right)\Gamma\left(\frac{k_2}{2}\right)} \frac{F^{\frac{k_1-2}{2}}}{(k_1 F+k_2)^{\frac{k_1+k_2}{2}}} \tag{8-2b}$$

Fが従う確率密度分布を **F分布 F-distribution** と称する。スネデカーのF分布 Snedecor's F distribution 又はフィッシャー - スネデカー分布 Fisher-Snedecor distribution 等とも称する。ここで、$B(p,q)$ はβ関数 beta function であり（二項分布ではない！）、式(8-3)で定義される。

$$B(p,q) = \int_0^1 y^{p-1}(1-y)^{q-1} dy = \frac{\Gamma(p)\Gamma(q)}{\Gamma(p+q)} \tag{8-3}$$

p 及び q が整数の場合は式(8-4)が成立する。

$$\frac{1}{B(p,q)} = \frac{(p+q-1)!}{(p-1)!(q-1)!} = \frac{_{p+q-1}P_{p-1}}{(p-1)!} = \frac{_{p+q-1}P_{q-1}}{(q-1)!} = {}_{p+q-1}C_{p-1} = {}_{p+q-1}C_{q-1} \tag{8-4}$$

3)母数の採り方

式(8-1)、(8-2a)及び(8-2b)を見て判る通り、変数 F の逆数 $1/F$ は、変数 F と自由度 k_1 と k_2 が逆のF分布に従う。即ち、後述の通り2つのカイ二乗分布を比較する際に、どちら

を1番にしても良いのだが、通常、$k_1 > k_2$ とする。

● 節の確認問題 ●

平均 $\tilde{\mu}$、分散 $\tilde{\sigma}^2$ の正規分布 $N(\tilde{\mu}, \tilde{\sigma}^2)$ に従う母集団から無作為抽出した、平均 μ_1、分散 σ_1^2 の標本集団 $\{x_{1,j}: j = 1, \cdots, n_1\}$ と、平均 μ_2、分散 σ_2^2 の標本集団 $\{x_{2,j}: j = 1, \cdots, n_2\}$ を考える。次の各問に答えなさい。

1) 母集団の要素 x を z に線形変換し、z が標準正規分布に従う様にしなさい。
2) カイ二乗分布に従う値を2つ作りなさい。
3) 上記のカイ二乗分布の自由度を示しなさい。
4) F分布に従う値を作りなさい。

解答： 1) $z = \dfrac{x - \tilde{\mu}}{\tilde{\sigma}}$ （∵式(5-6)）。この変換は母集団の話である。

2) $Z_i = \chi^2_i = \sum_{j=1}^{n_i} z_{i,j}^2 = \sum_{j=1}^{n_i} \left(\dfrac{x_{i,j} - \mu_i}{\tilde{\sigma}}\right)^2$ （∵式(7-3)）母集団が同じで標本集団が2つある事をどう捉えるか、が重要な点である。2標本集団の全要素のカイ二乗分布を求める場合は、標本集団が1つの場合と同様に式(7-1b')を用い、F分布は登場しない。次に、2つの標本集団を比較する立場を採ると、対応する2つのカイ二乗が式(7-3)で得られる。今回は母集団が既知なので、後述の様にわざわざ不偏分散を用いる必要は無い。

3) n_i

4) $F(n_1, n_2) = \dfrac{\chi^2_1 / n_1}{\chi^2_2 / n_2} = \dfrac{\dfrac{1}{n_1} \sum_{j=1}^{n_1} \left(\dfrac{x_{1,j} - \mu_1}{\tilde{\sigma}}\right)^2}{\dfrac{1}{n_2} \sum_{j=1}^{n_2} \left(\dfrac{x_{2,j} - \mu_2}{\tilde{\sigma}}\right)^2} = \dfrac{\dfrac{1}{n_1} \sum_{j=1}^{n_1} (x_{1,j} - \mu_1)^2}{\dfrac{1}{n_2} \sum_{j=1}^{n_2} (x_{2,j} - \mu_2)^2} = \dfrac{\sigma_1^2}{\sigma_2^2}$

（∵式(8-1)）この逆数は、自由度 n_2、n_1 のF分布に従う。

8.3節　F分布の本質

1) カイ二乗分布との関係

上記の確認問題では同じ既知の母集団から2つの標本集団を作ったが、一般的には母集団

第8章　F分布

が異なる場合や母集団が未知の場合が多い。これらの場合には標本集団から母集団を推定するので、自由度が1減り、標本分散ではなく標本不偏分散を用いる。

カイ二乗変数 χ_1^2 と χ_2^2 を、それぞれ正規分布 $N(\tilde{\mu}_1,\tilde{\sigma}_1^2)$ と $N(\tilde{\mu}_2,\tilde{\sigma}_2^2)$ に従う母集団から独立に抽出した大きさが n_1 と n_2 の標本に対応させる。標本不偏分散を $\bar{\sigma}_1^2$ と $\bar{\sigma}_2^2$ とすると、変数 F は母平均 $\tilde{\mu}_i$ に関係なく母分散のみを含む式(8-5)で表せる。

$$F(n_1-1, n_2-1) = \frac{\frac{\chi_1^2}{n_1-1}}{\frac{\chi_2^2}{n_2-1}} = \frac{\tilde{\sigma}_2^2}{\tilde{\sigma}_1^2} \frac{\frac{1}{n_1-1}\sum_{j=1}^{n_1}(x_{1,j}-\mu_1)^2}{\frac{1}{n_2-1}\sum_{j=1}^{n_2}(x_{2,j}-\mu_2)^2} = \frac{\tilde{\sigma}_2^2}{\tilde{\sigma}_1^2}\frac{\bar{\sigma}_1^2}{\bar{\sigma}_2^2} \qquad (8\text{-}5)$$

2) 分散の比の検定

もし、カイ二乗変数 χ_1^2 と χ_2^2 の対応する母分散 $\tilde{\sigma}_1^2$ と $\tilde{\sigma}_2^2$ が等しければ、式(8-5)は標本不偏分散比のみの関数となる。2つの母分散が等しければ式(8-6)の値はF分布に従う事を利用すると、2つの母分散が等しいかどうかを検定できる。

$$F_O = \frac{\bar{\sigma}_1^2}{\bar{\sigma}_2^2} \quad \rightarrow \cdots 前節の確認問題の4)の答えと本質的に一致する。 \qquad (8\text{-}6)$$

3) データ数無限大の場合

自由度 $k_2(=n_2-1)$ が充分大きいF分布は、自由度 $k_1(=n_1-1)$ のカイ二乗分布に従う量を自由度 k_1 で割った分布で近似できる事が数学的に証明されている。

$$F = \frac{\left(\frac{\chi_1^2}{k_1}\right)}{\left(\frac{\chi_2^2}{k_2}\right)} = \frac{\frac{\left\{\frac{(n_1-1)\bar{\sigma}_1^2}{\tilde{\sigma}_1^2}\right\}}{n_1-1}}{\frac{\left\{\frac{(n_2-1)\bar{\sigma}_2^2}{\tilde{\sigma}_2^2}\right\}}{n_2-1}} = \frac{\left(\frac{\bar{\sigma}_1^2}{\tilde{\sigma}_1^2}\right)}{\left(\frac{\bar{\sigma}_2^2}{\tilde{\sigma}_2^2}\right)} \Rightarrow F = \frac{\chi_1^2}{k_1} = \frac{\left\{\frac{(n_1-1)\bar{\sigma}_1^2}{\tilde{\sigma}_1^2}\right\}}{n_1-1} = \frac{\bar{\sigma}_1^2}{\tilde{\sigma}_1^2} \qquad (8\text{-}7)$$

> 正規分布から抽出した、母分散が判っている標本集団の
> 分散比: $F = \frac{\tilde{\sigma}_2^2}{\tilde{\sigma}_1^2}\frac{\bar{\sigma}_1^2}{\bar{\sigma}_2^2}$ はF分布に従います。

Mariko

● 節の確認問題 ●

正規分布 $N(5, 13)$ に従う母集団 A から 20 無作為抽出した標本集団の不偏分散が 16、正規分布 $N(22, 17)$ に従う母集団 B から 8 無作為抽出した標本集団の不偏分散が 20 だった。次の各問に答えなさい。

1) F 分布に従う変数を計算しなさい。
2) この F 分布の自由度を記しなさい。

解答：1) $F(19, 7) = \dfrac{17}{13}\dfrac{16}{20} = 1.046$ （∵式(8-6)）。この逆数でも良い。

2) $k_1 = 19$、$k_2 = 7$（∵ $k_i = n_i - 1$）。逆数の場合には k_1 と k_2 が入れ替わる。

8.4 節　累積分布関数

表 8-1 に F 分布の累積分布関数値を一覧する。この表は、カイ二乗分布の累積分布関数表と同様に、F がその値から ∞ までの範囲に入る累積確率を記載している。

F 分布の用い方は、カイ二乗分布と同様に、通常その累積分布の $a \leq F$ となる確率 p を以って為す。p と a の対応は、表 8-1 より読み取る等して得る。

● 節の確認問題 ●

次の F 分布における累積確率を求めなさい。

1) 自由度が $(1,2)$ の時、変数 $F : 0 \leq F \leq 2.4$ の累積確率。
2) 自由度が $(1,1)$ の時、変数 $F : F_a \leq F$ の累積確率が 0.5 になる F_a の値。
3) 自由度が $(2,6)$ の時、変数 $F : 2.4 \leq F \leq 4.0$ の累積確率。

解答：1) 表の値は 0.261451054 なので、$1 - 0.261451054 = 0.738548946$。

2) 表より 1.0。$F = 1.0$ とは 2 つのカイ二乗／自由度が等しい事を示す。尚、累積確定値が整数分の 1 となる箇所が幾つかあるので探されたい。

3) 表の値は $4.0 \leq F$ で 0.078717201、$2.4 \leq F$ で 0.171467764 なので、$0.171467764 - 0.078717201 = 0.092750563$。

第8章　F分布

表8-1：F分布の累積分布関数表の一覧表

$F(k_1,k_2)$	$k_1=1, k_2=1$	$k_1=1, k_2=2$	$k_1=1, k_2=6$	$k_1=1, k_2=100$	$k_1=2, k_2=1$	$k_1=2, k_2=6$	$k_1=3, k_2=1$	$k_1=3, k_2=6$	$k_1=5, k_2=1$	$k_1=5, k_2=6$
0.00	0.999 999 363	0.999 999 293	0.999 999 235	0.999 999 204	1.000 000 000	1.000 000 000	1.000 000 000	1.000 000 000	1.000 000 000	1.000 000 000
0.05	0.859 951 304	0.843 826 238	0.830 482 270	0.823 519 444	0.953 462 589	0.951 621 501	0.979 164 849	0.983 818 621	0.993 433 728	0.997 621 760
0.10	0.805 017 771	0.781 782 110	0.762 541 653	0.752 488 754	0.912 870 929	0.906 313 987	0.949 218 134	0.957 091 591	0.974 968 984	0.988 453 861
0.15	0.764 763 303	0.735 864 728	0.711 900 752	0.699 358 419	0.877 058 019	0.863 837 599	0.918 361 156	0.925 958 937	0.950 686 912	0.972 514 352
0.20	0.732 279 527	0.698 488 655	0.670 412 123	0.655 688 007	0.845 154 255	0.823 974 609	0.888 632 845	0.892 738 075	0.924 413 182	0.950 963 793
0.25	0.704 832 765	0.666 666 667	0.634 880 000	0.618 173 566	0.816 496 581	0.786 527 082	0.860 674 031	0.858 710 562	0.898 060 521	0.925 133 187
0.30	0.680 994 280	0.638 842 441	0.603 645 057	0.585 102 902	0.790 569 415	0.751 314 801	0.834 629 604	0.824 660 335	0.872 535 992	0.896 246 446
0.4	0.640 982 964	0.591 751 710	0.550 415 039	0.528 532 726	0.745 355 992	0.686 952 982	0.788 014 557	0.758 311 342	0.825 312 186	0.833 251 953
0.5	0.608 173 448	0.552 786 405	0.506 021 423	0.481 144 677	0.707 106 781	0.629 737 609	0.747 784 504	0.695 894 755	0.783 562 771	0.768 027 185
0.6	0.580 430 623	0.519 615 539	0.467 994 446	0.440 405 674	0.674 199 862	0.578 703 704	0.712 810 259	0.638 235 734	0.746 830 005	0.704 197 084
0.7	0.556 468 048	0.490 824 923	0.434 833 590	0.404 778 604	0.645 497 224	0.533 038 517	0.682 132 456	0.585 504 635	0.714 409 059	0.643 748 420
0.8	0.535 440 946	0.465 477 516	0.405 540 804	0.373 241 083	0.620 173 673	0.492 054 235	0.654 985 240	0.537 552 341	0.685 627 362	0.587 638 993
0.9	0.516 760 896	0.442 913 985	0.379 409 789	0.345 068 747	0.597 614 305	0.455 166 136	0.630 765 591	0.494 079 374	0.659 909 964	0.536 207 458
1.0	0.500 000 000	0.422 649 731	0.355 917 684	0.319 724 156	0.577 350 269	0.421 875 000	0.608 997 781	0.454 724 746	0.636 782 532	0.489 434 398
1.1	0.484 836 652	0.404 316 603	0.334 663 980	0.296 794 311	0.559 016 994	0.391 752 876	0.589 303 608	0.419 113 210	0.615 857 804	0.447 104 110
1.2	0.471 022 730	0.387 627 564	0.315 333 596	0.275 952 982	0.542 326 145	0.364 431 487	0.571 379 479	0.386 880 039	0.596 819 666	0.408 902 925
1.3	0.458 362 681	0.372 354 086	0.297 673 297	0.256 936 714	0.527 046 277	0.339 592 740	0.554 979 203	0.357 683 340	0.579 408 973	0.374 477 813
1.4	0.446 699 621	0.358 311 052	0.281 475 962	0.239 528 867	0.512 989 176	0.316 960 932	0.539 901 150	0.331 209 392	0.563 411 939	0.343 470 376
1.5	0.435 905 783	0.345 346 329	0.266 569 703	0.223 548 594	0.500 000 000	0.296 296 296	0.525 978 612	0.307 174 104	0.548 650 948	0.315 535 764
1.6	0.425 875 757	0.333 333 333	0.252 810 113	0.208 843 007	0.487 950 036	0.277 389 661	0.513 072 533	0.285 322 359	0.534 977 362	0.290 352 418
1.7	0.416 521 590	0.322 165 611	0.240 074 590	0.195 281 453	0.476 731 295	0.260 057 983	0.501 065 965	0.265 426 270	0.522 265 902	0.267 626 323
1.8	0.407 769 169	0.311 752 798	0.228 258 099	0.182 751 244	0.466 252 404	0.244 140 625	0.489 859 797	0.247 282 930	0.510 410 255	0.247 092 037
1.9	0.399 555 485	0.302 017 560	0.217 269 941	0.171 154 399	0.456 435 465	0.229 496 213	0.479 369 440	0.230 712 015	0.499 319 610	0.228 511 910
2.0	0.391 826 552	0.292 893 219	0.207 031 250	0.160 405 131	0.447 213 595	0.216 000 000	0.469 522 229	0.215 553 415	0.488 915 920	0.211 674 327
2.1	0.384 535 780	0.284 321 915	0.197 473 026	0.150 427 863	0.438 529 010	0.203 541 624	0.460 255 357	0.201 664 995	0.479 131 721	0.196 391 517
2.2	0.377 642 706	0.276 253 136	0.188 534 569	0.141 155 649	0.430 331 483	0.192 023 213	0.451 514 235	0.188 920 545	0.469 908 381	0.182 497 213
2.3	0.371 111 982	0.268 642 549	0.180 162 211	0.132 528 900	0.422 577 127	0.181 357 765	0.443 251 166	0.177 207 920	0.461 194 683	0.169 844 352
2.4	0.364 912 560	0.261 451 054	0.172 308 297	0.124 494 349	0.415 227 399	0.171 467 764	0.435 424 273	0.166 427 382	0.452 945 672	0.158 302 907
2.5	0.359 017 036	0.254 644 008	0.164 930 331	0.117 004 190	0.408 248 290	0.162 283 997	0.427 996 619	0.156 490 132	0.445 121 717	0.147 757 898
2.6	0.353 401 111	0.248 190 588	0.157 990 283	0.110 015 371	0.401 609 664	0.153 744 534	0.420 935 488	0.147 317 007	0.437 687 730	0.138 107 587
2.7	0.348 043 151	0.242 063 271	0.151 454 002	0.103 488 999	0.395 284 708	0.145 793 847	0.414 211 783	0.138 837 345	0.430 612 523	0.129 261 887
2.8	0.342 923 813	0.236 237 384	0.145 290 720	0.097 389 833	0.389 249 472	0.138 382 057	0.407 799 533	0.130 987 979	0.423 868 274	0.121 140 933
2.9	0.338 025 748	0.230 690 742	0.139 472 645	0.091 685 862	0.383 482 494	0.131 464 268	0.401 675 474	0.123 712 362	0.417 430 075	0.113 673 843
3.0	0.333 333 333	0.225 403 331	0.133 974 596	0.086 347 934	0.377 964 473	0.125 000 000	0.395 818 696	0.116 959 797	0.411 275 552	0.106 797 617
3.1	0.328 832 463	0.220 357 045	0.128 773 709	0.081 349 446	0.372 677 996	0.118 952 688	0.390 210 351	0.110 684 766	0.405 384 547	0.100 456 185
3.2	0.324 510 358	0.215 535 459	0.123 849 170	0.076 666 072	0.367 607 311	0.113 289 248	0.384 833 393	0.104 846 334	0.399 738 843	0.094 599 567
3.3	0.320 355 411	0.210 923 635	0.119 181 990	0.072 275 523	0.362 738 125	0.107 979 700	0.379 672 368	0.099 407 641	0.394 321 932	0.089 183 146
3.4	0.316 357 049	0.206 507 952	0.114 754 813	0.068 157 344	0.358 057 437	0.102 996 826	0.374 713 226	0.094 335 437	0.389 118 817	0.084 167 031
3.5	0.312 505 619	0.202 275 965	0.110 551 740	0.064 292 733	0.353 553 391	0.098 315 885	0.369 943 163	0.089 599 692	0.384 115 834	0.079 515 497
3.6	0.308 792 285	0.198 216 274	0.106 558 185	0.060 664 380	0.349 215 148	0.093 914 350	0.365 350 480	0.085 173 243	0.379 300 511	0.075 196 505
3.7	0.305 208 942	0.194 318 421	0.102 760 737	0.057 256 329	0.345 032 780	0.089 771 681	0.360 924 466	0.081 031 481	0.374 661 432	0.071 181 273
3.8	0.301 748 140	0.190 572 787	0.099 147 053	0.054 053 851	0.340 997 170	0.085 869 123	0.356 655 293	0.077 152 085	0.370 188 129	0.067 443 909
3.9	0.298 403 016	0.186 970 512	0.095 705 749	0.051 043 332	0.337 099 931	0.082 189 529	0.352 533 925	0.073 514 778	0.365 870 980	0.063 961 081
4.0	0.295 167 235	0.183 503 419	0.092 426 312	0.048 212 179	0.333 333 333	0.078 717 201	0.348 552 035	0.070 101 116	0.361 701 128	0.060 711 734

> **コラム▶F分布の不思議**
>
> $k_1=2$ の時、累積確率値は面白い挙動を示す。即ち、k_2 が2、4、6、8、… と偶数を採ると、$F=1$、2、3、4、… の時に0.5、0.25、0.125、0.0625、… となる。規則性に気付いた者は数学のセンスがあるが、$F=k_2/2$ の時に累積確率値は 2^{-F} になる。逆に、$k_2=2$ の時 k_1 が2、4、… と偶数を採ると、$F=1/1$、1/2、… の時に累積確率値は $1-0.5$、$1-0.25$、… となる。

8.5節　母集団の分散分析

1) 方針

　課題17改を解いてみよう。カイ二乗分布を二種類作り、それを自由度で割って比を採れば解決する。塗料毎のデータやデータ処理結果を、**組**と称する。2つのカイ二乗分布を何にするかを考えるに当たり、そもそも課題17改では「3組の分散が同じ様なものかを論じたい」という趣旨に戻りたい。然らば、各組の中での分散と、各組同士の分散を何等かの方法で得て比にすれば良いという事になる。

　先ず、このデータ全体を眺めてみる。15個のデータを平等に扱い、平均は13.27、変動 = $(14 - 13.27)^2 + \cdots + (13 - 13.27)^2 = 202.93$、分散は変動÷15 = 13.53、不偏分散は変動÷14 = 14.50、自由度は 15 − 1 = 14 である。これらを**全体値**と称する。これらの値は直接F分析には使わないが、以下に示す諸値と関係があるので押さえておきたい。

　最初に、結論を纏めた**表8-2**を提示しておく。参照しながら後述の本文を読まれたい。

2) 組内分散

　組内値を求めてみる。組内分散とは何か？　結論から言うと、組内変動は式（8-8）で示す通り、各組変動の総和として定義される。組内自由度とは、各組の自由度の総和である。

$$S_I = \sum_i \sum_j (x_{ij} - \mu_i)^2 \tag{8-8}$$

　各組内の平均は12.4、13.2、14.2 である。組内合計は各組の平均値の重み付相加平均（この場合は重みが全て5なので平均総和と等しい）であり39.8、組内平均は組内合計を3で割った13.27 である。偶々全体平均 = 組内平均となる。各組内の変動は65.2、26.8、102.8 で、組内変動 S_I = 194.8 である。また、各組の自由度は4、4、4で、組内自由度は12 である。この結果、組内分散 = 組内変動÷15 = 12.99、組内不偏分散 = 組内変動÷12 = 16.23 となる。

表8-2：課題1改に対応する全体と組間と組内の統計値の一覧

塗料	試験結果（腐食厚さ[μm]）					合計[μm]	平均[μm]	変動	分散	不偏分散	自由度
A	14	18	7	11	12	62	12.4	65.20	13.04	16.30	4
B	15	16	11	10	14	66	13.2	26.80	5.36	6.70	4
C	19	17	16	6	13	71	14.2	102.80	20.56	25.70	4
組内	変動までの統計値について、各組の値の総和					39.80	13.27	194.80	12.99	16.23	12
全体	上記15値					199.00	13.27	202.93	13.53	14.50	14
組間	上記3組のそれぞれの合計値					199.00	66.33	8.13	2.71	4.07	2

第8章　F分布

算出した組内不偏分散は母分散との比に自由度を乗ずるとカイ二乗分布に従う（式（7-3）参照）ので、それを自由度で除した式（8-9）はF分布の分子又は分母に入れるべき値となる。値は $194.8/12\,\tilde{\sigma}^2 = 16.23/\tilde{\sigma}^2$ である。

$$\frac{\chi_a^2}{k_a} \equiv \frac{1}{\tilde{\sigma}^2 \sum_i (n_i-1)} \sum_{i=A}^{C} \sum_{j=1}^{n_i} (x_{ij}-\mu_i)^2 = \frac{1}{\tilde{\sigma}^2 \sum_i (n_i-1)} \sum_{i=A}^{C} (n_i-1)\breve{\sigma}_i^2 = \frac{1}{\tilde{\sigma}^2} \frac{S_I}{\sum_i (n_i-1)} \tag{8-9}$$

この場合には n_i-1 は全て4なので、式（8-9）は式（8-9a）と簡単になる。

$$\frac{\chi_a^2}{k_a} = \frac{1}{\tilde{\sigma}^2 \cdot \sum_i 1} \sum_{i=A}^{C} \breve{\sigma}_i^2 = \frac{1}{\tilde{\sigma}^2} \frac{\sum_{i=A}^{C} \breve{\sigma}_i^2}{3} = \frac{1}{\tilde{\sigma}^2} \frac{(16.3+6.7+25.7)}{3} = \frac{16.23}{\tilde{\sigma}^2} \tag{8-9a}$$

3）組間分散

次に**組間値**を出す。組間合計は $62 + 66 + 71 = 199$ で、全体合計と一致する。又組間平均 $\mu_C = 199 \div 3 = 66.33$ である。組間変動 S_C は、全体変動－組内変動としてそもそも定義されるが、これは転じて式（8-10）の様になる。式（8-10）においては、組間変動は各組の変動に数を重みとして乗じた総和として定義される。一方、組間自由度は単純に組数3から1を減じた2であるが、これは全体自由度14から組内自由度12を引いた値でもある。

$$S_C = \sum_i n_i(\mu_i-\mu)^2 = \sum_i \frac{(T_i-\mu_C)^2}{n_i} \tag{8-10}$$

式（8-10）によると組間変動 $S_C = 5(12.4-13.27)^2 + 5(13.2-13.27)^2 + 5(14.2-13.27)^2 = (62-66.33)^2/5 + (66-66.33)^2/5 + (71-66.33)^2/5 = 8.13$ であり、確かに全体変動 $= 202.93$、組内変動 $= 194.80$ の差になっている。

変動と自由度より分散 $= 8.13 \div 3 = 2.71$、不偏分散 $= 8.13 \div 2 = 4.07$ と計算できる。

算出した組間不偏分散は母分散との比に自由度を乗ずるとカイ二乗分布に従うので、それを自由度で除した式（8-11）はF分布の分子又は分母に入れるべき値となる。値は $4.07/2\,\tilde{\sigma}^2 = 2.035/\tilde{\sigma}^2$ である。

$$\frac{\chi_b}{k_b} \equiv \frac{1}{\tilde{\sigma}^2 \left\{\sum_{ij} n-1-\sum_i (n_i-1)\right\}} \sum_{i=A}^{C} n_i(\mu_i-\mu)^2 = \frac{S_c}{\tilde{\sigma}^2 \left\{\sum_{ij} n-1-\sum_i (n_i-1)\right\}} \tag{8-11}$$

この場合には、N_i は全て5なので、式（8-9）は式（8-9a）と簡単になる。

$$\frac{\chi_b}{k_b} = \frac{1}{\tilde{\sigma}^2 (14-12)} \sum_{i=A}^{C} n_i(\mu_i-\mu)^2 = \frac{2.035}{\tilde{\sigma}^2} \tag{8-11a}$$

4) 分析

組間差が優位ならば、組内のばらつきより組間のばらつきの方がより大きくなる筈である。そこで、この両者の比を採りF分析を行うのである。この場合、Fは式（8-12）となる。$S_l \gg S_c$ なので結論は自明だが、念のため確認してみよう。

$$\frac{\chi^2_b / k_b}{\chi^2_a / k_a} = \frac{\frac{1}{\tilde{\sigma}^2 (14-12)} \sum_{i=A}^{C} n_i (\mu_i - \mu)^2}{\frac{1}{3\tilde{\sigma}^2} \sum_{i=A}^{C} \tilde{\sigma}_i} \tag{8-12}$$

F = 2.035/16.23 = 0.125 は $F(2, 12)$ に従い、累積分布値 = 0.8836（表8-1には掲載されていない）に対応する。この結果は、組間ばらつきが組内ばらつきに対して現状より大きくなる確率が88.4%もある事を意味し、3種類の防食塗料の効果のばらつきに有意差は認められない。（危険率90%…有り得ない…にすれば認められる！）

参考までに逆を考えてみると、組内と組間の不偏分散/自由度の比 16.23/2.035 = 7.975 は $F(12, 2)$ に従い、累積分布値 = 0.1167（同様に表8-1には掲載されていない）に対応する。即ち、丁度上述の88.4%の逆確率 1 − 0.884 = 0.1167（丸め誤差があるのでぴったりと一致していない）になっている事が判る。分子と分母を入れ替えるという事は、その大小関係も入れ替わるので、確率が逆になるのである。「組内ばらつきが組間ばらつきより大きくなるにしても、8倍程度の差まで広がる事は11.7%程度の割合に留まる」という事である。

因みに冒頭に戻ると、式（7-5'）ではカイ二乗推定できなかったが、式（8-9）と式（8-11）の比を用いればF推定できるという結論だったのである。

● 節の確認問題 ●

第1章の男女の身長データを標本データと見做し、女子データの変動と男子データの変動のばらつきの大小について論じなさい。但し、表8-1に必要なデータがなければ、最も近いデータを用いて計算して良い。

> 解答：女子は変動 = 180.74、自由度 = 5 なので、不偏分散 = 36.148。男子は変動 = 66.96、自由度 = 5 なので、不偏分散 = 13.392。従って、36.148/13.392 = 2.70 は $F(5, 5)$ に従う。最初に問題の助言通り $F(5, 5)$ の代わりに $F(5, 6)$ の列を見てみると、0.129261887 に対応する。女子のばらつきがこれ以上になる確率は12.9%である事を意味する。かなり珍しいが、危険率10%の検定では

第8章　F分布

ばらつきに違いがあるとは言えないのである。データ数が6程度であれば、2.7倍程度のばらつきは考えられる範囲という事である。

　尚、本当は $F(5, 5) = 2.70$ の値、0.150 を参照しなければならない。起こり得る確率はより高く、珍しさも減っている。先程見た $F(5, 6)$ の列より $F(5, 5)$ の列はデータが一つ少ないが故に、ばらつきも当然それだけあって然るべきという数字の違いを見せているのである。

章末問題

1. 表8-1に示すカイ二乗分布の累積分布関数表を見ながら、各問に答えなさい。
   1) 自由度が(5,1)の場合、変数 F が $3.2 \leqq F$ の範囲に在る確率を求めなさい。
   2) 自由度が(1,1)の場合、変数 F が $0 \leqq F \leqq 3.0$ の範囲に在る確率を求めなさい。
   3) 自由度が(1,2)の場合、変数 F が $F_a \leqq F$ の範囲に在る確率が 66.6% と 33.3% の場合に対応する F_a は幾つか、それぞれ求めなさい。
   4) 自由度が(2,1)の場合、変数 F が $0 \leqq F \leqq F_a$ の範囲に在る確率が 33.3% と 66.6% の場合に対応する F_a は幾つか、それぞれ求めなさい。

2. 正規分布 $N(34, 18)$ に従う母集団 X_1 から無作為抽出した不偏分散 14 の標本集団 $\{x_{1,j} : j = 1, \cdots, 9\}$ と、正規分布 $N(43, 21)$ に従う母集団 X_2 から無作為抽出した不偏分散 23 の標本集団 $\{x_{2,j} : j = 1, \cdots, 7\}$ を考える。母集団の推定をする前提で、次の各問に答えなさい。
   1) 2つの母集団 X_i を線形変換し、標準正規分布に従う集団 z_i を作りなさい。
   2) カイ二乗分布に従う値を2つ作りなさい。
   3) 上記のカイ二乗分布の自由度を示しなさい。
   4) F分布に従う値を作りなさい。

3. 第2章の男女の体重データを標本データと見做し、女子データの変動と男子データの変動のばらつきの大小について論じなさい。但し、表8-1に必要なデータがなければ、最も近いデータを用いて計算して良い。

第9章

指数分布

【課題18】ウラニウムには、$^{238}_{92}U$ と $^{235}_{92}U$ という中性子の数の異なる同位体が存在する [3,38,56]。これらの半減期は、それぞれ 4.468×10^9 年と 7.038×10^8 年である。現在の地球上に存在するウラニウム鉱石には、$^{238}_{92}U$ と $^{235}_{92}U$ が 137.8：1 の割合で混在している。ウラニウムが超新星爆発ででき、その時両者の存在割合が 1：1 だったとして、超新星爆発が発生したのは今から何年前かを推定しなさい。

9.1 節　減少を表す関数

1) 逆指数関数

第5章の式 (5-4) 等でも示したが、式 (9-1) で示される**指数関数 exponential function** は、変数 x がその値と等しい増加率となる特別な関数を示す。

$$f(x) = e^x 、 \quad \int f(x) = C + e^{ax} 、 \quad \frac{d}{dx} f(x) = e^x 。 \tag{9-1}$$

ここで、変数 x を変数 $-x$ に置き換えた式 (9-2) を考える。これは、変数 x がその値と等しい減少率となる特別な関数を示す。**逆指数関数**とでも呼ぶ事にしよう。数学が得意な者には当たり前の話だが、逆指数関数は y 軸に関して指数関数と線対称の関係になっている。

$$f(x) = e^{-x} 、 \quad \int f(x) = C - \frac{b}{a} e^{-ax} 、 \quad \frac{d}{dx} f(x) = -e^{-x} 。 \tag{9-2}$$

図 9-1 に、逆指数関数のグラフを指数関数と比較する。物が減る自然現象の多くは、この逆指数関数と本質的に同じ原理に従う。例えば、濃度を均一化させる拡散現象 [40] では、濃度勾配と拡散度合いは比例し、放射性同位元素の崩壊現象 [41] では、現存する原子数が減

第9章　指数分布

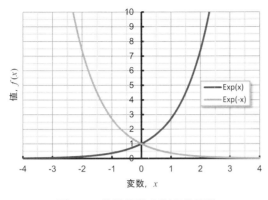

図9-1：指数関数と逆指数関数

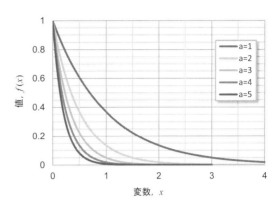

図9-2：$b=1$の減少関数のa依存性

少数に比例し、抵抗による減速現象[42)]ではその時々の速度に比例して抵抗力が掛かる。

　式(9-2)に係数a及びbを用いて、一般式(9-2')を得る。これを減少関数とでも呼ぼう。aは横軸に、bは縦軸に対する倍率である。図9-2に、$b=1$の減少関数のa依存性を示す。

$$f(x) = be^{-ax}\text{、}\quad \int f(x) = C - \frac{b}{a}e^{-ax}\text{、}\quad \frac{d}{dx}f(x) = -abe^{-ax} = -af(x)\text{。} \tag{9-2'}$$

2) 半減関数

　式(9-2')を満たす時間の関数が、任意の時刻tに於いて$f(t)$だった関数値を時間T経過後にm倍になるとする。この場合、式(9-2')の比例係数aを書き直し、式(9-3)を得る。

$$f(t+T) = be^{-a(t+T)} = bmf(t) = bme^{-at}\text{、}\quad e^{-a(t+T)} = me^{-at}\text{、}\quad e^{-at}e^{-aT} = me^{-at}\text{、}$$

$$e^{-aT} = m\text{、}\quad -aT = \ln m\text{、}\quad a = -\frac{\ln m}{T}\text{。}\quad \therefore\ f(t) = be^{\frac{\ln m}{T}t}\text{。} \tag{9-3}$$

減衰 attenuation する場合には$0 < m < 1$であり、**増幅 amplification** する場合には$1 < m$である。$m = 1$の場合には$f(t)$は定数bとなる。$m = 0.5$の時のTは、**半減期 half-life** と呼ばれる有名な特性値である[56)]。因みに、$\ln 0.5 = -0.69315$である。

　尚、数学的変形により式(9-3)は式(9-3a)と等価になる。即ち、半減期或いはm減期

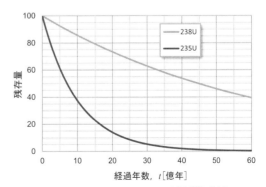

図9-3：238Uと235Uの半減期曲線

等の減衰特性が判っている場合には、指数関数を累乗関数に直せる。図9-3に、課題18に記したウラニウムの半減期曲線を初期値を100として示す。

$$be^{\ln m \cdot \frac{t}{T}} = f(t), \quad \ln be^{\ln m \cdot \frac{t}{T}} = \ln f(t), \quad \ln b + \ln m \cdot \frac{t}{T} = \ln f(t),$$

$$\ln m \cdot \frac{t}{T} = \ln f(t) - \ln b = \ln\left(\frac{f(x)}{b}\right), \quad \frac{t}{T} = \frac{\ln A}{\ln m} = \log_m \frac{f(t)}{b}。$$

$$\therefore f(t) = be^{\frac{\ln m}{T}t} = bm^{\frac{t}{T}}。 \tag{9-3a}$$

● 節の確認問題 ●

では、2種類のウラニウムの同位体について、式(9-3a)の半減関数を作ってみよう。但し、初期値はいずれも100とする。

解答：時間の単位を億年（10^8 年）とする。238Uは $f_{238U}(t) = 100 \cdot 0.5^{\frac{t}{44.68}}$、235Uは $f_{235U}(t) = 100 \cdot 0.5^{\frac{t}{7.038}}$。これらをグラフにすると図9-3ができる。

コラム▶宇宙の年齢

昔々、銀河系の中心から約2.6光年離れた所で、超新星が爆発した。拡散した塵は周囲の分子雲と混ざり合い、やがて重力により集積し始めた。その中心が水素の核融合反応により輝き始め、少し遅れて周囲の円盤状ガス雲も多数の塊に集積し惑星になった。太陽が輝き始めたのは約46億年前、地球と月の表面が固まったのが約45.4億年前と言われている[69]。

誰もいなかったのになぜ、地球の年齢が46億歳[39]、或いは太陽系ができる前に超新星が爆発したなどと解るのだろうか？ 実は、放射性同位元素の崩壊現象が、遠い過去の事を教えてくれる。

ウラニウムには、$^{238}_{92}U$ と $^{235}_{92}U$ という半減期の異なる同位体があり、現在その混在比が137.8：1である事が測定されている。ウラニウムは超新星が爆発する等の余程の事が無い限りできない、不安定元素である。地球上にウラニウムが存在している事から、太陽系の素となった宇宙塵は超新星爆発で発生した宇宙塵である事が推定できる[53]。

更に人はこれらの半減期を測定し、図9-3や節の確認問題で作った半減関数を得た。$f_{238U}(t) : f_{235U}(t)$ = 137.8：1 となる t を計算すると、約59.367となる。つまり、超新星爆発は約59.367億年前に発生した事が判る。勿論、超新星爆発で $^{238}_{92}U$ と $^{235}_{92}U$ が同数できるかどうかは時の運であり、大方10：6ぐらいではないか（この場合約54〜56億年前と計算される）と言われている。やはり、過去の事は良く判らない。ついでながら、太陽は約23億年後には赤色巨星になり地球を飲み込むとも言われている。それまで人類は果たして生存しているだろうか。未来の事も判らない。

9.2 節　定義と特性

積分値が式 (9-2') に示す減少関数となる様な、確率分布を考える。即ち、式 (9-2') の微分形に比例係数 $b = a$、積分定数 $C = 1$ を代入した連続確率分布を、**指数分布 exponential distribution** と称する。

　　累積分布関数： $F(x:a) = 1 - e^{-ax}$、

　　確率密度関数： $f(x:a) \equiv \dfrac{dF(x)}{dx} = ae^{-ax}$、　但し $0 \leqq x$。　　　　(9-4)

確率密度関数の変数が $0 \leqq x \leqq x_1$ の領域面積が、累積分布関数値 $F(x_1:a)$ となる。即ち、確率密度関数が二軸と共に囲む面積は 1（確率 100%）になる。（そうなる様に $b = a$、$C = 1$ とした。）図 9-4 に、$a = 1$ 及び 5 の場合の累積分布関数 $F(x:a)$ 及び確率密度関数 $f(x:a)$ を示す。

後に故障率という概念が出てくるが、故障率を指数関数で表現した場合には、a が大きくなるにつれ早期に故障する事を意味する。

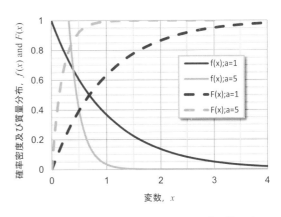

図 9-4：指数分布の確率密度関数及び累積分布関数の a 依存性

● 節の確認問題 ●

式(9-4)で表される指数分布に関して、次の各問に答えなさい。
1) $a = 1$ の場合、変数 $x = 0.5$ に対応する確率密度を計算しなさい。
2) $a = 4$ の場合、変数 $x = 0.6$ に対応する累積分布を計算しなさい。
3) $a = 2$ の場合、確率密度 = 0.8 に対応する変数 x の値を計算しなさい。
4) $a = 5$ の場合、累積分布 = 0.85 に対応する変数 x の値を計算しなさい。

解答： 1) $f(0.5:1) \equiv e^{-0.5} = 0.6065$。　 2) $F(0.6:4) = 1 - e^{-4 \cdot 0.6} = 0.9093$。
3) $f(x:2) \equiv 2e^{-2x} = 0.8$ を解いて、$x = 0.458$。
4) $F(x:5) = 1 - e^{-5x} = 0.85$ を解いて、$x = 0.3795$。

コラム▶減衰率と損失係数

音響(振動)工学において、ある時刻に発生した音(振動)がその後徐々にその振幅を減衰させていく現象を、減衰率或いは損失係数というパラメータを用いて特徴付けている。

式(9-5)は一般的な損失係数 η の定義式である。ここで t と V はそれぞれ、時刻と測定される電気信号の電圧値(振動における振幅)を示す。t_0 と V_0 はそれぞれ、発音(発信)時の時刻と電圧値である。

$$\eta = \frac{\ln(V_0/V)}{\pi f(t-t_0)} \quad (9\text{-}5)$$

式(9-5)は式(9-5′)に変形できるので、結局式(9-4)の累積分布関数と同じ形を取る。

$$\begin{aligned}V &= \exp(\ln V_0 - \eta \pi f t) \\ &= V_0 - \exp(\eta \pi f t)\end{aligned} \quad (9\text{-}5')$$

物理現象のあちこちで、指数分布は活躍している。

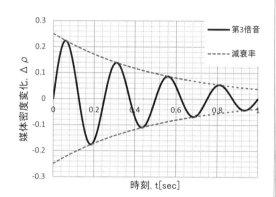

図9-5:打撃による音波形と減衰包絡線

【課題19】ある病院にその日の朝8時から夕方16時までに患者が26人来た。この病院は17時で受付が終わる。16:00代に最初に来る患者は何分に来るかを推論しなさい。

9.3節　生起期間推定

1)ベンチ問題

距離 L の間に幅 d のベンチが並びそこに n 人が座っている時、その前を端から歩いて行き距離 x だけ進んで初めて座っている人に遭遇する確率 $f(x)$ は、式(9-6)に示す様にベンチを単位とした時に $x/d+1$ 席目のベンチに人が座っている確率として得られる。但し、x/d を自然数とし、距離 L の間で人が座っている距離は dn である。

$$f(x) = (1-p)^{\frac{x}{d}} p、\quad p = \frac{dn}{L}。 \quad (9\text{-}6)$$

$f(x)$ を確率密度関数にするならば、ベンチの幅 d (横軸 x、縦軸 $f(x)$ のヒストグラムを作った場合の棒グラフの幅)で除する必要がある。確率密度関数は、「距離 x だけ進む前に誰か

第9章 指数分布

に会う」確率 $F(x)$ を考えた場合の微分値になっている。式(9-6)を連続関数化して微分表示してみる。即ち、微分は幅 d を0に漸近させて為す。尚、$\rho = n/L$ と定義する。

$$\frac{F(x+d)-F(x)}{d} = \frac{1}{d}\frac{dn}{L}\left(1-\frac{dn}{L}\right)^{\frac{x}{d}} = \frac{n}{L}\left(1-\frac{dn}{L}\right)^{\frac{x}{d}} \text{ なので、}$$

$$\lim_{d\to 0} f(x) = \lim_{d\to 0}\frac{F(x+d)-F(x)}{d} = \frac{n}{L}\exp\left(-\frac{dn}{L}\frac{x}{d}\right) = \frac{n}{L}\exp\left(-\frac{n}{L}x\right) = \rho e^{-\rho x}$$

（∵ 式(L-1)）。∴ $F(x) = 1 - e^{-\rho x}$。　（∵ $[F(x)]_0^x = 1$ なので、積分定数は1。） (9-6')

ρ を単位距離(時間)当たりの発生数と置き換えると、指数分布はある<u>離散的な事象が発生するまでの距離(時間)を示す確率=生起期間の確率</u>と一般化できる。

2) 減少関数の解釈

確率密度は期待値 ρ で起こるある事象がある所（= x）で最初に起こる確率を示し、累積分布はそのある所までにその事象が既に起こってしまう確率を示す。式(9-2')の係数 a は、式(9-6')から判る通り単位距離(時間)当たりの発生数を意味し、式(9-3)より半減期と直接関連している事が判る。n が小さい程、$f(x)$ の減少度合いは大きいと解釈できる。分布を故障(破壊)に置き換えると解り易い適用例となるが、一般的には難解かも知れない。

課題17を考えてみる。朝8時から夕方16時までの8時間に26人来たので、$\rho = 26/8$ の割合で今後も来るだろうと仮定する。すると、後 x 時間以内に次の患者が来る確率 $F(x)$ は、次の式で与えられる。(次の次の患者については一切問うてない。)

$$F(x) = 1 - e^{-\frac{26}{8}x} \tag{9-6a'}$$

例えば、0.5時間(30分)以内に患者が来る確率は $F(0.5) = 0.826$、1時間以内に患者が来る確率は $F(1) = 0.970$ である。因みに、五分五分の確率になるのは約 0.198 時間（11分52秒）後であり、$d = 8/26 = 0.308$ 時間の中位よりやや遅い。

この様に、ある事象の頻度が判っている時、次にその事象がいつ(どこで)起こるかという問題を、指数分布で推定できる(**生起期間推定**)。トーナメント戦では負けたら終わりである。機械は故障したら直さなければならない。人生死んでしまったら何もできない・・・命あっての物種なのだ。尚、前項では大前提だったが、一つのベンチには一人しか座れない。即ち、短距離(短時間)に事象が2回発生する事が無いと考える。これを**希少性**と称する。

● 節の確認問題 ●

年 0.2 件の割合で故障する機械がある。この機械が 2 年の間に故障する確率を求めなさい。

解答：$\rho = 0.2/1$。2 年の間に機械が故障する確率 $F(x)$ は、次の式で与えられる。
$F(2) = 1 - e^{-0.2 \cdot 2} = 1 - 0.670 = 0.330$。

次節で記す様に、0.2 を故障率、確率 $1 - F(x)$ を信頼度と称する事がある。

9.4 節　故障の考え方

1) 信頼度と信頼性

JIS では、**信頼性**を「アイテムが与えられた条件で規定の期間中、要求された機能を（安定的に）果たす事ができる性質」、**信頼度** $1-R$ を「アイテムが与えられた期間与えられた条件下で機能を発揮する確率」と定義する[27]。信頼性とは定性的な単語であり、信頼度は数値である。一方、NASA では「Reliability：A characteristic of a system or an element thereof expressed as a probability that it will perform its required function under condition at designated times for specified operating periods.」と、信頼性と信頼度を区別せず reliability としている[28]。

上記で定義された信頼度 $1-R$ は確率なので、信頼度 $1-R_i$ の機械或いはシステム i が直列した系全体の信頼度 $1-R$ は、数学的に次の式 (9-7) で計算されて然るべきである。式 (9-7) は第 11 章で最弱リンク理論を示す式(11-1)として登場するので、念頭に置かれたい。

$$1 - R = \prod_i (1 - R_i) = (1 - R_1) \times (1 - R_2) \times \cdots \tag{9-7}$$

信頼度 $1-R$ を「1 年経って機械やシステムが正常に稼働している確率」と定義する場合もあるが、JIS の規格通り「与えられた期間」を 1 年に拘らず流動的に用いる事も多い。

2) 故障率

故障率 failure rate の厳密な定義は無い様である。一方で、一般的には故障率 λ を「単位時間内に機械やシステムが異常を来して稼働を停止する件数」と定義する事が多い。更に、故障の発生件数が偶発的でありポアソン分布に従う前提の下で、故障率 λ と信頼度 $1-R$ の関係として式(9-6")を挙げる事も多い。

$$1 - R = e^{-\lambda t} \tag{9-6"}$$

第9章　指数分布

ここで t は時間であり、数学的解釈として、故障率 λ を定義する際に用いた単位時間と t の単位は同じである。信頼度 $1-R$ の単位時間は t により与えられる。

他方、故障率 λ を「単位時間毎に故障して稼働しなくなっていく確率」と件数ではなく確率で定義した場合には、その定義は「時間 T 経過後に $(1-m)$ 倍になる」事と同義である。従って、式(9-3)より $e^{-\lambda t}$ を書き直して、式(9-8)の通り時間 t 経過後に稼働している確率としての信頼度 $1-R$ を計算できる。前述の半減期と考え方は同じである。

$$1-R = e^{-\lambda t} = e^{\frac{\ln(1-m)}{T}t} \qquad (\lambda \text{ を } -\frac{\ln(1-m)}{T} \text{ と置いた。}) \tag{9-8}$$

● 節の確認問題 ●

1. 信頼度 0.9 のエンジンと信頼度 0.8 の変速器が直列して成る系全体の信頼度を計算しなさい。但し、これらの信頼度に関する「与えられた期間」は同一であり、計算する系全体の信頼度に関する「与えられた期間」もそれと等しいものとする。

2. 単位時間を週にして、故障率 $\lambda = 0.05$ の機械の信頼度の時間依存関数を求めなさい。また、4週間後の信頼度を計算しなさい。

　　解答：1. $0.9 \times 0.8 = 0.72$。
　　　　　2. $1-R = e^{-0.05t}$、$1-R = e^{-0.05 \cdot 4} = 0.8187$。 (9-6a'')

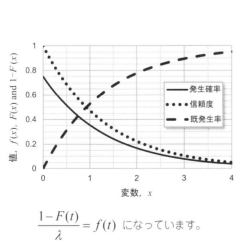

$\dfrac{1-F(t)}{\lambda} = f(t)$ になっています。

初めて事象が起こる確率（発生確率）
事象が起こってしまっている確率（既発生率）
事象未発生確率（信頼度）

$F(t) = 1 - e^{-\lambda t}$
$f(t) = \lambda e^{-\lambda t}$
$1 - F(t) = e^{-\lambda t}$

章末問題

1. ウラニウム $^{235}_{92}$U を燃料とする原子力発電所の炉内では、様々な核分裂反応により、例えばコバルト $^{60}_{27}$Co（半減期 5.2713 年）、セシウム $^{134}_{55}$Cs（半減期 2.0648 年）等の放射性元素が発生する。この程度の半減期の放射能が、人体にとって最も有害とも言われている。これらについて、次の各問に答えなさい。
   1) 各元素の半減期関数を作りなさい。但し、いずれも初期値を 100 とする。
   2) 各元素が 1 年後までにどの程度崩壊したか（放射線を出したか）計算しなさい。
   3) 残存量が、$^{60}_{27}$Co : $^{134}_{55}$Cs = 5：1 となるのは何年後かを計算しなさい。

2. 買ったばかりの洗濯機の調子が何となくおかしい。見て貰ったら特に問題は無かったが、どうも不安である。次の各問に答えなさい。
   1) いろいろと調査すると、同機種の洗濯機が販売当初からの 1 年間で 1.2% の割合で故障している事が判った。時間の単位を年にして、この機種の洗濯機が t 年目には故障している確率を式で表しなさい。
   2) 同様にして、信頼度を式で表しなさい。
   3) この洗濯機が 3 年間故障せずに持つ確率を求めなさい。
   4) 1 年経過時に故障するかどうかを、1% の危険率で検定しなさい。

3. 人口密度が 0.7 人/km^2 の島がある。次の各問に答えなさい。
   1) x km^2 だけ歩いて初めて人と遭遇する確率を式で表しなさい。
   2) x km^2 だけ歩く間に人と遭遇する確率を式で表しなさい。
   3) 2 km^2 歩いても人に遭遇しなかった。2 km^2 当たりの人口は 1.4 人である。この現象は奇異であるか否か、論じなさい。
   4) どれだけ歩いても人と遭遇しない状況が奇異か、危険率 10% で分析しなさい。

第10章

ポアソン分布

【課題20】1日に平均60人が訪れるWebサイトがあった時、そこに1時間に3人訪問する確率を求めなさい

10.1節 定義

n 回中 $X = x$ 回確率 p の事象が起こる確率は、式(4-1)の通り二項分布で表される。

$$P[X=x] = \binom{n}{x} p^x (1-p)^{n-x} 、 但し \binom{n}{x} \equiv {}_nC_x = \frac{n!}{x!(n-x)!}。 \quad (4\text{-}1：再記載)$$

ここで、pn 一定のまま n を∞に漸近させる（同時に p が0に漸近する事になる）と $P[X = x]$ は式(10-1)の関数に至る事を、ポアソン Siméon Denis Poisson が発表した[29]。式(10-1)を**ポアソン分布 Poisson distribution** と称し、この数学的理論を**ポアソンの極限定理**と称する（導出過程は省略）。λ が母数で、平均と分散のいずれも λ となる。

$$f(x:\lambda) = \frac{\lambda^x}{x!} e^{-\lambda}、 但し \quad \lambda = pn。 \quad (10\text{-}1)$$

二項分布で表現すべき（或いはできる）稀な現象を、ポアソン分布で近似する事ができる。図10-1に、二項分布（プロット）と pn 一定のポアソン分布（曲線）を比較する。p が0に近づくにつれ、また n が大きくなるにつれ、良く一致している事が判る。

図10-1を見ると、$\lambda \to \infty$ でポアソン分布が正規分布に近づいていく事が判る。$\lambda \geq 1000$ の場合には、ポアソン分布は平均 λ と分散 λ が同じ正規分布 $N(\lambda, \lambda)$ と非常に良く一致する。また $\lambda > 10$ の場合には、適切な補正を行う等の工夫の下で正規分布の適用が可能とされる。

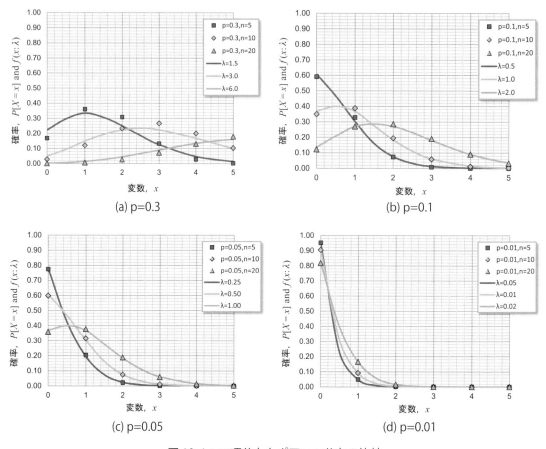

図 10-1：二項分布とポアソン分布の比較

● 節の確認問題 ●

確率 $p=0.01$ の事象が 10 回中 $X=4$ 回起こる確率を、二項分布とポアソン分布を用いてそれぞれ求めなさい。

> **解答**：数値上は倍の違いがあるが、実はグラフ（図 10-1(d)）を描いてみるととても良く一致している。
> $$P[X=4] = \binom{10}{4} 0.01^4 (1-0.01)^{10-4} = 1.98 \times 10^{-6}、但し$$
> $$\binom{10}{4} \equiv {}_{10}C_4 = \frac{10!}{4!(10-4)!} = 210。$$
> $$f(4:0.1) = \frac{0.1^4}{4!} e^{-0.1} = 3.77 \times 10^{-6}。 \quad (10\text{-}1a)$$

第10章　ポアソン分布

10.2節　ポアソンの思惑

変数 x に対して、パラメータ λ を用いて式(10-2)の通り $f_p(x)$ を定義する。$f_1(x)$ は x の増大に伴い急激に減少する関数で、$f_2(x)$ はパラメータ λ の指数関数である。$f_p(x)$ は図10-2に示す様な1から始まる、減少関数又は $x = \lambda-1$ と λ でピークを持つ山形分布となる。

$$f_p(x) = \frac{\lambda^x}{x!} = f_1(x) \cdot f_2(x) \text{、 但し } f_1(x) = \frac{1}{x!} \text{、 } f_2(x) = \lambda^x \text{。} \tag{10-2}$$

ポアソンは稀に発生する自然現象について、λ を現象発生程度として $f_2(x)$ で複数回発生する程度を、$f_1(x)$ で希少性を表現した。また、確率を表す為に、$f_1(x) = 1/x!$ と $f_2(x) = \lambda^x$ の積 $f_p(x)$ に指数関数 $e^{-\lambda}$ を乗じ式(10-1)の $f(x:\lambda)$ として、積分すると1になる様にした。$\lambda = pn$ であり、n（充分多い）と p（充分小さい）次第で λ は1以上にも以下にもなる。

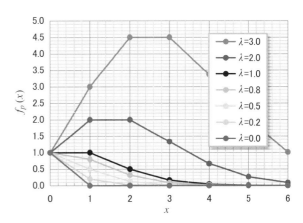

図10-2：式(10-2)のグラフの λ 依存性

● 節の確認問題 ●

図10-2、式(10-2)を見ながら、次の各問に答えなさい。

1) $\lambda = 1$ の場合、$f_p(x)$ はどうなるか記しなさい。
2) $f_p(x)$ が山形分布の時に $x = \lambda-1$ と λ でピークを持つ事を証明しなさい。
3) $0 \leqq \lambda \leqq 1$ の範囲では $1/f_1(x)$ と $f_2(x)$ の大小関係はどうなるか、答えなさい。

解答：1) $f_2(x) = \lambda^x = 1$ なので、$f_p(x) = f_1(x) = \dfrac{1}{x!}$ となる。

2) x の増大に伴い $f_1(x)$ は $1/x$ 倍、$f_2(x)$ は λ 倍となっていく。従って、$x = \lambda$ の時には $f_p(x)$ の増減はない。∴ $x = \lambda-1$ と λ で $f_p(x)$ は最大値を採る。

3) $x = 0$ の時 $1/f_1(x)$ は最小値1を、$f_2(x)$ は最大値 $\lambda^0 = 1$ を採る。即ち、$0 \leqq \lambda \leqq 1$ の範囲では確実に $1/f_1(x) \geqq f_2(x)$ となる。

10.3 節　生起確率問題への適用

課題 20 は、最初の 1 人ではなく 3 人を考えているので、生起期間の確率を求める指数分布では解けない。一方、ポアソン分布は、離散的な事象に対して、単位距離(時間)当たり平均 λ 回起こる事象が、ある距離(時間)域に x 回起こる確率(生起確率)を示す。

課題 20 を解いてみよう。1 日即ち 24 時間に平均 60 人が訪れるので 1 時間当平均 $\lambda = 60/24 = 2.5$、そこに 1 時間に 3 人訪問する確率は $x = 3$ より、式(10-1b)となる。

$$f(x=3 : \lambda = 2.5) = \frac{\lambda^x}{x!}e^{-\lambda} = \frac{2.5^3}{3!}e^{-2.5} = 0.1403739 \tag{10-1b}$$

● 節の確認問題 ●

ここに 500 円硬貨が 6 枚ある。次の各問に答えなさい。

1) 1 枚目だけを用いて、100 回投げて 5 枚表が出る確率を求めなさい。
2) 6 枚全てを用いて、10 回投げて 6 枚全部が裏となる回数が 5 回発生する確率を求めなさい。

解答：1) $P[X=5] = \binom{100}{5}\left(\frac{1}{2}\right)^5 \left(\frac{1}{2}\right)^{100-95} = 5.94 \times 10^{-23}$、

但し $\binom{100}{5} \equiv {}_{100}C_5 = \frac{100!}{5!(100-5)!}$ 。

2) 6 枚全てが裏となる確率は、$\left(\frac{1}{2}\right)^6 = 0.015625$。これが充分小さいとみて、ポアソン分布で近似する。$f(x=5 : \lambda) = \frac{\lambda^x}{x!}e^{-\lambda} = 6.64 \times 10^{-7}$、但し $\lambda = pn = 0.015625 \times 10 = 0.15625$。 (10-1c)

コラム▶ポアソン

ポアソン比 [43] とは、弾性材料をある方向に引っ張った際に発生する歪と、それと垂直方向に縮んで発生する歪の比の事で、大学の工学部では必ず教える材料強度に関する物性値である。ポアソン方程式 [44] とは、「多変数の未知関数を全変数に関して 2 階偏微分した関数の総和 = 同じ多変数の既知関数」の形をした偏微分方程式（楕円型方程式と称する）であり、静電ポテンシャルの記述に有効である。ポアソン則とは、理想気体を断熱準静的に変化させても体積の比熱比乗と圧力の積は一定、という熱力学的法則である。そしてポアソン分布は、今学習している分布である。他にも、ポアソン括弧、ポア

第 10 章 ポアソン分布

ソン回帰、ポアソン過程、ポアソン月面クレーター、パリの Rue Denis Poisson 通り等、彼の名は様々な方面で残っている。

　ポアソンは、仏人数学・物理・地理・天文学者で、当初は医学を学ぼうとしたものの途中で数学に転向し、ラグランジュ、ラプラス等に師事した。率直な人柄で、ナポレオンを嫌っていた様である。伝記が沢山出ているので、もし気になったら読んで貰いたい。

　因みに、Poisson とは仏語で「魚(肉)」の事。poisson d'avril で四月馬鹿(エイプリルフール)という意味になる。鯖の収穫が丁度この頃のフランスでは、4 月 1 日に魚の形の紙を相手の背中に貼り付けたり、魚の形の菓子を食べるそうである。日本でも偶にポアソンという名のレストランがあるが、これは魚介料理の専門店だろう。尚、「毒」は英語でも仏語でも poison で似て非なる単語である。

10.4 節　その他の適用

1) 戦争と分布

　ボルトキーヴィッチ Владислав Иосифович Борткевич は、1875 〜 1894 年のプロイセン陸軍の 14 の騎兵連隊 200 の騎兵隊でのデータをまとめ、馬に蹴られて死亡した兵士数をポアソン分布と合わせ込んだ。1 年間当たりに換算した当該事案の発生件数の分布は、$\lambda = 0.61$ のポアソン分布によく従った[30]。

　またその後、ケンドル kendall は、世界で発生する年間戦争数も同様にポアソン分布に従う事を発表した[32]。

2) 交通事故

　年間の一日当たりの交通事故死亡者数は、よくポアソン分布に当て嵌めて考えられる。これは、発生数 n が充分多く(平成 26 年で約 57.4 万件[46])、事故による死亡確率

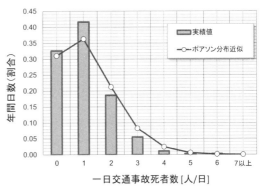

図 10-3：年間一日交通事故死亡者数

表 10-1：年間一日交通事故死亡者数の実値とポアソン分布近似値の比較[31]

一日交通事故死者数		0	1	2	3	4	5	6	7 以上	合計
年間日数	実値 [日/年]	119	152	68	20	4	1	1	0	365
	割合	0.326	0.416	0.186	0.055	0.011	0.003	0.003	0.000	1
ポアソン分布近似		0.3104	0.3631	0.2124	0.0828	0.0242	0.0057	0.0011	0.0002	−

p が充分小さい（平成 26 年の死亡者は 4113 人 [45] ∴ 事故当たり 0.0072 人死亡）と考えての事である。表 10-1 のデータにポアソン分布を当て嵌めると、λ ＝約 1.17 になる。但し、図 10-3 を見ても判る様に、当て嵌めは完全ではない。当て嵌めたポアソン分布は $p = \lambda/n = 2.03 \times 10^{-6}$ と実際の $p(= 0.0072)$ の 1/3533 倍を示しており、楽観的な当て嵌めをした…このポアソン分布に基づく推定はぬるいので危険であると言える。例えば 1 事故当たりの当事者数が 3533 人であれば辻褄が合うが、それは考え難いので当て嵌めを責めるべきだろう。

以下の例で示す通り、我々は様々な現象にポアソン分布を当て嵌めている。単に形が最も近いポアソン分布を得るのではなく、目的に応じて危険の無い当て嵌めをすべきだろう。

3）自然現象

自然現象の中には、ポアソン分布に従う事象がある。例えば、単位面積当たりの雨粒の数、1 立方光年当たりの恒星数、半減期による減衰や外部からの放射能等による変動を考えない単位時間当たりのカウント（放射線の計数値）等が挙げられる。

また、実験をした際にも人の意志が入りこむ余地が無い事象は、得られた結果が自然現象につきポアソン分布に従う事がある。例えば、1mℓ の希釈された水試料中に含まれる特定の細菌の数、単位面積当たりの樹林本数等が挙げられる。

4）明確な意志が存在しない人為現象

明確な意志が存在しなければ、人為現象も自然現象同様にポアソン分布に従うと見做し得る事も多い。幾つかの有名な例を列挙する。

- 一定時間に事象が発生する数：
    1 時間毎にある交差点を通過する車両の台数。
    1 時間毎に受け取る電子メールの件数。
    30 分毎にある喫茶店を訪れる来客数。

- 一定空間に事象が発生する数：
    レポートを作成する際に発生する、1 頁当たりの文章入力時ミスタイプ回数。
    1km 当たりのある通り沿いの食堂の軒数。
    特別な施設が一カ所に集中していない公園内の、1km^2 当たりの来場者数。

第10章　ポアソン分布

● 節の確認問題 ●

1. 次の中から、ポアソン分布に従いそうな事象を選択しなさい。

　① 東名高速道路の用賀料金所を毎時通過する車両の代数。
　② 大雪の日に空間 10m 立方中に含まれる雪の粒の数。
　③ ある草原の単位面積当たりの四葉のクローバーの本数。
　④ 技巧派ピアニストが演奏会中毎 5 分間にミスタッチ（楽譜通りに鍵盤を押せなかった事）をする回数。
　⑤ 10 分毎の有名デパートの各階各売り場に居る来客数。
　⑥ 歴代模擬試験を時系列的に並べた場合の、最初から 20 問毎の不正解数。
　⑦ 消費期限直前で半額になっているパン 10 個中で、翌日黴が生えてしまう個数。
　⑧ 1 日の首都圏の鉄道事故件数。
　⑨ 定員の 6 割が入場している音楽会の観客席における、単位座席数当たりの着席人数。
　⑩ 1 立方光年当たりの、生物が生存する惑星の数。
　⑪ ある世界的に有名な歌手のブログの 1 時間毎のアクセス数。
　⑫ アルバイトで民宿の電話番を担当した時の、毎時の対応数。

2. 人為的な戦争や交通事故がポアソン分布に当て嵌められる理由を、簡単に説明しなさい。

　　解答：1. 以下の通り。
　　　　①× 恐らく大量の車輌が通過するだろう。
　　　　②× 同様に大量に含まれるだろう。
　　　　③○ これは稀な発生確率の自然現象だと思われる。
　　　　④○ これも稀で意図しない行為の筈である。
　　　　⑤× きっと来場者の半数程度は来場目的がある筈で、意図的行為につき。
　　　　⑥× 点を上げたいという人の意志が入るので。
　　　　⑦○ 翌日なので発生確率は稀で人為操作は無い事象と思われる。
　　　　⑧○ 稀な発生数で意図しない事象の筈なので。（最近多くなってきたが…）
　　　　⑨× 音響や目的に応じて各観客が好んで座る場所があると思われる。
　　　　⑩○ 稀な発生確率の自然現象につき。
　　　　⑪× 大量なアクセス数と思われる。
　　　　⑫○ 稀な人為操作のない行為と思われる。

2. 発生頻度が低いから。従って、発生頻度が上がってくると当て嵌めできなくなる筈。

章末問題

1. 図 10-1 を見ながら、次の各問に答えなさい。
   1) ポアソン分布でピークを示す変数 x は幾つと思われるか、想像しなさい。
   2) 二項分布と正規分布の関係を簡単に説明しなさい。
   3) 二項分布とポアソン分布の関係を簡単に説明しなさい。
   4) ポアソン分布と正規分布の関係を簡単に説明しなさい。
   5) 二項分布とポアソン分布と正規分布の関係を簡単に説明しなさい。
   6) ポアソン分布の平均と分散がいずれも λ である事を、説明してみなさい。

2. ある病院にその日の朝 8 時から 16 時までに患者が 26 人来た。この病院は 17 時で受付が終わる。次の各問に答えなさい。
   1) 後 1 時間の間に患者が 3 人来る確率を推定しなさい。
   2) 後 1 時間の間に患者が 3 人以下来る確率を推定しなさい。
   3) 後 1 時間の間に患者は何人来るか、推定しなさい。

第11章
ワイブル分布

11.1節　最弱リンク理論

　部品を組み立ててできた機械等は、その部品のどれが破損しても、全体として機能しなくなる。これを例えて一般的には、「鎖は最も弱い環が破損する事で機能しなくなる」と言う。これを**最弱リンク理論(モデル)weakest link theory (model)**と称する。

　同じn個の環から成る鎖を作った時、一つの環が切れる確率をpとすると、鎖全体がつながっている確率P_nは式(11-1)で表される。

$$P_n = (1-p)^n = (e^{-p})^n = \exp(-p^n) \ (\because 式(L-1)、式(L-2))。 \qquad (11-1)$$

最弱リンク理論が、本質的には減衰関数を用いて表現されている事が判る。

　式(11-1)が、ワイブル分布の原型式である。材料の弱い場所(最弱点)にできた破損が一気に広がる現象(平均的ではない健全性)は、正規分布の発想ではない。

因みに、正規分布は、変数が −∞〜+∞ まで変動し得る量に関する最も自然な確率分布である。疲労寿命[3]等の正値のみ採り得る場合や、左による分布を示す（最弱リンク理論に則る）場合には当て嵌めが良好にできない事も多い。正規分布は、部品一つ一つ、或いは弱点一つ一つを論じる際には有効かも知れないが、全体の中の弱点を論じるには無理がある。

● 節の確認問題 ●

次のシステム（仕組）の内、最弱リンク理論に従うと思われるものを選びなさい。
1) 人において、目から視覚情報を得てそれを大脳で処理する仕組[3]。
2) 人において、両手で電算機のキーボードを打つ仕組。
3) 人において、2つある腎臓によって血液中の不要物を濾し取る仕組。
4) 自動車において、エンジン、ドライブシャフト、ギア、タイヤ[55]で構成される駆動系。
5) 内在する欠陥により応力集中した箇所が幾つかある構造部材の、全体の健全性。

解答： 1) ○ 但し、脳には可塑性という、視覚を視覚野以外の場所で処理できる様に変化する能力がある。つまり、この仕組において脳の視覚野が破損した場合には、暫くすると復帰する可能性がある。
　　　 2) × 互いに補い合っているので、例えば右手を破損しても、左手だけで大変ではあるが作業は続行できる。
　　　 3) ○ 統計学的には×と答えて良いのだが、実は腎臓は2つないと機能が追い付かないので生理学的には○。
　　　 4) ○ どれか一カ所破損したら、タイヤは動かない。
　　　 5) ○ いずれかの欠陥が破損に向かうと、急激に材料全体の強度が下がる。

11.2 節　導出

1) 累積分布関数の定義

　確率 p が時間 t と共に変化する場合、式（11-1）は式（11-2a）と書かねばならない。式（11-2a）は、時間経過につれ係数 $1/\eta$ で比例して破損確率が増加する m 個の部品で構成される系の健全確率 $F(t)$ である。これを、ワイブル分布の累積分布関数として定義する。$F(0)=1$、$F(\infty)=0$ であり、時間と共に健全性は劣化する。母数は η と m である。

第 11 章　ワイブル分布

$$F(t:m,\eta) = \exp\left\{-\left(\frac{t}{\eta}\right)^m\right\} \tag{11-2a}$$

尚、健全である確率と破損した確率の総和は 100% である事から、式 (11-2b) に表される累積分布関数 F_R を、系の**故障確率**と見做す事ができる。これを**不信頼度**と称する事もある。

$$F_R(t:m,\eta) = 1 - \exp\left\{-\left(\frac{t}{\eta}\right)^m\right\} \tag{11-2b}$$

2) 確率密度関数の導出

式 (11-2a) を時間 t に関して微分して、式 (11-3) のワイブル分布の確率密度関数を得る。即ち、**ワイブル分布 Weibull distribution** を式 (11-3) で定義する。非指数部分 $U(x)$ 及び指数部分 $Q(x)$ をそれぞれ**故障係数**及び **S 字減衰関数**と称し、式 (11-4) の様に定義する。

$$\frac{d}{dt}\exp\left\{-\left(\frac{t}{\eta}\right)^m\right\} = \frac{d}{d\left\{\left(\frac{t}{\eta}\right)^m\right\}}\exp\left\{-\left(\frac{t}{\eta}\right)^m\right\} \cdot \frac{d\left\{\left(\frac{t}{\eta}\right)^m\right\}}{d\left(\frac{t}{\eta}\right)} \cdot \frac{d\left(\frac{t}{\eta}\right)}{dt}、$$

$$f(t:m,\eta) = \frac{m}{\eta}\left(\frac{t}{\eta}\right)^{m-1} \cdot \exp\left\{-\left(\frac{t}{\eta}\right)^m\right\} \equiv U(t) \cdot R(t) 。 \tag{11-3}$$

$$U(x) \equiv \frac{m}{\eta}\left(\frac{x}{\eta}\right)^{m-1}、\quad Q(x) \equiv \exp\left\{-\left(\frac{x}{\eta}\right)^m\right\}。 \tag{11-4}$$

m をワイブル係数、η を尺度パラメータと称する。これらはワイブル分布の母数である。$m=1$ の場合には指数分布と、$m=2$ の場合には**レイリー分布 Rayleigh distribution** と一致する。

● 節の確認問題 ●

ワイブル分布について、次の各問に答えなさい。
1) ある時間を経過した機械が健全である確率を示すのは、どんな関数か述べなさい。
2) 母数の内、経年劣化が激しい時に大きくなるのはどちらか答えなさい。
3) 健全確率と何を足したら 1 になるか答えなさい。

解答：1) 累積分布関数。　2) m。　3) 故障確率 (不信頼度)。

11.3節　故障係数

故障係数 $U(x)$ の母数依存性を確認する。故障係数 $U(x)$ を「故障率」と称する事が多いが、本書では式(9-6")で定義する故障率 λ と区別する為に、敢えて「故障係数」と称する。

故障係数 $U(x)$ は、変数 x の関数である。即ち、変数 x が時間を意味する時には、時間と共に故障頻度（確率）が変化する事を意味する。表11-1に、故障係数 $U(x)$ の母数依存性をグラフで一覧する。破線は指数部分のみ、実線は故障係数 $U(x)$ のグラフである。

曲線の傾き及び非線形性に関わるワイブル係数 m が、ワイブル分布においては以下の通り故障頻度の時間依存性を示す。ワイブル分布は劣化の原因を分けられるので便利である。

$m < 1$：時間と共に故障係数 $U(x)$ が小さくなる。導入不良等の初期故障を示す。
$m = 1$：時間に関わらず故障係数 $U(x)$ が一定となる。偶発的な故障を示す。
$m > 1$：時間と共に故障係数 $U(x)$ が大きくなる。摩耗不良等の経年劣化を示す。

尺度パラメータ η は縦軸に関する倍率を示す。$m = \eta$ で拡大率 =1 となる。

● 節の確認問題 ●

機械の故障確率密度分布としてワイブル分布を当て嵌めた。表11-1を見ながら、次の各問に答えなさい。

1) m が1より大きい場合、どの様な劣化原理が支配的と考えられるか答えなさい。
2) 故障係数 $U(x)$ の式を書きなさい。
3) 特に m が2の場合、故障係数 $U(x)$ と経過時間 t の関係を説明しなさい。

解答：1) 摩耗や疲労やクリープ等の材料の痛みや変形[3]。

2) $U(x) \equiv \dfrac{m}{\eta}\left(\dfrac{x}{\eta}\right)^{m-1}$。　3) 故障係数と経過時間は比例する。

11.4節　S字減衰関数

S字減衰関数 $Q(x)$ の母数依存性を確認する。S字減衰関数 $Q(x)$ を「信頼度」と称する事が

第 11 章　ワイブル分布

表 11-1：ワイブル分布の故障係数 $U(x)$ の母数依存性

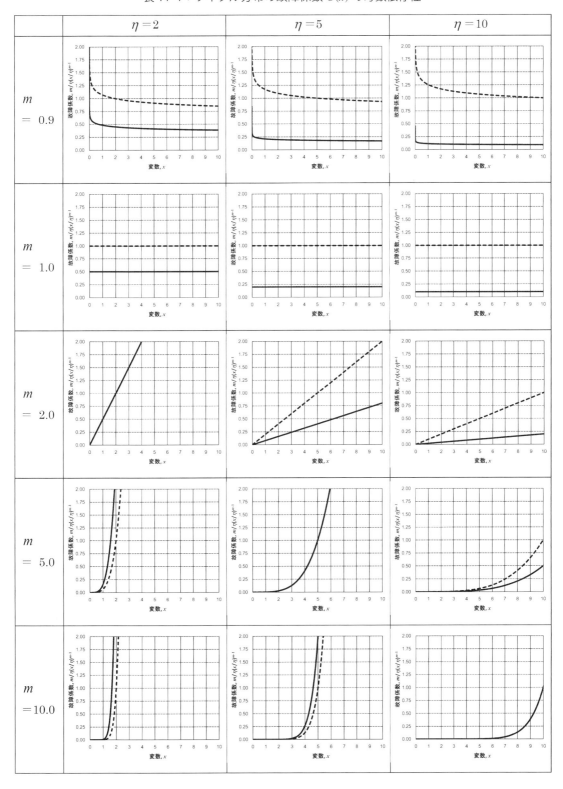

多いが、本書では式 (9-6") で定義する信頼度 1-R と区別する為に、敢えて「S字減衰関数」と称する。尚、これはシグモイド関数 sigmoid function[70] とは異なる。

S字減衰関数 $Q(x)$ は、変数 x の減少関数である。即ち、変数 x が時間を意味する時には、経年劣化を意味する。表11-2に、S字減衰関数 $Q(x)$ の母数依存性をグラフで一覧する。

ワイブル係数 m が曲線の特性に関わり、η は横軸に関する倍率を示す。$m = 0$ で尺度パラメータ η に依らず $Q(x) = 1/e \fallingdotseq 0.36788$（横軸に平行な直線）となり、$m = 1$ で指数関数となり、それより大きくなるにつれ S字特性が強くなる。$m = 2$ で正規分布の右半分の形になり（積分値が1になる訳ではない）、$\eta = \sqrt{2}$ で標準正規分布の形となる。

● 節の確認問題 ●

機械の故障確率密度分布としてワイブル分布を当て嵌めた。表11-2を見ながら、次の各問に答えなさい。

1) m が0の場合、どんな故障確率密度分布を示すか簡単に説明しなさい。
2) 指数関数的な故障確率密度分布になるのは、m が幾つの時か答えなさい。
3) S次減衰関数の式を書きなさい。

解答：1) 故障確率が時間と共に変化しない。　2) 1。
3) $Q(x) \equiv \exp\left\{-\left(\dfrac{x}{\eta}\right)^m\right\}$。

11.5節　ワイブル分布の適用

1) 確率密度関数曲線の変化

ワイブル分布の確率密度関数曲線の母数依存性を、表11-3に一覧する。$m \fallingdotseq 3.6$（3.26説もある）で正規分布となり、それより小さいと左寄り、大きいと右寄りの分布形状を示す。

2) 歴史

物体の体積と強度との関係を定量的に記述する為に、ワイブル Waloddi Weibull が1939年に提案した。脆性破壊に対する強度を統計的に記述する場合等に広く利用されている。ワイブル係数 m は物体を構成する材料の強度特性に依存し、m が大きい材料の多くは強度ばら

表 11-2：ワイブル分布の S 字減衰関数 $Q(x)$ の母数依存性

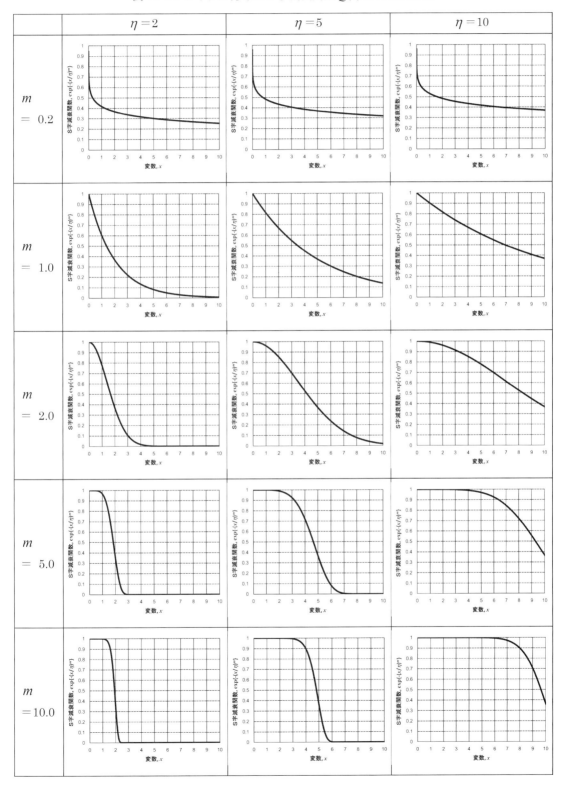

表11-3：ワイブル分布の確率密度関数曲線の母数依存性

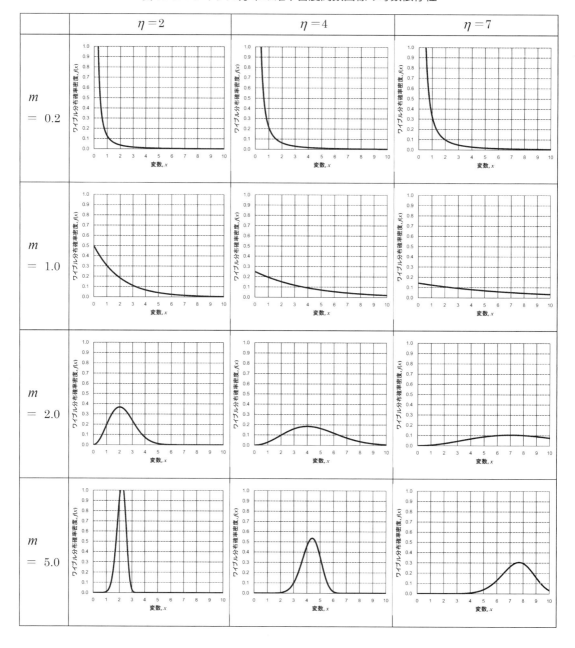

つきが小さく安全設計し易い。

　材料や小部品を組み立てて作られた個々の部品に外力、電圧、温度等が継続的に負荷される場合の故障現象に対しても応用できる。寿命が最も短い材料又は小部品が故障する事に因って部品全体が故障したとする最弱リンク理論（モデル）を適用するのである。1960年代以降、部品の経時劣化現象を統計的に記述する為に広く利用される様になった。

3）ワイブルプロット

疲労破壊[3]等の統計的データをワイブル分布に当て嵌める際に、ワイブル確率紙（片対数方眼紙：日本規格協会や日科技連が販売している）にプロットして母数を決定する方法もある。式(11-2b)を変形すると、式(11-5)を得る。X、Yをグラフにすると、その傾きはmになる。また、mが判るとηも計算できる。ワイブル確率紙上で直線回帰をするのである。

$$F_R(t:m,\eta) = 1 - \exp\left\{-\left(\frac{t}{\eta}\right)^m\right\}、\quad 1-F_R = \exp\left\{-\left(\frac{t}{\eta}\right)^m\right\}、\quad \frac{1}{1-F_R} = \exp\left(\frac{t}{\eta}\right)^m、$$

$$\ln\left(\frac{1}{1-F_R}\right) = \left(\frac{t}{\eta}\right)^m、\quad \ln\left\{\ln\left(\frac{1}{1-F_R}\right)\right\} = \ln\left(\frac{t}{\eta}\right)^m = m\ln\left(\frac{t}{\eta}\right) = m(\ln t - \ln \eta)、$$

$$Y = \ln\left\{\ln\left(\frac{1}{1-F_R}\right)\right\}、\quad X = \ln t \text{ とすると、 } Y = m(X - \ln \eta)。 \quad (11\text{-}5)$$

4）累積分布関数の適用

正規分布からずっと行ってきた様に、破損確率を求める際には累積分布関数を用いる。母数が上記の方法或いはグラフでの回帰直線作図等で求められると、式(11-2b)が計算できる。

● 節の確認問題 ●

1. ワイブル分布が正規分布で近似できるのはどんな場合か、答えなさい。
2. 材料の種類に依存する母数は何か、答えなさい。また、セラミックス等の脆性材料の母数の値はどうなっているか、答えなさい。

　　解答：1. $m ≒ 3.6$（3.26）の場合。
　　　　　2. ワイブル係数m。材料強度のばらつきが大きく、mが小さい。

ワイブル分布の確率密度関数は複雑難解でも、使うのは単純な累積分布関数！

$$F_R(t:m,\eta) = 1 - \left\{-\left(\frac{t}{\eta}\right)^m\right\}$$

章末問題

1. 式(11-2a)に示すワイブル分布の累積分布関数を見て、次の各問に答えなさい。
   1) 式(11-2a)において破損確率を示す部分を抜き書きなさい。また、この破損確率の特徴を簡単に説明しなさい。
   2) 母数 η はどんな意味を持つか、簡単に説明しなさい。
   3) 母数 m はどんな意味を持つか、簡単に説明しなさい。

2. 表11-4は、同時購入した $N = 10$ のある機械が故障するまでに稼働した時間を、早く故障した順番に示している。このデータをワイブル分布に当て嵌めたい。次の各問に答えなさい。

表11-4：ある機械の破損履歴（白紙）

機械番号	故障時間 [hr]	故障確率 N_{liv}	故障確率 F_{ave}	ワイブル変数 X	ワイブル変数 Y
3	620				
7	789				
1	1230				
6	1344				
10	1458				
2	1793				
8	2359				
9	2789				
5	3671				
4	4028				

   1) この10個の機械中の破損数 N_{liv} から、次の式(11-6)で定義される平均ランク故障確率 F_{ave} を計算しなさい。（$N < 20$ 程度のサンプル数が少ない場合には、平均ランク故障確率を用いる。）
   $$F_{ave} = N_{liv} / (N + 1) \tag{11-6}$$

   2) $X = \ln t$ と $Y = \ln\left\{\ln\left(\dfrac{1}{1-F_R}\right)\right\}$ を求めなさい。

   3) ワイブル分布の母数 η と m を求めなさい。式(3-5)を用いても良いし、グラフを描いて作図で求めても良い。

分布のまとめ

分布の種類

これまで幾つかの確率分布（累積分布を含む）を、グラフや数式を介して取り扱ってきた。ここで肝心な事は、分布自体は数学の産物であり、自然界にはその様な分布はそもそも存在せず、調査により得たデータ群がその様な特性を示したに過ぎない事である。例えば、正規分布は統計学においては確率分布の中心的位置にあるが、これもまた自然現象を良く理解する上で偶々有用であるからに過ぎない。正規分布ありきではないのである。

それでは、統計学で用いる確率分布は幾つあるかと問われると、無数ではないかとしか答えようが無い。なぜならば、分布ありきではないので、現象を良く説明できる分布が見つかれば、それは一つの統計学的分布になってしまう。極端な例を挙げると、菱田分布なる新しい分布を提唱しさえすれば、その分布は誕生する。きっとこれまでに多くの人が多くの分布を提唱してきたと思う。一方で、それが有用でなければ忘れ去られていくのだろう。今日残っている過去の産物は、きっと時空を越えて便利だったに違いない。

以下に、代表的な確率分布を列挙する。確率変数が離散的に存在する**離散型分布**と、連続的に存在する**連続型分布**に分けてみた。本書で詳しく扱った分布には★を、式だけ眺めた分布には☆を付してある。また、★を付した分布については、表 12-0 にその特性を一覧する。

離散型分布：確率質量関数により表記され、変数がある値を採る確率を持つ。
　　　　　　★二項分布、　多項分布、　負の二項分布、　★ポアソン分布、　ゼータ分布、ベルヌーイ分布、離散一様分布、　超幾何分布、　ジップ分布、等。

連続型分布：確率密度関数により表記され、変数がある値を採る確率は 0 であり、範囲という概念でのみ確率を論じられる。
　　　　　　★正規分布、　★ t 分布、　★カイ二乗分布、　★ F 分布、　★指数分布、★ワイブル分布、　連続一様分布、　☆コーシー分布、　ガンマ分布、ベータ分布、　☆レイリー分布、アーラン分布、　三角分布、ラプラス分布、ロジスティック分布、パレート分布、等。

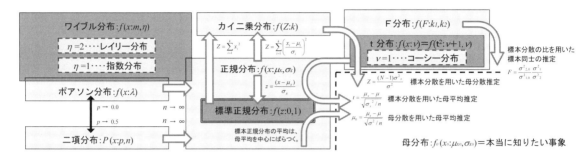

図 12-0：分布の位置付け（模式図）

■ 母数の取扱い

確率分布は、母数に依り特徴付けられる。本書の取り扱った範囲では、標準正規分布の周りに様々な分布が互いに関連し合って存在している。母集団の平均と分散を推定する事が重要な一つの目的であり、観察されたデータ（標本集団）に基づきそれらを推定（検定）する技術を学んだのだった。この様な母数を考える統計学的推論を、**パラメトリック parametric** 推論と称する。2 組のデータ間の相関を議論する際には、ピアソン Karl Pearson の積率相関係数（所謂相関係数）を考え、それがデータの従う分布を仮定する。

参考までに、母数に基づく分布関数を用いない統計学的推論を**ノンパラメトリック non-parametric** 推論と称する。従来の統計学は、母数が未知であってもある定まった数値であると見做す。一方ベイズ Thomas Bayes 主義[35]の統計学では、母数を固有の分布を持つ確率変数と考え、その不確定性を確率分布で記述する。2 組のデータ間の相関を議論する際にも、2 変数の分布を任意の単調関数で関係付ける。スピアマン Charles Spearman の順位相関係数は、値ではなく順位を確実に求めて統計的議論をする為の指標である。

■ 数学の公式

$$\exp(-p) = 1 - \frac{p^1}{1!} + \frac{p^2}{2!} - \frac{p^3}{3!} + \cdots \text{、} p \text{ が充分小さければ} e^{-p} \fallingdotseq 1 - p \text{。} \tag{L-1}$$

$$(a^{-b})^c = \left\{\left(\frac{1}{a}\right)^b\right\}^c = \left(\frac{1}{a}\right)^{bc} \tag{L-2}$$

階乗 factorial：$m! \equiv 1 \times 2 \times \cdots \times (m-1) \times m = \prod_{k=1}^{m} k$ 、但し $m!/(m-1)! = m$ 、$0! = 1$ 。
ガンマ関数は、階乗の変数を自然数から実数に拡張した関数である。 (L-3)

$$\frac{1}{m!} \equiv \frac{1}{1} \times \frac{1}{2} \times \cdots \times \frac{1}{(m-1)} \times \frac{1}{m} \text{。} \quad \sum_{k=0}^{\infty} \frac{1}{k!} \equiv e \tag{L-4}$$

表 12-0：主な分布の特性一覧

分布	確率密度関数 （瞬間確率）	累積分布関数 （範囲確率）	平均 mean （期待値）	分散 variance （ばらつき度）	歪度 skewness （非対称性）	尖度 kurtosis （非局値性）
二項分布	$P[X=k] = \binom{n}{k} p^k (1-p)^{n-k}$	省略	np	$np(1-p)$	$\dfrac{1-2p}{\sqrt{np(1-p)}}$	$\dfrac{1-6p(1-p)}{np(1-p)}$
正規分布	$f(x) = \dfrac{1}{\sqrt{2\pi}\sigma} \exp\left\{-\dfrac{(x-\mu)^2}{2\sigma^2}\right\}$	$F(x) = \dfrac{1}{2}\left(1 + erf\dfrac{x-\mu}{\sqrt{2\sigma^2}}\right)$	μ	σ^2	0	0
標準正規分布	$f(x) = \dfrac{1}{\sqrt{2\pi}} \exp\left\{-\dfrac{x^2}{2}\right\}$	$F(x) = \dfrac{1}{2}\left(1 + erf\dfrac{x}{\sqrt{2}}\right)$	0	1	0	0
t分布	$f(t) = \dfrac{\Gamma\left(\dfrac{\nu+1}{2}\right)}{\sqrt{\nu\pi}\,\Gamma\left(\dfrac{\nu}{2}\right)} \left(1 + \dfrac{t^2}{\nu}\right)^{-\frac{\nu+1}{2}}$	$F(t) = \dfrac{1}{2} + t\,\Gamma\left(\dfrac{\nu+1}{2}\right) \dfrac{{}_2F_1\left(\dfrac{1}{2},\dfrac{\nu+1}{2};\dfrac{3}{2};-\dfrac{t^2}{\nu}\right)}{\sqrt{\nu\pi}\,\Gamma\left(\dfrac{\nu}{2}\right)}$	0	$\dfrac{\nu}{\nu-2}\ (2<\nu)$ $\infty\ (1<\nu\leq 2)$	0	$\dfrac{6}{\nu-4}$
コーシー分布	$f(x;\mu,\gamma) = \dfrac{1}{\pi\gamma\left[1+\left(\dfrac{x-\mu}{\gamma}\right)^2\right]} = \dfrac{1}{\pi}\left[\dfrac{\gamma}{(x-\mu)^2+\gamma^2}\right]$	$F(x;\mu,\gamma) = \dfrac{arctan\left(\dfrac{x-x_0}{\gamma}\right)}{\pi}$	—	—	—	—
カイ二乗分布	$f(Z) = \dfrac{\left(\dfrac{1}{2}\right)^{\frac{k}{2}}}{\Gamma\left(\dfrac{k}{2}\right)} Z^{\frac{k}{2}-1} e^{-\frac{Z}{2}}$	$F(Z) = \dfrac{\gamma(k/2, x/2)}{\Gamma(k/2)}$	k	$2k$	$\dfrac{2\sqrt{2}}{\sqrt{k}}$	$2k$
F分布	$f(F) = \dfrac{1}{B\left(\dfrac{k_1}{2},\dfrac{k_2}{2}\right)} \left(\dfrac{k_1}{k_2}\right)^{\frac{k_1}{2}} \left(1+\dfrac{k_1}{k_2}F\right)^{-\frac{k_1+k_2}{2}} F^{\frac{k_1}{2}-1}$	$F(F) = I_{\frac{d_1F}{d_1F+d_2}}\left(\dfrac{d_1}{2},\dfrac{d_2}{2}\right)$	$\dfrac{k_2}{k_2-2}$ $(3\leq k_2)$	$\dfrac{2k_2^2(k_1+k_2-2)}{k_1(k_2-2)^2(k_2-4)}$ $(5\leq k_2)$	$\dfrac{(2k_1+k_2-2)\sqrt{8(k_2-4)}}{\sqrt{k_1}(k_1+k_2-2)(k_2-6)}$ $(6<k_2)$	$\dfrac{12\{(k_2-2)^2(k_2-4)+k_1(k_1+k_2-2)(5k_2-22)\}}{k_1(k_2-6)(k_2-8)(k_1+k_2-2)}$ $(8<k_2)$
指数分布	$f(x) = ae^{-ax}$	$F(x) = 1 - e^{-ax}$	$1/a$	$1/a^2$	2	6
ポアソン分布	$f(k) = \dfrac{\lambda^k}{k!} e^{-\lambda}$	$F(k) = e^{-\lambda} \sum_{i=0}^{k} \dfrac{\lambda^i}{i!}$	λ	λ	$1/\sqrt{\lambda}$	$1/\lambda$
ワイブル分布	$f(t) = \dfrac{m}{\eta}\left(\dfrac{t}{\eta}\right)^{m-1} \exp\left\{-\left(\dfrac{t}{\eta}\right)^m\right\}$	$F_R(t) = 1 - \exp\left\{-\left(\dfrac{t}{\eta}\right)^m\right\}$	$\lambda\,\Gamma\left(1+\dfrac{1}{m}\right)$	$\lambda^2\left[\Gamma\left(1+\dfrac{2}{m}\right) - \Gamma\left(1+\dfrac{1}{m}\right)^2\right]$	$\dfrac{1}{\sigma^3}[2\Phi(1) - 3\Phi(1)\Phi(2) + \Phi(3)]$ $\Phi(r) = \eta\Gamma(1+r/m)$	$\dfrac{1}{\sigma^4}[-6\Phi^4(1) + 12\Phi^2(1)\Phi(2) - 3\Phi^2(2) - 4\Phi(1)\Phi(3) + \Phi(4)]$
レイリー分布	$l(x) = \dfrac{x}{\sigma^2} \exp\left(-\dfrac{x^2}{2\sigma^2}\right)$	$L(x) = 1 - \exp\left(-\dfrac{x^2}{2\sigma^2}\right)$	$\sigma\sqrt{\dfrac{\pi}{2}}$	$\dfrac{4-\pi}{2}\sigma^2$	$\dfrac{2\sqrt{\pi}(\pi-3)}{(4-\pi)^{3/2}}$	$-\dfrac{6\pi^2 - 24\pi + 16}{(4-\pi)^2}$

第 12 章

データ取得

12.1 節　データの品質

　高品質な統計行為とは高品質な推定(検定)結果を得る事であり、その為には高品質なデータと高品質なデータ処理を必要とする。データ処理についてはこれまでやってきた。最後に、高品質なデータを獲る為の説明をする。高品質なデータとは、次の様なデータである。

- ・データ数が充分である。
- ・データの誤差が充分小さい。
- ・データに偏りがない。
- ・データ取得時の状況が判っている。

　データ数が充分である事やデータに偏りがない事については、データ処理に直結する事なのでここまで随時説明してきた。一つ補足をすると、データ取得に時間を掛けていると獲れるデータを逃がす事もある。例えば、平日の新宿駅周辺でイヤフォンを付けている人の割合を実地調査する場合等である。迅速且つ正確にデータ取得する為の工夫も後述する。

　データの誤差を小さくするには、丁寧にデータを取得するのは勿論の事、データ取得方法を吟味し、得られたデータの信憑性を検討する必要がある。統計データには、アンケート調査結果も少なくない。後述の通り、アンケート調査結果には「でたらめ」や「いい加減」或いは「回答者の癖」等の誤差要因が含まれているので、それらの発見や軽減が重要である。

　データ取得時の状況が判っているとは、できるだけデータに付随する情報を付けておくという意味である。予定していたデータに予定の処理をしても、予定していた事が推定できない事もままある。そんな場合に、付随する情報が手掛かりを与えてくれる事もある。即ち 1.4 節で述べた遭遇情報になるのである。また、データを追加する事もある。その時、別のタイミングで取得したデータは、何か特徴(条件)が違ってやしないか確認する必要がある。

第 12 章　データ取得

こういったデータ取得技術は、座学で教わるよりも、データ処理をする中でデータ品質が低かったのではないかと何度も失敗しながらデータ取得の工夫をしていくべきだろう。

● 節の確認問題 ●

データの品質を上げる為に注目すべき観点を4つ挙げなさい。

　　　　解答：①数は充分か？　②無作為抽出になっているか？　③データの誤差は小さいか？　④データ取得時の付随情報をなるべく多く記録してあるか？

12.2 節　手で勘定する方法

その場で勘定しなければならない事もある。勘定にはカウンターが有効だが、運悪く持ち合わせていなかった場合には、諦める前に手で勘定してみると良い。

「片手で最大幾つまで勘定できるか？」というクイズがある。小学生は大抵 10 と答えるが、中学生ぐらいになると「指の折り方を工夫すると 20 ぐらい行けるのではないか」等と捻ってくれる。

数学的には、31 が正解である。指を伸ばしたら 1、折ったら 0 と見做し二進法で勘定すると、5 本の指で 11111 (2) = 2^0 + 2^1 + 2^2 + 2^3 + 2^4 = 1 + 4 + 8 + 16 = 31 まで数えられる。5 本の指を独立して動かす為には筋肉の訓練が必要である。特に薬指の独立性が悪い筈である。右手（利き手）は文字を記入するために開けておく必要があるので、左手（反利き手）でできる様に訓練すると良い。左で女性、右で男性を勘定する等と、両手をフル活用する事もできる。

図 12-1 は、薬指の保持が難しい例である。無理に指を屈伸させず、伸ばし気味、或いは曲げ気味でも自分が判れば充分である。

勘定しながら記録する方法の内、最も原始的なのは図 12-2

表 12-1：二進数の指勘定方法

親	人	中	薬	子	二進数	数
折	折	折	折	折		0
折	折	折	折	伸		1
折	折	折	伸	折		2
折	折	折	伸	伸		3
折	折	伸	折	折		4
折	折	伸	折	伸		5
折	折	伸	伸	折		6
折	折	伸	伸	伸		7
折	伸	折	折	折		8
折	伸	折	折	伸		9
折	伸	折	伸	折		10
折	伸	折	伸	伸		11
折	伸	伸	折	折		12
折	伸	伸	折	伸		13
折	伸	伸	伸	折		14
折	伸	伸	伸	伸		15
伸	折	折	折	折		16
伸	折	折	折	伸		17
伸	折	折	伸	折		18
伸	折	折	伸	伸		19
伸	折	伸	折	折		20
伸	折	伸	折	伸		21
伸	折	伸	伸	折		22
伸	折	伸	伸	伸		23
伸	伸	折	折	折		24
伸	伸	折	折	伸		25
伸	伸	折	伸	折		26
伸	伸	折	伸	伸		27
伸	伸	伸	折	折		28
伸	伸	伸	折	伸		29
伸	伸	伸	伸	折		30
伸	伸	伸	伸	伸		31

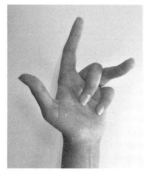

(a) 00010(2) = 2　　　(b) 11010(2) = 26

図 12-1：左手で勘定した例

図 12-2：左手で勘定し右手で筆記する例

の様な筆記法だろう。携帯電話やスマートフォンにはメモ機能があるので、図 12-3 の様にそれを活用すると楽になる。他にも、喋りながら録音したり、撮影する方法もある。

図 12-3：左手で勘定し右手でスマホ入力する例

● 節の確認問題 ●

1. 図 12-4 の手は幾つを勘定しているか、答えなさい。
2. 表 12-1（前頁）の空欄に、二進数を書きなさい。

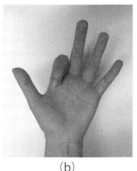

(a)　　　　　　　(b)

図 12-4：左手で勘定した例

解答：1. (a) 10111(2) = 16 + 4 + 2 + 1 = 23、(b) 01101(2) = 8 + 4 + 1 = 13。九九や算盤の様に、手の形を見てぱっと十進数が言えると素晴らしい！

2. 上から、00000(2)、00001(2)、00010(2)、00011(2)、00100(2)、‥‥、11111(2)。折を 0、伸を 1 に対応させれば良い。

第 12 章 データ取得

12.3 節　概数暗算

　桁の大きい大量のデータを扱う際には電算機を用いるが、入力時にタイプミスする可能性もある。マークシート方式もスキャニングミスがあり得るし、マークを塗り潰す手間も相当なものである。次から次にデータが発生する様な場合には自動で記録したいと思う。

　そんな時は、概数暗算をすると良い。データ取得し損ない、記録ミス、入力ミス等の様々な人的誤差を覚悟する位なら、いっそデータを簡素化してそういった人的誤差を軽減するのも悪くないのではないか？　487092 + 2008946 について考えてみよう。

　先ず、電卓で計算してみよう。2496038 である。電卓計算をする際にも、ミスタッチはあるし、数字を二度打ちしたり飛ばしたりする事もある。今回偶々正解になったが、これをあと 100 回しなければならないと判るとげんなりする。人の心は折れ易い。

　では、単位を万にして、その下は四捨五入してみよう。49 万 + 201 万となる。偶々両方とも四捨五入で万の位は切り上げている。この計算は 250 万という数字を導く。さて、正解との関係はと言うと、おや、殆ど変らないではないか!?

　上に 2 桁残しておく目途で単位を上げると、数字がとても簡素化して間違い難くなる。この場合のまるめ誤差はどの程度だろうか。

- 254999 を 25 万にすると−4999 の誤差、255000 を 26 万にすると +5000 の誤差。
- 254999 + 254999 を 25 万 + 25 万で計算すると−4999 × 2 = −9998 の誤差。
- 255000 + 255000 を 26 万 + 26 万で計算すると、+5000 × 2 = +10000 の誤差。

上 2 桁で計算するとまるめ誤差は最大で 10% だが、これは稀なケースであって、期待値としては 1 桁落ちて 1% オーダーと言える。この程度であれば許容しても良いのではないかと腹を括ると、案外余分な負担が減り、却ってデータ高品質化に注力できるかも知れない。

● 節の確認問題 ●

次の計算を、上 2 桁にまるめて暗算でしなさい。

1) $51138407 + 36895437 =$
2) $88038276 - 18734034 =$
3) $20578943 \times 55 =$
4) $35712340 \div 64 =$
5) $425679 + 13702 + 785083 =$
6) $524 + 562 + 756 + 209 + 359 =$

　解答：1) $= (51 + 37) \times 10^6 = 88 \times 10^6$。厳密計算は 88033844。

2) $=(88-19)\times 10^6 = 69 \times 10^6$。厳密計算は 69304242。

3) $=(20 \times 10^6)\times 55 = 110 \times 10^6$。厳密計算は 1131841865。

4) $=(357 \times 10^5) \div 64 = 5.58 \times 10^5 \fallingdotseq 5.6 \times 10^5$。厳密計算は 558005.3‥。割り算なので、1桁減ると想像して上3桁を採ってから四捨五入した。

5) $=(43+1+79)\times 10^4 = 123 \times 10^4$。厳密計算は 1224464。

6) $=(52+56+76+21+36)\times 10 = 2410$。厳密計算は 2410 なので一致。

12.4節　直接プロット

著者が学生の時代には、物理化学実験で（当時は昭和58年だった‥‥）測定値を直接グラフ用紙にプロットする様指示された。当時の日本最高のスーパーコンピューターは今の最高級 PC 以下の性能だったので、当時としてはこの指示は仕方なかったかも知れない。諸君はなるべく生のデータをそのまま正確に記録する事を心掛けると良いと思う。

とは言うものの、データの傾向をその場で判断して、次にどのデータを採るかを決断しなければならない時もある。そんな時には、やはりその場でデータをプロットする必要があるかも知れない。最初は難しいが、訓練あるのみである。

● 節の確認問題 ●

次の点を、二次元直交座標方眼紙に描き込みなさい。

（10, 10）、（20, 50）、（40, 30）、（00, 40）、（15, 40）、（40, 05）、（15, 35）、（45, 25）、（33, 27）、（31, 08）、（24, 41）、（44, 18）。

解答：省略

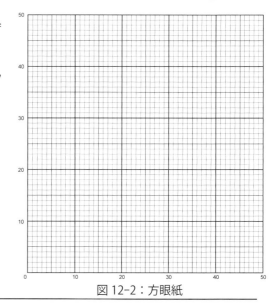

図 12-2：方眼紙

第 12 章　データ取得

> **コラム▶録音**
>
> 　そのまま正確に記録する、と述べたが、これは記録分野の常識である。著者は PA（public address＝放送設備）の世界に一瞬足を踏み込んだ事があるので、録音を例に体験談を述べたい。
>
> 　今では多くの若者が音楽情報を MP3 等の圧縮データにして持ち歩き、煩い場所でイヤフォンを通して何かをしながら聞いている[4,7,8]。音質や音楽の奥深さ等気にせず、音楽の雰囲気をぼやっと楽しんでいるのだろうか。
>
> 　著者が学生だった頃は、より高品質な音を楽しむ為にオーディオ機器を駆使していた。メタルやクロムの良いカセットテープ（場合によってはオープンリール）を買い揃え、DOLBY や bdx 等の雑音低減機能を使い、重厚な低音と清澄な高音を出せるスピーカーを用意した。当然、聴き手が求める高品質な音に細かな点で個人差が生じる。そこで、レコード会社は正しい音を録音するので、それを聞き手が好みに応じて調整するという分担が始まった。天麩羅そばにどう薬味を入れるかを、食べる者が調整する様なものである。音を楽しむ上で「正しく録音する」技術と「音を自由に加工する」技術の両方が必要となり、その両方とも学術分野ではなくエンターテイメントの現場主導で発達していった。
>
> 　音を正しく録音する作業は難しい。音源から発せられた音だけをそのまま録音し、会場の反響は入れてはいけないのである。マイクは楽器に取り付ける事になる。ピアノ（グランドピアノ）[57]の様な大きな楽器には、マイクは数本必要だ。上蓋を開けて見える弦の音を直接拾う録音技師もいれば、下の反響盤にマイクを付ける録音技師もいる。録音者にも、これが自分の生の音だという自負があった。
>
> 　今では音源が電子化され、録音はむしろ機械的になってきた。どんな楽器の音も電子ライブラリーで揃っているかの様にも見える。しかし聞いてみると、電子音は電子音である。生の音には敵わない。低音と高音で音色や残響が微妙に違ったりするのが、電子ライブラリーでは出し切れていない。
>
> 　前工程の品質は、そのまま後工程に引き継がれる。録音が悪いと良い CD やレコードにはならない。統計処理分析においても、データ品質は最後まで尾を引く。

12.5 節　DA 変換

　DA digital-analogue 変換 [13] というと電算機の作業の様だが、実は我々人間も頻繁にやっている。そもそも、視聴覚感性は DA 変換の連続である [3]。これも訓練あるのみ‥‥。

1) 面積の測定

　統計データの 1 つに面積がある。例えば、材料が割れて出来た断面（破面と称する）中に存在する、最後まで切れずに粘った部分（延性破面と称する）と早々に千切れてしまった部分（脆性破面と称する）の比率を知りたい時には、顕微鏡で破面を観察し面積を測定する [3,58]。最近は自動面積測定ソフトもあるが、面積を自分の手で測定できると安心である。

　面積測定には方眼紙を用いる。無ければ自分で作れば良い。方眼紙の精度はデータの品質に直結するが、前述の概数暗算と同様に、方眼に多少の誤差があってもそれがある決まった傾向を持たない限りは全体的には相殺されてしまうものである。

　最も単純な方法は、測定したい面が方眼に 50% 以上掛かっていれば ON、そうでなければ OFF として、ON の数を勘定する方法である。方眼が細かい場合には、これでも結構正確に測定できる。天気の雲量 [49] 宜しく、20% 未満掛かっていれば 0、80% 以上掛かっていれば 1、それ以外を 0.5 として総計する方法もある。方眼の面積を掛けて完了である。

2) 個数の勘定

　シャーレで細胞を培養し、数日経ってその細胞数を調べるとする。経過日数を横軸に、細胞数を縦軸に採り、培養条件でどの様に時間履歴曲線が異なるかを比べたいのだ。細胞数を一つずつ数えるのは、どうも気が遠くなりそうである。

　そう言えば、空を飛んでいる鳥の数を一瞬にして勘定してしまうバードウォッチャーは、どうやっているのだろうか。個数を求める際には、10 や 100 等の塊（勘定の単位となる）を先ず正確に認識し、それが大雑把に空間内に幾つあるかを勘定する。10 の塊と同じ大きさが 35 個あったら 350 という様に近似しているのである。

　生き物は動く。水辺の魚、枝の上の鳥、それらが動いてしまう前に勘定を終えなければならない。冒頭に述べた、新宿駅周辺でイヤフォンを使っている人の数を勘定する [7] のも同じ事である。シャーレの細胞は逃げないが、のんびり勘定していると分裂して増えてしまうかもしれない。では、写真を撮ったらどうか？ 段々データ数が膨大になってきた。データ量が膨大になると、誤差も大きくなる。おっと、写真の順番をひっくり返さない様に‥‥。

第12章　データ取得

● 節の確認問題 ●

1. 図12-3のシャルピー破面[3,58]における延性破面（破面囲縁部のザラザラした部分）と脆性破面（破面中寄部のギラギラした部分）の面積を升目の数で求めなさい。
2. 図12-4のさくらんぼの実の数を勘定しなさい。

図12-3：シャルピー破面観察例

図12-4：数を勘定するデータ例

解答：1. 延性破面184マス、脆性破面486マス。（延性破面と脆性破面は、厳密には片割れの破面を2つ見比べて初めて解る。）
2. 154個。（例えば横4分割、縦3分割して、その1分割単位だけ数を勘定して12倍してみる。）

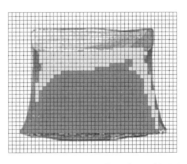

図12-3'：シャルピー破面測定例

12.6節　目盛と有効数字

統計データの中には測定値もあろう。測定とは、目盛（基準）と測定対象を比較する事である。ただ、世の中そうそう上手くはいかないもので、測定対象が目盛にぴたりと一致する事はまずなく、大抵の場合は目盛と目盛の間に来てしまう。この場合、2通りの考え方がある。

・最も近い目盛を測定値とする。目盛より細かく測定しない。
・1桁下の数値まで読み取る。

前者の場合は、きっと測定の際に余程の外乱が入らない限り、誰が読んでも同じ測定値になるだろう。つまり、測定値の数字は全て**有効数字**[33]である。一方後者の場合には、下一桁が測定者によって変わり得る。この桁の数字を**不確定数字**と称する。

　不確定数字を記録する際には、測定者は測定目盛より一桁小さい目盛を頭に想像している事になる。その想像目盛は正確である程良く、常に、少なくとも同じ測定器で同じ集団を測定している間は、同じ目盛である事が重要である。これも訓練あるのみ！

● 節の確認問題 ●

1. 次の数値の中で、不確定数字を有する数値(つまり測定値)を選びなさい。
   円周率 = 3.14159・・・、　地球重力加速度 g = 9.80665・・、　著者の誕生日 = 13、
   本書の頁数：181、　著者の身長 = 172.08、　ネイピア数 e =2.71828・・・。

2. 次の目盛に付した△、〇、◇、□、☆の位置を、不確定数字を一桁付けたして（つまり有効桁数 2 で）答えなさい。

   1) [目盛図]　2) [目盛図]

   解答：1. 測定値は、地球重力加速度と著者の身長である。
   　　　2. 下図の通り。1)2.7、3.3、4.8、5.4、6.4。　2)2.4、3.8、4.4、4.7、6.3。

   [目盛図]

   　尚、同じ印は同じ不確実数字にしてみたが、環境（他の印との位置関係）が変わると同じには見えない事もあるだろう。

> **コラム▶有効数字**
>
> 　有効数字同士の計算や、有効数字と不確定数字の表記方法に関する考え方は、実は単純ではない。この話を始めると単位の接頭語とも関わってきて、10 頁は必要になる。まあそんな世界[33]がここにも広がっているとだけ紹介するに留めよう。大雑把には、有効桁数を常に一定にする様に計算を進めると、大きな間違いはない。
>
> 　有効数字と不確定数字（必ず 1 桁）を合わせて、有効桁数と称する。例えば上記確認問題の例では、有効数字 1 桁と不確実数字 1 桁で、合わせて有効桁数 2 桁となる。また、測定値 52.6 があった時、用いた目盛は 1 の桁までのものである。測定者に依らず、52 までは同じ読みとなる筈である。

12.7 節　侵襲調査

　最近血液検査のハードルが低い。血液は全身を巡っているので、全身の様々な情報を持っている。ウィルス感染があるか、ミネラルバランスはどうか、癌ができてないか等、外から見ても判らない内部情報を入手する手っ取り早い方法である。一方、血液は体の一部であるので、採られるのは余り嬉しくない。また、注射針をある時間ずっと腕に差し込まれていて苦痛である。子供の時のトラウマで、注射針を見ると気絶する人だっているかも知れない。

　狭義には被験者を傷付けるデータ取得方式を、広義には被験者にある程度以上の苦痛を与えるデータ取得方式を、**侵襲式 invasive/invasion** と称する。狭義侵襲は細胞死や免疫炎症反応等を、また広義侵襲は心の痛みやストレス等を引き起こす。従って、侵襲式調査をする際には得られるデータの効果や必要性を事前に充分吟味し、それを被験者に説明し苦痛まで含めて内容に納得して貰わねばならない。被験者は、それが嫌なら断れる。

　生体に対する諸検査を分類する。侵襲式調査の例には★(狭義侵襲)と☆(広義侵襲)を付した。侵襲式調査は、非生物に対する所謂破壊試験に相当する。侵襲式の対義語は**非侵襲式 non-invasive/non-invasion** である。医師法により侵襲式医療行為は医師がする事になっているが、最近は注射や投薬は看護師が医師の了解の下で実施しているケースも多いと聞く。

　採取検査：★痛みを伴う検査・・・血液[87]、骨髄液、組織採取、等。
　　　　　　痛みを伴わない検査・・・尿、便、潜血、発汗[10]、唾液[10]、等。
　生体検査：身体に器具を装着する検査・・・心音[67,78,79]、呼吸音[7,80,83]、心電図[85]、筋電図[86]、血圧[10,81,82]、脈波[10,84]、体温、脳波、身長[24,25]、体重[24,25]、胸囲、腹囲、腰囲、座高、血中酸素濃度[10,77]、等。
　　　　　　身体に器具を装着しない検査・・・視力、聴力、表体温分布、声量、呼吸量、等。
　化学検査：★ワクチン導入、★薬剤投与(塗布)、等。
　観察検査：顔色、☆病変部位観察、言動観察[5]、問診、等。
　特殊検査：★レントゲン検査、★ CT 検査[16]、☆ MRI 検査[15]、★内視鏡、☆超音波、等。
　官能検査：思考[61,62]、☆潜在記憶、印象[10,12]、☆認知認識[1,14]、☆体験[4,7,8,63-66]、等。

● 節の確認問題 ●────────────────────

次の調査が侵襲式かどうかを検討しなさい。
　1) 容疑者を嘘発見器[10,90]に掛けた。

2) 友人の咳が酷いので、本人に断って血中酸素濃度[10)]を測定した。
3) ある児童の血液型を調べる為に採血した。
4) 人体解析をする為に、自分の骨格をCTスキャン[16)]した。
5) イヤフォンをこれまで何時間使ってきたか[4,7,8)]をF小学校でアンケート調査した。
6) T病院が性体験[63-66)]についてインターネットアンケート調査した。

解答：1) 止むを得ない侵襲式？（心の中を検査されるので広義の侵襲調査だが、この場合は容疑者が本当の事を言わないのでやむを得ないとも言える。）
2) 非侵襲。（指先にパルスオキソメーターと称する赤外線測定器を付けると、血中酸素濃度が測定できる。）
3) 侵襲式。（採血は、いかなる採り方であっても狭義侵襲式に該当する。）
4) 侵襲式。（痛みはないが、放射線を浴びるので狭義侵襲式と見做す。）
5) 非侵襲式。（被験者に掛かる負担は手間ぐらいと考えられる。）
6) 非侵襲式。（回答しなくても良い権利と無記名式の確保が前提。確保されなければ、ストレスを与えるだろう。ただ、性に関してタブーのある文化と無い文化では、また違ってくる。今の日本はどうだろうか‥‥）

12.8節　アンケート調査の注意点

1) 主観調査の長所と短所

アンケートは、被験者の意志で被験者が回答する。「この音の印象」、「イヤフォンの累積使用時間」「本日の体調」等は、アンケートしなければ判らない。一方でアンケートには、次の様なデータ精度を落とす原因が内在している事を常に念頭に置いておく必要がある。

・記入漏れ及び記入場所間違い（過失）
　例：　2番の回答を3番の欄に書いた。
・記入方法に即さない記入（当惑過失）
　例1：これまで何時間イヤフォンを使ったか数値を問われ、「10歳までは4時間、20歳までは6時間」と文字で記載した。
　例2：書道の経験の有無を問われ、「小中学校に学校と塾である程度」と記載した。

第12章　データ取得

- 錯誤回答（誤差）
    - 例1：ラーメンはどの程度好きか、とても好き5、どちらでも良い0、とても嫌い−5として数値評価する様問われ、本当は5だが現在腹痛なので3と回答した。
    - 例2：これまでに貰った小遣いの最大値を問われたが、間違えて最大値の小遣いを貰った時の年齢「17」を書いた。
- 虚偽回答（故意）
    - 例1：初めて性体験をした年齢を問われ、見栄を張り未経験だが「16歳」と答えた。
    - 例2：1日の喫煙量を問われ、本当の事を書くと面倒な指導が待っていると危険予知して「禁煙」と答えた。
    - 例3：面倒なので、問題をよく読みもせず、いい加減な回答をした。
    - 例4：自分の事を答えるべきところを、想像上の別の人間になり切り違う回答をした。

2) 短所への対策

　過失と誤差を軽減する為には、回答者に優しいアンケートにすべきと考えられる。即ち、設問が多過ぎず、見易く読み易い（理解し易く文章量も多くない）、負荷の小さいアンケート内容にして、せかさず、相手のやり易いタイミングを見計らい実施する事が重要だろう。

　当惑過失は、回答者が熱心に考えた結果、定められた形式では自分が回答したい事を記述できずに起こる。この原因は、本質的にはアンケート作成時の検討不足である。アンケート作成後に身内で模擬的に実施し、どんな答え方があるか等と吟味しなければならない。

　最も厄介なのは、故意の虚偽回答である。しかも、虚偽回答の原因も多岐に亘る。比較的虚偽を見抜き易いのは、例3である。全て〇、或いは右と左に交互にチェックする等、面倒な場合には機械的になっている場合が多い。機械的である程、効果的な対策を工夫する余地がある。最も標準的な対策は、途中で「ここは3と回答して下さい」等と罠 trap を仕掛け、ここを間違えたら無効回答と見做す方法である。同じ設問を繰返し、回答も同じかどうかを確認する方法もある。この方法は誤差対策にもなる。例1に対しては、無記名等の個人を特定されない権利を確保している事や、皆の為である等のアンケートの動機付けの重要性を一生懸命説明する誠意が一番重要だろう。回答者もきっとアンケートに興味はあるだろうから、回答者に納得して貰う事こそが回答の品質を上げる。例2に対しては、危険予知が逆に自分の首を絞める事を説明する等、同様に納得して貰う事が肝心だろう。最近例4が増えてきた様な気がする。これについては正直、手の打ち様が無いとも感じている。但し、こういった場面では人間誰しも心の中の潜在的な意識[88,89]が顕在化する事が多いらしいので、心理試験的要素を盛り込み対応する事も可能かも知れない。

3) 実行方法

　嘗てはアンケートは紙に書いて貰う形式だったが、インターネットも普及し、いろいろなやり方が考えられる様になってきた。

- **実施場所**：その場で回答し提出、持ち帰って回答し後日提出、等。
- **媒体**：紙面に文章を印刷し手で文字を書いて回答、マークシートに回答、口頭で質問し回答、携帯電話や PC 等のディスプレイ上に投影し電子入力して回答、等。
- **気密性**：1 回 1 か所一人ずつ実施、集団だが一人ずつ違った机で他人に見えない様に実施、集団で人の回答が見える様に実施、等。
- **回答方式**：選択肢から選んで回答、作文して回答、絵等を描いて回答、等。

● 節の確認問題 ●

アンケート実施において過失、当惑過失、誤差、故意に対する対策を考えてみなさい。

　　　解答：過失及び誤差対策は、回答者に優しいアンケートにし、回答者の都合を考慮したタイミングで実施する事。当惑過失対策は、事前にシミュレーションを良く実施し問い方を洗練させる事。故意対策は、回答者が納得できる説明をする誠意を持ち、適切な罠を設ける事。

章末問題

1. データ収集の際の注意事項を、次の観点からそれぞれ答えなさい。
   1) 兎に角データ量を稼ぎたい。
   2) データ収集に手間が掛かるので、少しずつ長期間に分けて収集したい。
   3) 血液検査結果や CT 画像等の個人データを収集する必要がある。

2. 巷でイヤフォンを利用している人がどの程度いるかを、次の条件で調査してみなさい。
   1) 年齢を未成年、20 歳〜35 歳ぐらいの青年層、定年までの壮年層、リタイヤ層等と大きく 4 階級に分ける。
   2) 男女 2 階級に分ける。
   3) 調査時間帯を早朝(出勤時)、日中、夕方、夜(退勤時)と大きく 4 階級に分ける。
   4) 一カ所で充分なデータ量を収集する。

引用文献

1) 菱田博俊・直井久："立方体の直軸測投影図を認識し易い適切な描画方向に関する諸考察"，図学研究．36-4(2002-12)pp.11-18.
2) 菱田博俊・齋藤嘉孝・菱田啓子："音の心地良い聴覚情報としての有効活用の試行 ― 第二報 環境音の音量調査およびその諸考察"，産業保健人間工学研究，13(2011)pp.23-26.
3) 菱田博俊："わかりやすい材料の基礎"，成山堂．
4) 菱田博俊・岳尾隼人・菱田啓子・御法川学："音の心地良い聴覚情報としての有効活用の試行 ― 第三報 イヤフォンのスペクトル特性調査方法の検討"，産業保健人間工学研究，13(2011)pp.27-30.
5) Hirotoshi Hishida・Toshitarou Mimaki・Genki Yagawa: "Extrapolation for Cree p-Rupture Strength by Nonlinear Programming", WCCM Ⅲ Extended Abstracts, IACM, Ⅱ-H8-4 (1994) pp.1036-1037.
6) 三牧敏太郎・菱田博俊・矢川元基："クリープ破断強度の非線形計画法による外挿推定"，日本機械学会論文集，A 61-586(1995-6)pp.1287-1293.
7) 菱田博俊・桑田明徳・菱田啓子："音の心地良い聴覚情報としての有効活用の試行 ― 第一報 音響難聴に関する諸調査及び諸考察"，産業保健人間工学研究，12(2010)pp.68-71.
8) 菱田博俊・岳尾隼人・江藤慧・菱田啓子・御法川学・金子頴雄："音の心地良い聴覚情報としての有効活用の試行 ― 第四報 イヤフォンのスペクトル特性調査"，産業保健人間工学研究，15 (2013) pp.86-89.
9) 菱田博俊・金子頴雄・張錫亮："リラクゼイション手法の一つの原点である音と人間 ― 第一報 音色の成分設計及び再生プログラムの作成とその適用研究方針の検討"，産業保健人間工学研究，4 (2002)pp.65-68.
10) 菱田博俊・井上卓弥・菱田啓子："音楽の人間工学への適用研究－第二報 音楽療法のストレスケアへの適用に関する基礎研究"，産業保健人間工学研究，16(2014)pp.84-87.
11) 柳内英介・菱田博俊・井上卓弥："音楽の人間工学への適用研究 ― 第一報 無毒材を用いたパイプオルガンによるストレス緩和の試み"，産業保健人間工学研究，16(2014)pp.80-83.
12) 菱田博俊・山田翔："グレアの光源色依存性に関する諸考察：光源を色フィルター付白色 LED にした実験と有色 LED にした実験の比較"，産業保健人間工学研究，15(2013)90-93.
13) 菱田博俊・直井久・御法川学："機械デザイン"，コロナ社．
14) 菱田博俊・直井久："立方体の斜軸測投影図における認識限界に関する諸考察"，図学研究，37-2 (2003)pp.9-17.
15) 菱田博俊・呂学龍・酒井譲・徳植公一："DICOM 形式医療画像データの粒子法への適用ツール開発"，計算工学講演会，CD-ROM 講演概要集，講演番号 16(2011).
16) 有薗功記・菱田博俊・徳植公一："聴覚器官の数値解析に関する基礎研究"，日本機械学会 27 回バイオエンジニアリング講演会論文集，14-67，講演番号 1G 25(2015)pp.277-278.
17) 林涛・菱田博俊："大腿骨モデル作成とその力学特性に関する数値解析的研究（人体数値解析の手法検討）"，DESIGN シンポジウム 2014，十周年記念大会，USB メモリ講演概要集，講演番号 2313(2014).

18) 大坂優太・菱田博俊・大塚康司："クプラに付着した耳石の離脱治療の基礎研究"，日本機械学会 27回バイオエンジニアリング講演会論文集，14-67，講演番号 1G 22(2015)pp.273-274.
19) Hirotoshi Hishida・Masakatsu Ueno・Kazuhiro Higuchi・Takashi Hatakeyama: "Prediction of Helical / Sinusoidal Buckling", Proc., IADC/SPE Asia Pacific Dril. Tech. Conf., Paper No.36384 (1996) pp.175-184.
20) 菱田博俊・佐賀誠・直井久："押出構造部材断面の最適化に関する考察：三次元位相最適化手法の押出形状への適用"，日本機械学会論文集，A 70-690(2004)pp.205-211.
21) Hirotoshi Hishida・Takashi Adachi・Hisashi Hishida: "Hydrodynamic Characteristics associated with Square-pitched Cylinder Array Sup-ported in Two-dimensional Flow at the L-shaped Bent Corner of the Flow Channel", Journal of Computational Fluid Dynamics, 12-3 (2003) pp.540-548.
22) Hirotoshi Hishida・Hisashi Hishida: "3D. NUMERICAL EVALUATION ON STROUHAL FREQUENCY ASSOCIATED WITH FLOW-INDUCED LIFT ACTING ON AN ELASTICALLY SUPPORTED CYLINDRICAL ROD UNDER AXIAL FLOW WITH DIFFERENT VELOCITY", Annals of Nuclear Energy (2015) 掲載予定.
23) 国税庁長官官房企画課："民間給与実態統計調査(平成22年分)"(2011).
24) 総務省統計局："身長と体重の平均値"，21章「保健衛生」，http://www.stat.go.jp/data/nihon/21.htm.
25) 菱田博俊："20代の体格"，研究データ(2014).
26) 菱田博俊："大学生の英語の能力と関心の相関"，研究データ(2014).
27) JIS-Z8115：2000："信頼性用語 Glossary of Terms Used in Reliablity".
28) NASA SSP 30000 S.9.
29) Siméon Denis Poisson："Recherches sur la probabilite des jugements (Researches on the Probabilities)"(1837).
30) Владислав Иосифович Борткевич: "Das Gesetz der kleinen Zahlen (The Law of Small Numbers)", Leipzig (1898).
31) Teramonagi："ポアソン分布と指数分布のいけない関係"，第20回R勉強会@東京(2012-01).
32) 東京大学教養統計学講座，講義ノート(1983).
33) 菱田博俊：工業力学及び演習講義資，第二章.
34) 例えば、清水良一："中心極限定理"，シリーズ新しい応用の数学(14)，教育出版(1976).
35) Thomas Bayes・Richard Price: "An Essay towards solving a Problem in the Doctrine of Chance. By the late Rev. Mr. Bayes, communicated by Mr. Price, in a letter to John Canton, M. A. and F. R. S.", Philosophical Transactions of the Royal Society of London, 53-0 (1763) pp.370-418.
36) Student: "The probable error of a mean", Biometrika, 6-1 (1908) pp.1-25.
37) N. K. Raju Tonse: "William Sealy Gosset and William A. Silverman: Two "students" of science", Official Journal of the American Academy of Pediatrics, 116-3 (2005) pp.732-735.
38) 例えば、編/国立天文台："理科年表"，(2008)pp.456, 460, 466.
39) 例えば、秋元尚義："太陽系の進化と質量分析"，ぶんせき，3(1999)pp.219-228.
40) 例えば、渡辺義見・三浦博己・三浦誠司・渡邊千尋："図でよくわかる機械材料学"，コロナ社，pp.42-56.

引用文献

41) 例えば、平川直弘・岩崎智彦："原子炉物理入門"，東北大学出版会(2003).
42) 例えば、望月修・市川誠司："生物から学ぶ流体力学"，養賢堂(2010)p.63.
43) 例えば、日本機械学会："機械工学辞典"，丸善(2007).
44) 例えば、R. Courant・D. Hilbert: "Methoden Der Mathematischen Physik"，訳/丸山滋弥・斎藤利弥："数理物理学の方法"，東京図書.
45) 警察庁交通局交通企画課："交通事故統計(平成27年1月末)".
46) 警察庁交通局交通企画課："平成26年中の交通死亡事故の特徴及び道路交通法違反取締り状況について(平成27年2月19日)".
47) 奥瀬平七郎："処世の哲理 忍法皆伝"，上野市観光協会.
48) トマ.ピケティ・訳/山形浩生・守岡桜・森本正史："21世紀の資本"，みすず書房.
49) 例えば、"やさしい天気教室"，なぜなに理科学習漫画，2，集英社.
50) 新日鉄住金株式会社："カラー図解 鉄と鉄鋼がわかる本".
51) 例えば、山口正之："忍者の生活"，生活史叢書，2，雄山閣.
52) 編/矢川元基："ニューラルネットワーク"，計算力学とCAEシリーズ，12，培風館.
53) 理化学研究所："元素誕生の謎にせまる 増補版"，教育用VTR.
54) 菱田博俊："太陽のイタズラ"，教育用VTR, HHF-VTR01(1998).
55) 例えば、出射忠明："続 自動車メカニズム図鑑"，グランプリ出版.
56) 編/豊田正敏・尾池英夫・湯原豁・水野勝巳："原子力発電技術読本"，オーム社.
57) ヘルベルト.ユングハンス・訳/郡司すみ："アップライト及びグランドピアノの構成"，社団法人日本ピアノ調律師協会.
58) 例えば、境田彰芳・上野明・磯西和夫・西野精一・堀川教世："材料強度学"，機械系教科書シリーズ，26，コロナ社.
59) 沢山俊民："CDによる聴診トレーニング 心音編"，南江堂.
60) 川城丈夫・菊池功次・阿部直・米丸亮・監/石原恒夫："CDによる聴診トレーニング 呼吸音編"，南江堂.
61) 種本香・原田小夜・大籠広恵・安孫子直子・永井ひろ子："看護大学生における性感染症の知識と意識の実態"，聖泉看護学研究，2(2013)pp.89-96.
62) 岩崎礼子・舩田松代・市川誠一・鳥羽和憲："横浜市内の女子大学生におけるエイズについての意識と教育効果に関する研究"，横浜女子短期大学研究紀要，12(1997)pp.1-23.
63) K. Paige Harden: "True Love Waits? A Sibling-Comparison Study of Age at First Sexual Intercourse and Romantic Relationships in Young Adulthood", Psychological Science, (2012-13) pp.1324-1336.
64) 牧野幸志："青年期における恋愛と性行動に関する研究(1) － デート状況と性行動の正当性認知との関係 －"，経営情報研究，16-2(2008)pp.1-10.
65) 若尾良徳："女子短大生にみられる性体験率の過大視とマス・メディア接触による影響"，和洋女子大学紀要人文系編，46(2006) pp.71-82.
66) 澤村いのり："大学生が恋人とセックス(性行為)をする理由とセックス(性行為)満足度と関係満足度及び自己愛との関連"，日本青年心理学会大会発表論文集，21(2013)pp.28-29.
67) 総務省:"平成24年版 情報通信白書"(2012).

68) NIST："The NIST Reference on Constants, Units, and Uncertainty", http://physics.nist.gov/cgi-bin/cuu/Value?rp.
69) "The Universe", Life Nature Library, Time Life Books.
70) Hirotoshi HIDHIDA："Study on Viscoplastic Constitutive Equation and Its Application to Some Engineering Problems", Doctor Thesis of The University of Tokyo, Faculty of Engineering Department of Nuclear Engineering, 97123, Dec 20 (1991).
71) B. L. Welch："The generalization of "Student's" problem when several different population variances are involved", Biometrika, 34-(1-2) (1947) pp.28-35.
72) 資源エネルギー庁："平成25年度エネルギー白書"（2014-6）.
73) 文部科学省："大学・短期大学等の入学者数及び進学率の推移".
74) 西光雅弘・堀智織："現在の音声認識にできること・できないこと（小特集 音響学における未解決問題）"，日本音響学会誌，71-3（2015-3）pp.158-163.
75) 新崎卓："指紋認識技術と応用商品（＜特集＞人の認識・計測）"，精密工学会誌，7-2（2005-2）pp.176-179.
76) 小林積博・陳キュウ："実空間及び周波数空間における画像特徴量を用いた顔認識"，工学院大学研究報告，第117号（2014-10）pp.39-44.
77) 町好・劉超："透視における生理測定"，J. Int. Society of Life Information Science, 19-2（2001-9）pp.421-425.
78) 佐伯勝敏・鬼頭亨東・関根好文："DSPを用いた心音特徴検出システムに対する検討"，電子情報通信学会論文誌，A, 93-11（2010）pp.732-738.
79) 横井正史・魚住善一郎・岩塚徹・渡辺佳彦・安井昭二："循環器集団検診における心音図自動診断"，第32回東海第10回北陸合同地方会総会，Japanese circulation journal, 38-5（1974-7）p.455.
80) 薄葉恵史・長澄人・鈴木夕子・牧田香理・友田恒一・尾辻秀章・山本清誠・米田尚弘・成田亘啓："肺癌による中間気管支幹狭窄患者の肺音解析"，第62日本気管支学会近畿支部会，Paper-No.23, 日本気管支研究会雑誌，21-1（1999-1）p.81.
81) 後藤英典・中尾将之・大柳文義・二宮浩範・森彰平・松浦陽介・上原浩文・文敏景・中川健・丹保裕一・柳谷典子・堀池篤・宝来威・西尾誠人・奥村栄："気管支鏡検査中に脳空気塞栓症を発症した1例"，日本気管支研究会雑誌，36-6（2014-11）pp.649-655.
82) 松崎純子・小野百合・中川幸恵："健診におけるbaPWVを指標とした,血糖と動脈硬化の関わり：メタボリックシンドローム診断基準を通じて"，日本健康医学会雑誌，23-1（2014-4）pp.18-25.
83) 村上佳津美・土生川千珠・長坂行雄・竹村司："小児の声帯機能不全と気管支喘息における呼吸音の比較"，日本小児アレルギー学会誌，27-4（2013）pp.574-579.
84) 谷山朝一・近藤健一・木竜徹："Javaを用いた生体情報計測・閲覧システムの開発"，電子情報通信学会技術研究報告，MBE, MEとバイオサイバネティックス，101-93（2001-5）pp.53-60.
85) 杉田誠・加川幸雄・土屋隆生："ニューラルネットワークによる心電図自動診断"，シミュレーション・テクノロジー・コンファレンス発表論文集，（1996-6）pp.261-264.
86) 村山伸樹・奥村チカ子・中西亮二・本木実・小林達矢："ニューラルネットワークを用いた上肢運動失調症に対する自動診断支援システムの開発：脊髄小脳変性症へのアプローチ"，脳波と筋電図，

25-3（1997-6）pp.276-285.
87) 蒲浦光正・大野弘子・高橋緑・高橋朋良・杤久保修："小・中規模事業場における自己採血法を用いた生活習慣病改善指導法の検討"，産業衛生学雑誌，49-3（2007）pp.89-97.
88) 浦上裕子・川村光毅・鷲沢嘉一・日吉和子・チホツキアンジェイ："音楽認知におけるγ活動の意義─意識・認知との関連から─"，臨床神経生理学，41-4（2013）pp.209-219.
89) 池田学・田辺敬貴・橋本衛・森悦朗："語義失語と priming: 潜在記憶と顕在記憶の観点から"，日本失語症研究会誌，15-3（1995-9）pp.235-241.
90) 岡久慶："立法情報 イギリス 嘘発見器を使った性犯罪者監視制度の試行"，外国の立法 月刊版，237-2（2008-11）pp.8-9.

全体的に参照した文献
- 林周二："統計学講義第2版"，丸善．‥‥著者が大学で統計学を履修した際の教科書である．
- 文部科学省：高等学校学習指導要領解説，数学，統計．
- 文部科学省：中学校学習指導要領解説，数学，統計．
- マイケル．カプラン・エレン．カプラン・訳/対馬妙："確率の科学史─「パスカルの賭け」から気象予報まで"，朝日新聞社（2007）．
- D. S. Salsburg: "The lady tasting tea: How statistics revolutionized science in the twentieth century", New York, W. H. Freeman & Co. (2001) ＝デイヴィッド．サルツブルグ・訳/竹内惠行・熊谷悦生："統計学を拓いた異才たち"，日経ビジネス人文庫，日本経済新聞社（2006）．
- F.H. マティーニ・M.J. ティモンズ・M.P. マッキンリ・監訳/井上貴央："カラー人体解剖学 構造と機能：ミクロからマクロまで"，西村書店．
- 編/東京大学教養学部体育研究室："保健体育講義資料"，東京大学出版会．
- 編/乾吉佑・亀口憲治・東山紘久・氏原寛：心理療法ハンドブック，創元社．
- 鎌倉市指定数学教科書，"新しい数学"，1〜3，東京書籍．
- 鎌倉市指定技術教科書，"技術・家庭 技術分野"，開隆堂．
- 鎌倉市指定理科教科書，"中学校科学1"，学校図書．
- 金田一晴彦・池田弥三郎："学研 国語大辞典"，学習研究社．
- "Oxford Wordpower Dictionary", Oxford University Press.

章末問題の答え

【第1章】
1. 1) データは、推論に基づき結論を出すための情報である。因みに本文では説明していなかったが、情報とは一般的には「事件や物事の事情や内容等の知らせ、知識や資料、又は信号等」と定義される。
   2) 予測より予報は、多少占い的な要素が感じられる。また、予想には期待感を、予定には意志（希望感）をニュアンスとして含み、予断とは覚悟を伴う。因みに、予知は前もって認識する行為全般を指し、予言はうさんくささが免れ得ない。
   3) 1.3節及び1.4節を参照されたし。情報は大きく、直接情報と間接情報に分けられ、間接情報は大きく予定情報と予定外情報（隔靴情報と遭遇情報）に分けられる。

2. 全体をその一部から予測する為の学問であり、それを道具として駆使できて初めて価値が見出せる。

3. 1) なるべく直接データを多く収集できる様に心掛け、データ提供者の負担をなるべく軽減できる様に収集方法を検討する。悪戯にデータ数を増やす様な愚行は控えるべきだが、何か得られそうだと感じたデータは収集を検討すべきである。
   2) いつ、どこで、誰が、なぜ、どうやって得たデータか等を明記し、喪失や漏洩が起きない様に厳重に保管する。
   3) 直接データについては、グラフ化等の適切な処理をして的確な解釈等の高品質な分析を行う様に心掛ける。間接データについては、求めるデータを導出できる様なデータ処理を見出す努力をし、然る後に直接データ同様の処理と分析を心掛ける。尚、後述の通り、データの一部が欠落していたり信憑性が低い場合等もあるので、その場合はそれを考慮して他のデータと比較、総括しなければならない。

【第2章】
1. 1) 表2-1(a)'及び(b)'の通り。偏差の平均は定義上0なので無意味。平均の平方根は解釈できないので無記入。全国平均値からは偏差や偏差二乗は計算できない。
   2) 平均は表の実値の相加平均の欄、分散は偏差二乗の相加平均の欄、標準偏差は偏差二乗の平方根の欄の値。
   3) 年齢の平均値を比較し、男女とも若いメンバーが多い。一方、身長と体重の平均値を比較し、女子は体格が良く、男子は体格が良いが肥満の傾向も見てとれる。男子の体重の標準偏差が大きく、男子は身長より体重がばらついている。

2. 1) 表2-5'の通り。
   2) 図2-3の通り。

章末問題の答え

表 2-1(a)′：女子集団のデータ処理表（完成版）

平成 26 年女子		年齢			身長			体重		
		実値	偏差	偏差^2	実値	偏差	偏差^2	実値	偏差	偏差^2
個人値	優美子	26	2.83	8.03	169.5	6.00	36.00	60.0	3.92	15.33
	智　美	25	1.83	3.36	170.3	6.80	46.24	60.7	4.61	21.23
	蓮　香	23	-0.17	0.03	164.5	1.00	1.00	55.7	-0.40	0.16
	亜弥夏	22	-1.17	1.36	155.3	-8.20	67.24	53.0	-3.13	9.81
	実　絆	22	-1.17	1.36	163.4	-0.10	0.01	56.3	0.15	0.02
	霞	21	-2.17	4.69	158.0	-5.50	30.25	51.0	-5.13	26.34
	相加平均	23.2		3.14	163.5		30.12	56.1		12.15
	平方根			1.77			5.49			3.49
全国平均値	平成 6 年	25			157.5			51.2		
	平成 16 年	25			158.3			50.9		

表 2-1(b)′：男子集団のデータ処理表（完成版）

平成 26 年男子		年齢			身長			体重		
		実値	偏差	偏差^2	実値	偏差	偏差^2	実値	偏差	偏差^2
個人値	敬	25	2.67	7.11	178.0	6.20	38.44	74.0	6.13	37.62
	隆太郎	24	1.67	2.78	172.0	0.20	0.04	66.2	-1.67	2.78
	大　地	22	-0.33	0.11	171.0	-0.80	0.64	70.0	2.13	4.55
	沙次郎	22	-0.33	0.11	172.2	0.40	0.16	66.4	-1.47	2.15
	周　夫	21	-1.33	1.78	166.6	-5.20	27.04	74.6	6.73	45.34
	譲	20	-2.33	5.44	171.0	-0.80	0.64	56.0	-11.87	140.82
	相加平均	22.3		2.89	171.8		11.16	67.9		38.88
	平方根			1.70			3.34			6.24
全国平均値	平成 6 年	25			170.8			64.4		
	平成 16 年	25			171.8			66.5		

表 2-5′：男女給与所得者の平成 18 年と平成 22 年の年収別人数度数分布表（7 階級完成版）

人数 N [千人] 年収[万円]	男性								女性							
	H18				H22				H18				H22			
0 ～ 200 （100）	2625	0.096	2625	0.096	2677	0.098	2677	0.098	7597	0.436	7597	0.436	7775	0.426	7775	0.426
200 ～ 400 （300）	8133	0.296	10758	0.392	9040	0.331	11717	0.429	6654	0.382	14251	0.817	7191	0.394	14966	0.821
400 ～ 600 （500）	8272	0.301	19030	0.693	8395	0.308	20112	0.737	2291	0.131	16542	0.949	2404	0.132	17370	0.953
600 ～ 800 （700）	4307	0.157	23337	0.850	3835	0.141	23947	0.878	554	0.032	17096	0.980	552	0.030	17922	0.983
800 ～ 1000 （900）	2033	0.074	25370	0.924	1734	0.064	25681	0.941	177	0.010	17273	0.991	167	0.009	18089	0.992
1000 ～ 2000 （1500）	1874	0.068	27244	0.993	1446	0.053	27127	0.994	144	0.008	17417	0.999	124	0.007	18213	0.999
2500 ～ （－）	202	0.007	27446	1.000	161	0.006	27288	1.000	21	0.001	17438	1.000	19	0.001	18232	1.000
合計	27446		累積		27288		累積		17438		累積		18232		累積	

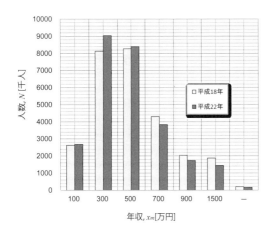

図 2-3(a)：男性の年収分布（7 階級）

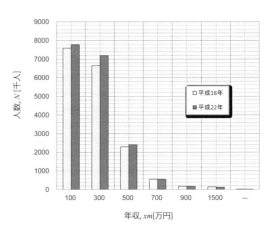

図 2-3(b)：女性の年収分布（7 階級）

3) 14 階級と 7 階級でピークが異なり（男性平成 18 年）、また 14 階級のヒストグラムでは見えていた 1200 万円の小さいピークが 7 階級のヒストグラムでは消失している。これだけデータがあるので詳細に階級分けした方が良い。もっと階級分けすると、見えていなかった別の特徴が見えてくる可能性もある。

【第 3 章】
1. 1) 僅か 6 人のデータで詳細な議論は本来危険であるが、これは頭の体操だと思って敢えていろいろ考えられたい。偏差の絶対値が身長と体重の両方で顕著に大きい者が 2 名いる事に気づくと思う。敬はいずれも過大であり、周夫は身長が低いのに反して体重は重い。また体重で非常に突出しているのが譲である。全国平均は沙次郎に近いので、ここまでの情報からは恐らく周夫と譲が肥満又は肥満予備軍である事が想像できる。敬はむしろ体格が抜群に良く、大地もある程度良いのではないかと考えられる。
   2) 周夫と譲のデータを消去し、代わりに 6 人の平均値をグラフにプロットすると、程良く回帰できそうな気もしてくる。そこでやってみると、次の通りとなる。
      - y 方向に関する最小二乗法で求めた回帰直線のパラメータ：$a = 0.911$、$b = -88.79$。細実線の回帰直線を得る。
      - x 方向に関する最小二乗法で求めた回帰直線のパラメータ：$a = 0.699$、$b = 124.84$。細破線の回帰直線を得る。

      これらの 2 本の回帰直線は、男子の平均点で交差する。

2. 1) 英語能力が 10 〜 15 で関心が −5 〜 0 の階級で、最大値 28 となる。
   2) 中央に険しいピークがあり、その裾野の広がり方に方向性は殆ど認識できない。正の相関があったら値が大きくなる左下と右上の隅の値は小さく、負の相関があったら値が大きくなる左上と右下隅の値と余り変わらない。

3) 英語能力の階級に拘わらず概して山型の分布を示し、英語能力の5以上の階級においてこれらの山のピークは緩い正の相関を示す。一方、英語能力の0～5の階級では負の相関を示す。
4) 関心の階級に拘わらず概して山型の分布を示し、これらの山のピークは全体として緩い正の相関を示す。
5) 見た目は殆ど無相関に見えても、相関係数が0.3程度の値にはなる。この場合には、右上の値が相関性を正に引っ張っている。

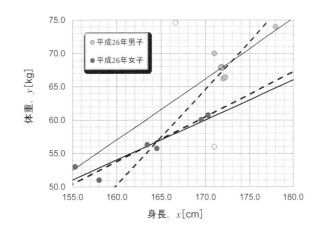

図3-2″：男女の身長と体重の直線回帰

【第4章】

1. 1) 図4-1、表4-2と図4-7、或いは後述の表4-4と図4-8を見ると判るが、度数（確率）最大値は期待値に対応する。従って、式 (4-3) より np である。
   2) 式 (4-3) より、ばらつきを意味する母分散が最大になるのは $p(1-p)$ が最大になる時である。$d\sigma^2/dp = 1-2p = 0$ になるのは $np = 0.5$ の時である。$p(1-p)$ は上に凸の関数なので $p=0.5$ の時にばらつきは最大となる。図4-1 が解り易い。
   3) 式 (4-3) より、平均も分散も抽出量 n に比例する。ばらつきを比較する際に用いる変動係数 (3.4節) は $\sqrt{np(1-p)}/np = \sqrt{(1-p)/np}$ となるので、n を大きくする程ばらつきは小さくなると言える。しかし一方で、図4-1 で例えば $B(10, 0.50)$ と $B(20, 0.50)$ を比較すると判るが、縦横比を調整すると形状が全く一致する。

2. 1) 一般的には、発生確率が1%、5%或いは10%以下の場合には珍事と見做す事が多い。この場合は式 (4-1d) の通り8%の確率で起こり得るので、もし10%以下の場合を珍事と考えようと取り決めた場合には珍事、即ちその人はジャンケンが特別に弱い事になるが、その他の取り決めの場合には珍事ではない、即ち特に弱いとは言えない事になる。

   例え僅かでも起こり得る事象が起こってしまったら、そうかと思うより他ない。ジャンケンが弱いかどうかはデータからだけでは何とも言えない。そこで、ある程度以上負けた場合には珍事と予め取り決め、その取り決めに従って珍事と言うかどうかを決定するのである。

   2) 簡単に考えると100人中8.23人（∵式 (4-1d)）程度は4回負けて然るべきと言えそうである。ところが倍近くの15人が負けたという状況をどう考えるかを問われている。

   表4-4 に負け数とその確率の度数分布表を、図4-8 にその確率質量を示す。この問題は、この7通りの負け数から100回抽出した場合に負数4回となる確率を求める問題に帰着

表 4-4：負け数に関する度数分布表

負ける回数			確率
偏差2	偏差	実値	（重み）
16	4	6	0.0014
9	3	5	0.0165
4	2	4	0.0823
1	1	3	0.2195
0	0	2	0.3292
1	-1	1	0.2634
4	-2	0	0.0878
		総和	1.0000
		期待	2.0000
		分散	1.3333

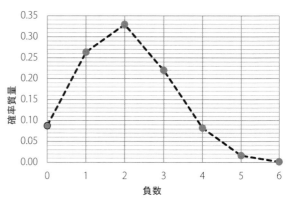

図 4-8：確率分布

する。すると、1% 未満の確率でしか発生し得ないので、珍事と言えると結論付けられる。

$$P[X=15] = \binom{100}{15} 0.0823^{15}(1-0.0823)^{100-15} = 0.0009214$$

因みに、7、8 及び 9 人が 4 回負ける確率は、以下の通りとなる。8 人の確率がピークになっている事が判る。一方で、4 回負ける確率が 8% 程度なので、100 人中 8 人がそうなる確率が最大値となって然るべきであろう。

$$P[X=7] = \binom{100}{7} 0.0823^{7}(1-0.0823)^{100-7} = 0.139$$

$$P[X=8] = \binom{100}{8} 0.0823^{8}(1-0.0823)^{100-8} = 0.145$$

$$P[X=9] = \binom{100}{9} 0.0823^{9}(1-0.0823)^{100-9} = 0.133$$

【第5章】

1. 1) 母数は、平均 μ と分散 σ^2（標準偏差 σ）。$f(x) = \dfrac{1}{\sqrt{2\pi}\sigma} \exp\left\{-\dfrac{(x-\mu)^2}{2\sigma^2}\right\}$ （∵式(5-5)）。

   2) 左右対称で x 軸に漸近する紡錘形で、裾野と頂上は滑らかに方向を変える。中心は平均を示し、広がり度合いは分散の大きさと関係する。

   3) 平均 $\mu=0$、分散 $\sigma^2=1$ の正規分布が、標準正規分布。

   4) 0.03989（4% 弱と覚えると良い）。因みに平均値＝0。

2. 表を完成させると、表 5-3' の様になる。87 点も取っているのに偏差値が 49.14 とは、簡単な試験だったのか、或いは皆相当出来が良かったのか ････。

   1) 平均 = 87.4 点、分散 = 21.84 点、標準偏差 = 4.67 点。

   2) 表 5-3' の通り。用いる式は、$z = \dfrac{10(x-\mu_x)}{\sigma_x} + 50$。

章末問題の答え

（∵ 標準正規分布への変換式 $\hat{x} = (x - \mu_x)/\sigma_x$ と、偏差値の定義式 $z = 10\hat{x} + 50$ より。）

3) 正規分布は中心付近にデータが密集しているので、平均付近で少し頑張れば順位は大きく上がるが偏差値は殆ど変わらない。つまり、点が平均点より離れるに従って、点を上げるのが難しくなっていく。

4) 偏差値 40 とは標準正規分布における変数 −1、偏差値 60 とは標準正規分布における変数 1 に対応する。∴ 表より 34.1345 × 2 = 68.27%。因みに、この幅を「イチシグマ」1σ と称する。ついでながら 2σ は標準正規分布の変数 −2 〜 2（偏差値 30 〜 70）の幅で確率 95.45% で入る領域、3σ は標準正規分布の変数 −3 〜 3（偏差値 20 〜 80）の幅で確率 99.73% で入る領域として良く用いる。一般には 3σ を外れた場合は、相当珍しいと認識される。

5) 分布のピークが 2 箇所ある場合等、正規分布と大きく異なるデータ。

表 5-3′：10 人の試験結果（完成版）

名前	素点	偏差^2	偏差値
優二郎	83	19.36	40.58
巫美子	91	12.96	57.70
美鈴	79	70.56	32.03
沙三郎	84	11.56	42.72
Rainbow	88	0.36	51.28
聡一郎	96	73.96	68.40
美悠貴	85	5.76	44.86
晶冠	89	2.56	53.42
雅一郎	92	21.16	59.84
則四郎	87	0.16	49.14
平均	87.4	21.84	50.00
標準偏差		4.67	

3. 表 5-4 の通り。

表 5-4：サイコロを振って出る目の数の平均

(a) 1 回

偏差^2	偏差	得点	確率
6.25	−2.5	1	0.17
2.25	−1.5	2	0.17
0.25	−0.5	3	0.17
0.25	0.5	4	0.17
2.25	1.5	5	0.17
6.25	2.5	6	0.17
		平均	3.5
		分散	2.92
		標準偏差	1.71

(b) 2 回

偏差^2	偏差	得点	実値	確率	組合数
6.25	−2.5	1.0	2	0.03	1
4.00	−2.0	1.5	3	0.06	2
2.25	−1.5	2.0	4	0.08	3
1.00	−1.0	2.5	5	0.11	4
0.25	−0.5	3.0	6	0.14	5
0.00	0.0	3.5	7	0.17	6
0.25	0.5	4.0	8	0.14	5
1.00	1.0	4.5	9	0.11	4
2.25	1.5	5.0	10	0.08	3
4.00	2.0	5.5	11	0.06	2
6.25	2.5	6.0	12	0.03	1
		平均	3.5		
		分散	1.46		
		標準偏差	1.21		

4. 1) 標本集団。母集団は製造された全ての SS400（のロット）。

2) 破壊試験。

3) 先ず、標準正規分布において確率 90%、即ち片側 0.45 の累積確率に対応する変数は約 1.545。次に、現在の標本集団を変換し、標準正規分布に対応付けする。

$$-1.545 \leq \frac{\mu_x - \tilde{\mu}}{\sqrt{\sigma^2/n}} \leq 1.545 \quad \therefore \quad 402 - 1.545\sqrt{\frac{5}{15}} \leq \tilde{\mu} \leq 402 + 1.545\sqrt{\frac{5}{15}}$$ より、製品の母平均

値は 401.108 〜 402.892MPa の中に確率 90% で入っている。（前述の通り、ばらつきの話はしていないので、製品全体の何 % が仕様を満足しているかまでは議論できていない。）

【第 6 章】
1. 1) 0.362。

   2) 中央はより尖っているが、周囲は平たい、押し潰して左右に広げた形をしている。より遠くまでばらついている。

   3) 0.408、0.463。

   4) 急激に標準正規分布に近づく。

   5) 約 1.39。

   6) $0 \leqq x \leqq 3$ の範囲に在る確率の倍を 1 から引けば良い。
   ∴ $1 - 0.471167 \times 2 = 0.05777$。

   7) 両側 5% を除いた中央部は 95%、その半分は 47.5%。∴ 約 2.79。

2. 1) $t = \dfrac{402 - \tilde{\mu}_X}{\sqrt{5/(11-1)}} = \dfrac{402 - \tilde{\mu}_X}{\sqrt{0.5}} = \dfrac{402 - \tilde{\mu}_X}{0.7071}$ (6-3b)

   2) $\tilde{\mu}_X > 403$ と仮定するのだから、$t < -1.41$ となる。自由度 $\nu = 14$ の片側 90% 検定であり、累積確率 0.40 に対応する t は -1.345 である。つまり、$t \geqq 1.345$ であれば良いが、-1.41 はその範囲に入っていないので、仮説「期待値が 403 以上である」は棄却される。

   3) 次に、$\tilde{\mu}$ が未知数となり、それがどの範囲に入るかを求めるので今度は両側検定する。累積確率 0.45 に対応する t は約 1.76。従って式 (6-3b) より、$-1.76 \leqq t \leqq 1.76$ に対応する $400.76 \leqq \tilde{\mu} \leqq 403.24$ が得られる。即ち、確率 90% で $400.76 \leqq \tilde{\mu} \leqq 403.24$ である。t の値は、5 章末問題 4. の z の値より広くなっており、実際には正規分布を用いるよりは曖昧な状況である事を意味している。
   尚、2) で $\tilde{\mu} > 403$ を棄却したが、両側検定の 3) では $\tilde{\mu}$ の範囲に 403 が入っている。

3. 1) $\mu_f = 56.1\text{kg}$　$\sigma^2_f = 12.15$（因みに標本不偏分散 $= 14.579$）　$n_f = 6$。

   2) $\mu_m = 67.9\text{kg}$　$\sigma^2_m = 38.88$（因みに標本不偏分散 $= 46.651$）　$n_m = 6$。

   3) $t = \dfrac{(56.1 - 67.9) - (\tilde{\mu}_X - \tilde{\mu}_Y)}{\sqrt{\dfrac{12.15}{6-1} + \dfrac{38.88}{6-1}}} = \dfrac{(56.1 - 67.9) - (\tilde{\mu}_X - \tilde{\mu}_Y)}{\sqrt{\dfrac{14.579}{6} + \dfrac{46.651}{6}}} = \dfrac{-11.8 - (\tilde{\mu}_X - \tilde{\mu}_Y)}{3.19453}$ (6-3c)

   4) $(\tilde{\mu}_X - \tilde{\mu}_Y) = -15.6$ と仮定するので、$t \fallingdotseq 1.19$ となる。この場合は外しても良い方向が決まっていないので両側検定となり、t が + 或いは − 側に 47.5% に入っていればこの仮定は正しい事になる。自由度 $t = 5 + 5 = 10$ の場合の累積確率 0.475 は $t =$ 約 2.26 に対応する。つまり、$-2.26 \leqq t \leqq 2.26$ であれば良いので、1.19 は仮説「男女の母平均の差が -15.6」を棄却しかねる事を意味する。6.5 節の確認問題では 90% で区間検定したが、検定区間が 5% 広がった結果 t の判定が緩くなった。

章末問題の答え

5) 次に、$\tilde{\mu}$ が未知数となり、それがどの範囲に入るかを求めるので今度も両側検定する。累積確率 0.475 に対応する t は同じく約 2.26。従って式 (6-3c) より、$-2.26 \leq t \leq 2.26$ に対応する $-19.02 \leq \tilde{\mu} \leq 4.58$ が得られる。即ち、確率 95% で $-19.02 \leq (\tilde{\mu}_x - \tilde{\mu}_y) \leq 4.58$ である。6.5 節の確認問題では 90% で区間推定したが、推定区間が 5% 広がった結果 t の推定が曖昧になった。

【第 7 章】

1. 1) 0.049787068（約 50%）。　2) 1 - 0.157299207 = 0.842700793（約 84.3%）。
   3) 7.6。　　　　　　　　　　4) 67% に対応する 3.2。

2. 1) 仮説：「過酷気象によりばらつきは変化していない」
   式 (7-3) に母分散 $\tilde{\sigma}^2 = 8.5$、本日の標本不偏分散 $\tilde{\sigma}_x^2 = 13.7$、抽出数 $n = 3$ を代入して、式 (7-3b) の通り $Z = 3.22$ を得る。

   $$Z = \chi_k^2 = \frac{(n-1)\tilde{\sigma}_x^2}{\tilde{\sigma}^2} = \frac{(3-1)13.7}{8.5} = 3.22 \quad (7-3b)$$

   一方、自由度 $k = 3-1=2$ における危険率 10% とは、表 7-1 より $Z =$ 約 4.6 に対応する。3.22<4.6 なので、事実は危険域には入っていない。即ち、仮説は棄却できず「過酷気象によりばらつきは変化したとは言えない」事が判る。

   2) $Z = 3.22$ に対応する累積確率は表 7-1 の自由度 2 の列より、約 0.19。即ち、この程度以上の変動は 19% の確率で起こり得るので、それほど珍しい現象とは言えない。

   3) 対応する $Z <$ 約 4.6 なので、$\tilde{\sigma}_x^2 < 19.55$。13.7 はこの範囲内にある。

   4) 抽出数 $n = 3$、標本不偏分散 $\tilde{\sigma}_x^2 = 13.7$ を既知として、母分散 $\tilde{\sigma}^2$ を求める。一方、両側（特に片側にする理由がない）の 90% 区間とは、累積確率が 0.95 から 0.05 の区間であり、自由度 $k = 2$ においては約 $0.1 \leq Z \leq$ 約 6.0 の範囲となる。従って、式 (7-3b) より $4.57 \leq \tilde{\sigma}^2 \leq 27.4$ に 90% の確率で入る。8.5 はこの範囲内にある。

3. 1) 血液型 OA と OB の両親からは、全ての血液型が確率 25% で出現する。
   2) 式 (7-4b) の通り、6.08。

   $$Z = \chi^2 = \frac{(29-25)^2}{25} + \frac{(19-25)^2}{25} + \frac{(33-25)^2}{25} + \frac{(19-25)^2}{25} \quad (7-4b)$$

   3) 自由度は 4-1=3。$Z \geq 6.08$ に対応する累積確率は約 11%。10 回に 1 度は発生する頻度‥‥例えば危険率 10% 推定では珍事ではないが危険率 15% 推定では珍事となる。しかし一般的には 10% 以上の危険率を採る事はまず無い。

【第 8 章】

1. 1) 約 0.400。
   2) 1 - 0.333 = 0.667。
   3) 66.6% に対応するのは $0.25 \leq F$、33.3% に対応するのは $1.6 \leq F$。

4) 33.3%とは表における66.6%に対応する$0 \leqq F \leqq 0.625$（表からは$(0.674199862 \times 1 + 0.645497224 \times 2) \div 3 = 0.655$と線形補間で計算するが、この場合は後述の通り0.625と解る。）、66.6%とは表における33.3%に対応する$0 \leqq F \leqq 4.0$。

3)と4)では、2つの自由度が逆であり、同じ事象を逆観点で考えている。3)の0.25と4)の4.0、3)の1.6と4)の0.625は互いに逆数になる。

2. 1) $z_1 = \dfrac{X_1 - 34}{18}$、$z_2 = \dfrac{X_2 - 43}{21}$　（∵式(5-6)）。

　　2) $\chi_1^2 = \dfrac{(9-1)14}{18} = 6.22$、$\chi_2^2 = \dfrac{(7-1)23}{21} = 6.57$　（∵式(7-3)）。

　　3) 8、6。

　　4) $F(8,6) = \dfrac{6.22/8}{6.57/6} = 0.71$　（∵式(8-5)）。$F(6,8)$は逆数1.44である。

3. 女子は変動 = 72.89、自由度 = 5なので、不偏分散 = 14.578。男子は変動 = 233.25、自由度 = 5なので、不偏分散 = 46.65。従って、14.578/46.65 = 0.3125は$F(5, 5)$に従う。最初に問題の助言通り$F(5, 5)$の代わりに$F(5, 6)$の列を見てみると、約0.889に対応する。ばらつきの多い男子に着目すると、これ以上男子のばらつきが女子を上回る確率は、約11%である事を意味する。かなり珍しいが、危険率10%の検定ではばらつきに違いがあるとは言えないのである。データ数が6程度であれば、3倍程度のばらつきは考えられる範囲という事である。

　　尚、本当は$F(5, 5) = 0.3125$の値、0.886を参照しなければなない。即ち、これ以上男子のばらつきが女子を上回る確率は、約12%となる。確率はほぼ同じながらより高く、珍しさも減っている。先程見た$F(5, 6)$の列より$F(5, 5)$の列はデータが一つ少ないが故に、ばらつきも当然それだけあって然るべきという統計学の教えである。

【第9章】

1. 1) 時間の単位を年とする。${}^{60}_{27}\text{Co}$は$f_{60Co}(t) = 100 \cdot 0.5^{\frac{t}{5.2713}}$、${}^{134}_{55}\text{Cs}$は$f_{134Cs}(t) = 100 \cdot 0.5^{\frac{t}{2.0648}}$。

　　2) $f_{60Co}(1) = 100 \cdot 0.5^{\frac{1}{5.2713}} = 87.7$、$f_{134Cs}(1) = 100 \cdot 0.5^{\frac{1}{2.0648}} = 71.5$。

　　∴ ${}^{60}_{27}\text{Co}$は$100 - 87.7 = 12.3$、${}^{134}_{55}\text{Cs}$は$100 - 71.5 = 28.5$が崩壊した。

　　3) $0.5^{\frac{t}{5.2713}} = 5 \cdot 0.5^{\frac{t}{2.0648}}$より、$\dfrac{t}{5.2713} \ln 0.5 = \ln 5 + \dfrac{t}{2.0648} \ln 0.5$、　∴ $t = 7.88$年後。

2. 1) $F(t) = 0.012 - e^{-0.012t}$。　　2) $1 - R(t) = 1 - F(t) = e^{-0.012t}$。　　3) $1 - R(3) = e^{-0.012 \cdot 3} = 96.46\%$。

　　4) 1年経って初めて故障する確率は$F(t) = 0.012 e^{-0.012 \cdot 1} = 1.19\%$。つまり、1%以上あるので、故障したとしても運が悪いと思って諦めないといけない。尚、1か月程度で故障したら、初期不良で交換して貰えるだろう。

章末問題の答え

3. 1) $f(x) = 0.7 \cdot e^{-0.7x}$ （∵式(9-6')）。　　2) $F(x) = 1 - e^{-0.7x}$。

   3) $f(0.1) = 1 - e^{-0.7 \cdot 2} = 24.7\%$。10%危険率で考えると奇異ではない。最初の $2km^2$ にいる筈の1.4人に会わない確率も案外ある。

   4) $f(x) = 1 - e^{-0.7x} \leqq 0.01$ となるのは、$x \geqq$ 約 $6.58km^2$ である。つまり、$6.58km^2$ 歩いても誰とも遭遇しなかったら奇異と考える。

【第10章】

1. 1) x が λ と $\lambda-1$ 又はその中間の値（x は整数なので）。

   2) $n \to \infty$ で二項分布は正規分布に近づく。$p = 0.5$ に近い程、近づき方が速い。

   3) pn 一定のまま $n \to \infty$ で二項分布はポアソン分布に近づく。

   4) $\lambda \to \infty$ でポアソン分布は正規分布に近づく。

   5) 二項分布もポアソン分布も、$n \to \infty$ で正規分布となる。ポアソン分布は二項分布が正規分布に近づく過程で p が 0.5 から外れる程激しく、中間的に近づく分布であるとも言える。

   6) 二項分布の平均 np はその極限であるポアソン分布の平均であるので、定義より λ である。分散は刻々と変化し $p \to 0$ なので、二項分布の分散 $np(1-p) \to np$ と考えられ、ポアソン分布の分散は λ である。図10-1を見ると、λ の上昇と共に、ピークは平均に収斂し、平均と分散は共に大きくなっていくのが判る。

2. 1) 8時間に26人来たので、1時間当たり 26/8 = 3.25 人来た事になる。従って $\lambda = 3.25$ であり、後1時間で x 人患者が来る確率 $f(x)$ は式(10-1a)で与えられる。x に対応する確率は表10-3に示す通りだが、例えば、$f(0) = 0.039$、$f(1) = 0.126$、$f(2) = 0.205$、$f(3) = 0.222$ である。

   $$f(x) = \frac{3.25^x}{x!} e^{-3.25} \qquad (10\text{-}1a)$$

   2) $x \leqq 3$ となる確率は、$f(0) + f(1) + f(2) + f(3) = 59.1\%$ である。

   3) $\lambda = 3.25$ そのものである。一方、折角表10-3があるので、計算してみよう。患者が11人以上来る確率は殆ど0であり、期待値も患者が10人来る期待値は9人来る期待値の半分以下である。そこで患者が11人以上来る事はまずないと腹を括り、そこまでの確率×患者数の総和として約3.24人という期待値を得る。λ とほぼ一致する。

表10-3：患者数とその確率の一覧表

患者数	確率	期待数
0	0.3877	0.00000
1	0.12602	0.12602
2	0.20478	0.40955
3	0.22184	0.66552
4	0.18025	0.72098
5	0.11716	0.58580
6	0.06346	0.38077
7	0.02946	0.20625
8	0.01197	0.09576
9	0.00432	0.03890
10	0.00140	0.01405
11〜	0.00056	—
合計	1.00000	3.24360

【第11章】

1. 1) $\dfrac{t}{\eta}$。時間と共に破損確率が比例して変化する。

   2) 破損確率の反比例係数。即ち、大きい程、破損確率の時間変化が小さい。

3) その機械(系)全体を構成する部品(弱点の可能性)の数。多い程局所的な原因が全体的(均一)に悪影響を及ぼす様になる。＝0の時には局所的原因が無くなり、時間変化も無くなる。

2. 1) 及び 2) 表 11-1a の通り。 3) 図 11-1 の通り。m は回帰直線の傾きなので 1.59。又、$b = -m\ln\eta = -12.32$ なので、$\eta = 2328$。(大き過ぎるが、まあ練習問題という事で。)

表 11-1a：ある機械の破損履歴(完成版)

機械番号	故障時間 [hr]	故障確率		ワイブル変数	
		N_{liv}	F_{ave}	X	Y
3	620	1	0.0909	6.4304	-2.3508
7	789	2	0.1818	6.6715	-1.6062
1	1230	3	0.2727	7.1155	-1.1443
6	1344	4	0.3636	7.2042	-0.7941
10	1458	5	0.4545	7.2856	-0.5006
2	1793	6	0.5455	7.4924	-0.2376
8	2359	7	0.6364	7.7668	0.0116
9	2789	8	0.7273	7.9343	0.2619
5	3671	9	0.8182	8.2091	0.5336
4	4028	10	0.9091	8.3019	0.8748

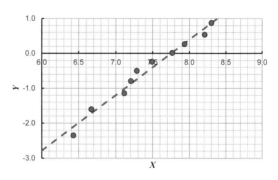

図 11-1：章末問題 2. のワイブルプロット

【第 12 章】

1. 1) 友人知人のコネクション、インターネット利用、サークルや地方公共団体への依頼等を検討する。不特定多数からデータを収集する為に、なるべく明解な調査にする。非侵襲式調査にすべきだろう。

   2) データ収集の条件等がタイミング毎に違ってくる可能性もあるので、それぞれのデータ収集時に付随情報をなるべく多く記録しておく。また、次のデータ収集の際にはなるべく前と同じ条件になる様に心掛ける。

   3) 侵襲調査なので、被験者に調査の内容を理解して貰い納得の上でデータ収集する。

2. 省略。参考となる調査用紙の一例を図 12-5 に示す。充分吟味してより良い用紙を使う様にすると、データ品質も上がる。

図 12-5：巷におけるイヤフォン使用者調査用紙

索　引

あ

アンケート 146
────調査 136, 146

い

一重分類 18
一般化分散 26
一般化平均 22
移動平均 23

え

SI 単位系 10
S 字減衰関数 125, 126
F 推定 104
F 分布 F-distribution 95, 97, 135
F 分布の累積分布関数表 101

お

重み 23, 24, 37
────付相加平均 102

か

回帰 42
────直線 42
────分析 regression analysis 41
階級 19, 92
────数 93
────値 19, 21, 24, 37, 54
カイ二乗推定 104
カイ二乗分布 chi-square distribution 75, 84, 91, 95, 96, 97, 100, 102, 135
カイ二乗分布の累積分布関数値 89
カイ二乗変数 99
階乗 factorial 134
概数暗算 139

拡散現象 106
確率 45, 47, 48, 54
────質量 probability mass 45, 47, 49, 50, 51, 54
────質量関数 probability mass function 48, 133
────質量分布 probability mass distribution 45, 48
────分布 probability distribution 27, 45, 52, 53, 55, 60, 133
────変数 random variable 45, 47, 51, 61, 85
────密度 probability density 45, 54, 86
────密度関数 frequency function / probability density function, PDF 59, 61, 75, 85, 96, 109, 110, 125, 131, 133, 135
────密度分布 45
過失 146
加重平均 22, 23
仮説 hypothesis 66、80, 90
片側検定 one-sided testing 65, 79
片側推定 one-sided estimation 65
間接情報（間接データ）3
観測値 observed value 91
ガンマ（γ）関数 Gamma function 75, 85, 134

き

幾何平均 geometric mean 21
棄却 reject 66
危険率 level of significance 80, 84, 90, 96, 104
希少性 117
期待値 expectation 23, 55, 67, 111
期待値 expected value（観測地に対して）91
基本単位 10
逆指数関数 106
共分散 35, 37
共変動 35, 36, 37
虚偽回答 147

く

区間検定 interval testing 64
区間推定 interval estimation 64, 68, 69, 79
組 102
組間 104
──自由度 103
──値 103
──ばらつき 104
──不偏分散 103
──変動 103
組内 104
──自由度 102, 103
──値 102
──ばらつき 104
──不偏分散 103
──分散 102
──平均 102, 103
──変動 102

け

減少関数 107
減衰 attenuation 107
──関数 123
──率 110
健全確率 124
健全性 123
減速現象 107
検定 testing 66, 79, 136

こ

工学 12
コーシー分布 Cauchy distribution 76, 135
誤差関数 error function 64
故障 111
──確率 125
──係数 125, 126
──率 126
個数の勘定 142

さ

最弱点 123
最弱リンク 130
最小二乗法 least square(s) method 41, 61
最小値 27, 29, 54
最大値 27, 29, 54
採択 accept 66
最頻値 76
錯誤回答 147
算術平均 arithmetic mean 20, 23
散布図 34
散布度 29

し

二乗平均平方根 root mean square, RMS 23, 24
指数関数 exponential function 21, 60, 106, 108, 117, 128
指数分布 exponential distribution 109, 135
自然現象 120
四分偏差 28, 29
四分位数 27
尺度パラメータ 125, 128
ジャンケン 56
集団 18, 37
自由度 45, 79, 85, 88, 90, 96, 99, 103
主観調査 146
出現率 48
情報 information 1, 6
──収集 5
──処理分析 5
──倫理 11
人為現象 120
侵襲式 invasive/invasion 145
信頼係数 confidence coefficient 91
信頼性 112
信頼度 112, 126

索 引

す
推定 estimation 66, 79, 136
推論 1, 2, 3
ズレ 67

せ
生起確率 118
生起期間 111
生起期間推定 110, 111
正規分布 normal distribution 48, 59, 60, 66, 70, 74, 79, 84, 91, 93, 95, 99, 124, 128, 133, 135
正の相関 34, 35
接頭語 144
説明書 12
線形変換 29, 62, 69
全数調査 3, 48
全体自由度 103
全体値 102
全体変動 103
尖度 kurtosis 135

そ
相加平均 20
相関 correlation 34
──係数 correlation coefficient 34, 35, 37, 39, 93, 134
──図 scatter plot 34
──表 correlation table 37
遭遇情報 5, 136
相乗平均 21, 23
相対度数 19
増幅 amplification 107
総和 30
測定値 144
損失係数 110

た
代表値 average 26, 29, 45
多重分類 18

ち
単位 144

ち
中位数 median 27
抽出 sampling 44, 91
抽出数 74, 90, 95
中心極限定理 central limit theorem 61
調査 investigation 2
調和平均 harmonic mean 21, 23
直接情報（直接データ） 3
直接プロット 140
直線回帰 131

て
t 分布 t-distribution（学生分布 student distribution） 74, 79, 91, 95, 135
t 分布の累積分布関数値 78
データ data 2
────の品質 136
DA digital-analogue 142
適合度検定 test of goodness of fitness 91

と
同意書 12
同時度数分布表 37, 40
当惑過失 146
特性 18, 37
独立性の検定 91, 92
度数 19, 21, 24, 37, 92
──分布 27, 70
──分布表 19, 24, 40

に
二項係数 binomial coefficient 48
二項分布 binomial distribution 47, 48, 61, 66, 70, 115, 135
二進法 137

ね

ネイピア数 59

の

ノンパラメトリック non-parametric 推論 134

は

破損確率 124
パラメトリック parametric 推論 134
範囲 range 29
半減期 half-life 107, 111, 113
半値半幅 76

ひ

ピアソンのカイ二乗検定 Pearson's chi-square test 92
ピーク値（最頻値、並み数）mode 26
比較検定 93
被験者 145, 146
非侵襲式 non-invasive/non-invasion 145
ヒストグラム histogram 19, 40, 54
ビッグデータ big data 9
標準化 standardization 62
標準正規分布 standard normal distribution 62, 64, 69, 74, 84, 86, 93, 128, 134
標準正規分布の累積分布関数値 65
標準偏差 standard deviation 23, 25, 28, 29, 30, 37, 39
平等性 56
標本集団（部分集団）sample 44, 61, 67, 74, 80, 88, 93, 98, 99
標本不偏分散 76, 79, 84, 90, 95, 99
標本分散 74, 79, 80, 95, 99
標本平均 67, 74, 79, 80, 88
疲労寿命 124

ふ

不確定数字 144
不信頼度 125
負の相関 34, 35

部分集団 44, 47, 51, 55, 91
不偏分散（標本集団）unbiased estimate of population variance 24, 45, 74, 102
プライバシー 12
不良率 47, 51, 52
ブレ 67
分散 variance 23, 24, 25, 29, 30, 35, 45, 55, 60, 84, 90, 91, 102, 115, 134, 135

へ

平均 mean 20, 24, 25, 28, 29, 30, 37, 42, 60, 74, 84, 102, 115, 134, 135
──回帰 regression 42
──値 55
──偏差 29
──ランク故障確率 132
β 関数 beta function 97
ベルヌーイ分布 Bernoulli's distribution 48
偏差 deviation 24, 25, 30, 35, 37
──階級値 37
──値 standard score 61, 72
変数 106
ベンチ問題 110
変動 24, 29, 30, 35, 37, 45
──係数 coefficient of variation 28, 29, 39

ほ

ポアソンの極限定理 115
ポアソン分布 Poisson distribution 115, 135
崩壊現象 106
母集団 population 44, 47, 51, 53, 54, 55, 61, 67, 74, 80, 87, 88, 90, 91, 93, 98, 134
母数 population parameter 26, 45, 48, 61, 85, 96, 115, 125, 134
母分散 population covariance 56, 76, 88, 90, 93, 95, 99, 103
母平均 population mean 56, 67, 74, 79, 88, 91, 93, 95, 99

索　引

母偏差 80

む

無限集団 18
無作為 91
───抽出 random sampling 45, 47
無相関 34, 35

め

面積の測定 142

も

モデル 130

ゆ

有意差 104
有限集団 18
有効桁数 144
有効数字 144

よ

要素 18, 24
予想 expectation 1, 2
予測 estimation 1, 2
予定外情報 4
予定情報 4

り

離散型分布 133
離散分布 23
両側検定 two-sided testing 65, 80
両側推定 two-sided estimation 65, 74
両信頼限界 two-sided confidence limit 80

る

累積確率 93
累積相対度数 19
累積度数 19

累積分布 cumulative distribution 50, 133
累積分布関数 cumulative distribution function, CDF 61, 64, 109, 124, 131, 135
累積分布関数値 65, 78, 89
累積分布関数表 101

れ

レイリー分布 135
連続型分布 133
連続関数 55
連続関数化 111
連続分布 23
連続変数 x 60

わ

歪度 skewness 135
ワイブル確率紙 131
ワイブル係数 125, 128
ワイブルプロット 131
ワイブル分布 Weibull distribution 124, 125, 135
罠 trap 147

■著者紹介

菱田　博俊（ひしだ　ひろとし）

1987 年 3 月	東京大学工学部原子力工学科卒業
1992 年 3 月	東京大学大学院工学系研究科博士課程修了（原子力工学専攻）博士（工学）
1992 年 4 月～2010 年 3 月	新日本製鐵株式会社技術開発本部
1998 年 4 月～	法政大学工学部・理工学部及び法政大学大学院工学系研究科　兼任講師
2010 年 4 月～	工学院大学工学部機械工学科　准教授

著書
2002 年　「機械デザイン」コロナ社
2012 年　「わかりやすい材料学の基礎」成山堂

青少年のための　統計学入門

2015 年 5 月 31 日　第 1 刷発行

著　者　菱田　博俊　　Ⓒ Hirotoshi Hishida, 2015
発行者　池上　淳
発行所　株式会社　**現代図書**
　　　　〒252-0333　神奈川県相模原市南区東大沼 2-21-4
　　　　TEL　042-765-6462（代）　　FAX　042-701-8612
　　　　振替口座　00200-4-5262　　ISBN　978-4-434-20483-8
　　　　URL　http://www.gendaitosho.co.jp　E-mail　info@gendaitosho.co.jp
発売元　株式会社　**星雲社**
　　　　〒112-0012　東京都文京区大塚 3-21-10
　　　　TEL　03-3947-1021（代）　　FAX　03-3947-1617
印刷・製本　モリモト印刷株式会社

落丁・乱丁本はお取り替えいたします。　　　　　　　　　　　　　　Printed in Japan
本書の内容の一部あるいは全部を無断で複写複製（コピー）することは
法律で認められた場合を除き、著作者および出版社の権利の侵害となります。